清代尚書學

古國順著

文史哲學集成
文史哲出版社印行

序

六經以尚書最古，亦以尚書之涵蘊爲最廣。蓋其書備記遠古之政理，二帝三王之嘉謨要略悉在其中，學者可資以通方知遠，因革損益，實爲政之宏規，稽古之先務也。又其文辭簡樸，旨遠意醇，令人三復而玩味無窮；且後世詔令章奏之文，書說誥語之體，皆濫觴於此，斯又文章之奧府，翰藻之淵藪也。

尚書訂自孔子，後世儒者遞有增益。其在先秦，傳習者或取其警句，以作立身之箴銘；或述其史跡，以爲論事之根據。而傳注之人，未之或聞。漢定，伏生始傳尚書於秦火之後，其徒錄其遺說，以爲尚書大傳，其體例雖與後世解經之作有殊，然爲尚書最早之傳注，則無可疑也。傳其學者，有歐陽生及大小夏侯，咸立於學官，是爲今文之學。此三家之書，率借經論政，不重訓詁；迨漢魏間，鄭王之注盛行，其學漸微；至永嘉之亂，則並亡佚。而孔安國雖傳古文尚書，彼實以今文尚書爲博士，故於古文有無傳注，殊難斷言。且古文尚書，僅於平帝時一度詔立學官，莽滅遂廢。後漢古文雖盛，不立學官，詔策章奏，皆用博士所習，熹平石經，亦採學官之本，故傳述之者，究不如今文之盛。漢末迄魏，惟馬氏書傳多用古文家言，鄭氏及王氏書注，兼採今古文之說，三家又皆僅注今文諸篇，不及古文。鄭學盛於漢末，王學盛於晉初，此後學者，或申鄭抑王，或申王抑鄭，浮沉者屢。東晉以還，北朝則崇鄭注，南朝則尚僞孔。隋時雖鄭注與僞孔並行，然鄭學浸微。至唐孔仲達等據僞孔傳以作正義，於是僞孔之書定於一尊，而馬鄭王三家之書，尋亦亡佚。唐至宋初，率守僞孔及正義，慶曆以降，經學漸變，劉原父七經小傳、王介甫三經新義，蘇子瞻書傳等，皆立新說。至蔡仲默書集傳則刊落注疏，獨抒所見。元初猶與古注疏並行，自延祐制法，定於一尊，則概取注疏而代之，以迄清末，歷六百餘年而不變，其影響之深刻，實遠逾於注疏也。而晚出二十五篇，自宋吳才老已疑其僞，後儒繼之，遂啓閻百詩等考據之先河，其有功於經學與史學者，可謂大矣。

清代經學，波瀾壯闊，學者之衆，著述之豐，迥邁前古，尚書一經，尤爲特出。余嘗就諸家書目及文集傳記之所載，以考清代之尚書著述，分類編目，並擇其說解全書者，依類相從，分爲訓詁義解、通論及雜纂、辨正、考證、文字音義五類，撰爲敍錄，成清代尚書著述考一編。茲又以清代之經學，號爲復古，其先由宋而復於唐及魏晉，繼由唐及魏晉而復於東漢，旋又由東漢而復於西漢，且直推先秦，而蔡傳則始終傳習不衰。其演變之跡，及學者之研究概況，誠爲經學史上之重要歷程。而諸家經學史及學術史之作，因限於體例及篇幅，均未及詳。爰就清儒之尚書著作及單篇論文中，擇其堪以代表學術之風尚及獨家之宗旨者，撰爲清代尚書學一篇，析爲九章，以明清代尚書學發展之趨勢及諸學者重要之成就。

第一章，清儒於蔡氏書傳之研究：首節述清代以前蔡傳之研究情形，次節推究清代蔡傳盛行之原因，末節分類敍述清儒研究蔡傳之重要成就。

第二章，僞古文尚書之辨證：疑古文二十五篇之僞者，既發端於宋人，元明兩代續有抉發，而以清閻百詩及其以下諸家之辨證最爲有據。本章首節述清以前疑古文諸家之言論，二節述閻百詩及其古文尚書疏證，三節述黃梨洲、顧亭林等與閻氏同調而疑古文之諸家，末節述惠松崖、宋半塘等踵繼閻氏之諸家。清儒辨僞古文尚書之宏論，幾已薈萃於此。

第三章，僞古文尚書之辨護：明以來，陳季立等卽著書爲僞古文辨護，而以毛大可之爭論爲最力。本章首述毛氏之生平學術及其古文尚書寃詞，二節述陸稼書、李安溪等一同毛氏辨護古文之諸家，三節述張風林、茹遯來等踵繼毛氏之諸家。此派雖極申其衞道崇經之意，終無補於晚出二十五篇之僞。然僞古文終不見廢者，自有其存在之理由，故末節述僞古文之價值以殿焉。

第四章，遠祧東漢之古文尚書學：乾嘉漢學諸儒多主東漢馬鄭之學。本章首節推究經古文學復興之原因，次節以下，述惠松崖、戴東原、孫淵如、焦里堂及道光以後俞曲園等諸家之說。此派爲清學之主幹，成就最爲可觀。

第五章，遠祧西漢之今文尚書學：嘉道以降，西漢今文之學復興。首節推究經今文學復興之原因，二節述莊方耕及其家學，以明經今文學復興之肇端。三節爲經今文學復興之主流，述龔定庵、魏默深諸家之說。四節述陳恭甫父子於經今文學輯佚之成就，末節述王湘綺、皮鹿門等經今文學之箋註及考證諸家。

第六章，漢宋兼宗之尚書學：首節推究漢宋兼宗之起因，二節以下述康雍以下各期諸家之學說。

第七章，書序及其他單篇之研究：首述研究書序之諸家學說，次述研究禹貢篇之諸家學說；而研究洪範及其他各篇之著作較少，故總爲一節以殿於章末。

第八章，清代輯佚與校勘尚書之成績：清儒徵實之精神，於輯佚與校勘方面亦表露無遺。不惟於功於後學者也。

漢魏諸家之經說徵輯殆遍，即緯書之輯佚，亦蔚爲大觀。至於經文及注疏之校勘，亦名家輩出，皆有

第九章，結論：綜述各章之研究結果，並略陳研究之感想。

本文因屬單科之斷代研究，故就尚書一經而言，取材較一般經學史或綜合性之學術史稍廣，於各家之學說，亦討論加詳。如辨護僞古文之論著，前賢僅及數家，今則並張風林、梁斯儀諸家之論，亦表而出之；於各家之著作，則詳其內容，評其得失，並錄其板本，庶於有清一代之尚書學，得有窺見，以助省覽之便，則幸矣。惟余學殖荒疏，罣誤在所難免，尚祈淵雅宏達，有以教之。

古國順　謹序於台北

清代尚書學

目次

第四章 遠祧東漢之古文尚書學

第五章　遠祧西漢之今文尚書學

第一章　清儒於蔡氏書集傳之研究

朱子於易、詩皆有集傳，晚年，以書屬之蔡沈，成書集傳六卷（以下簡稱蔡傳）。二典禹謨並經朱子點定，其餘諸篇，或曾面授旨意。其書分別今古文之有無，辨大小序之訛舛，取注疏之精而正其失，堪稱一代之佳作。故元初定法，尚書一經，以蔡傳與古注疏並行（註一），而人置注疏，肆此書；明洪武間，頒科舉定式，詔定與古注疏並立學官（註二），而人亦置注疏，肆此書。至永樂中，書經大全出，則獨尊蔡傳。清代亦以蔡傳立於學官：順治二年所定試士之例，書主蔡傳（註三）。欽定書經彙纂，雖兼取衆說，仍以蔡傳居先。光緒末年欽定書經圖說，亦本彙纂之旨。綜觀有清一代，雖漢學昌隆，而蔡傳亦仍盛行不替。雖功令所繫，時會使然，而蔡傳亦有其不可廢者存焉。

本章所述，以有關蔡傳之專著爲主，分爲三節：

一、清代以前有關蔡傳之研究：述蔡傳之成書經過與大旨，以及宋明間於蔡傳有所訂補與駁詰諸家之學說。探其源也。

二、清代蔡傳盛行之原因：述清代蔡傳盛行之時代背景。明其時也。

三、清代有關蔡傳之重要學者：述清代研究蔡傳之重要學者及其學說。究其本也。

第一節　清代以前有關蔡傳之研究

蔡氏書集傳卽出，元明兩代，咸立於學官，承學之士，多奉此書爲圭臬，莫敢增損。然其書成於朱子既歿之後，有不能無可議者，趙孟頫嘗指其「過謹而失之繁」（註四），朱鶴齡指其「主於撥棄註疏，故名物制度之屬不能無訛」（註五），四庫提要又稱「朱子之誌尙書，主於通所可通，見於語錄者不啻再三，而沈於殷盤周誥，一一必求其解，其不能無憾也固宜」（註六）。故信其學而稍事補訂者有之，駁詰者亦有之，皆有功於蔡傳者也。

一、蔡沈及其書集傳

蔡沈，字仲默，建陽人，元定之子也。生於宋孝宗乾道三年，隱居九峯，終身不仕，學者稱九峯先生。卒於宋理宗紹定三年（一一六七—一二三〇）年六十四，其事蹟附載宋史卷四三四元定傳（註七）。

九峯之學本於朱子，朱子晚年訓傳諸經略備，獨書未及，遂於慶元己未（一一九九）多，囑九峯作書集傳，至嘉定己巳（一二〇九）書成（註八）。淳熙中，其子抗表進於朝，稱「集傳六卷，小序一卷，朱熹問答一卷」（註九）。其問答一卷久佚，其文散見董鼎書傳纂註中。小序一卷，亦逐條辨駁，如朱子之攻詩序。今本則刪去不刋，四庫提要稱「宋史藝文志所著錄者亦止六卷，則似自宋以來卽惟以集傳單行矣」（註一〇）。余嘉錫則引陳鱣經籍跋文「宋本書集傳六卷，後載書序，亦有註」

之文，謂「宋時刻本已合序于集傳後，……非以集傳單行也」。（註一一）此書自序云：

慶元己未冬，先生文公令沈作書集傳。明年，先生歿。又十年，始克成編，總若干萬言。嗚呼，書豈易言哉，二帝三王治天下之大經大法皆載此書，而淺見薄識，豈足以盡發蘊奧；且生於數千載之下，而欲講明於數千載之前，亦已難矣。然二帝三王之治本於道，二帝三王之道本於心，得其心則道與治固可得而言矣。何者，精一執中，堯舜禹相授之心法也；建中建極，商湯周武相傳之心法也；曰德、曰仁、曰敬、曰誠，言雖殊而理則一，無非所以明此心之妙也。至於言天，則嚴其心之所自出；言民，則謹其心之所由施。禮樂教化，心之發也，典章文物，心之著也；家齊國治而天下平；心之推也。心之德其盛矣乎，二帝三王，存此心者也；夏桀商受，亡此心者也。太甲成王困而存此心者也。存則治，亡則亂，治亂之分，顧其心之存不存如何耳。後世人主有志於二帝三王之治，不可不求其道，有志於二帝三王之道，不可不求其心，求心之要，舍是書何以哉。沈自受讀以來，沈潛其義，參考衆說，融會貫通，迺敢折衷微辭奧旨，多述舊聞。二典禹謨，先生蓋嘗是正，手澤尚新，嗚呼惜哉（先生改本已附文集中，其間亦有經承先生口授指畫而未及盡改者，今悉更定，見本篇）。集傳本先生所命，故凡引用師說，不復識別。四代之書，分爲六卷。文以時異，治以道同，聖人之心見於書，猶化工之妙著於物，非精深不能識也。是傳也，於堯舜禹湯文武周公之心，雖未必能造其微；於堯舜禹湯文武周公之書，因是訓詁亦可得其指意之大略矣。

觀此，則其述作之大旨可明矣。何喬新稱「自漢以來書傳非一，安國之註類多穿鑿，穎達之疏惟詳制度，朱子所取四家，而王安石傷於鑿，呂祖謙傷於巧，蘇軾傷於略，林之奇傷於繁。至蔡氏集傳出，別今古文之有無，辨大小序之訛舛，而後二帝三王之大經大法粲然於世焉」（註一二）。又自李唐以來，習此經者，咸尊二孔注疏，孔疏多考證之語，此則刊落之，以趨簡易，且「僞孔傳不通處，蔡傳易之，甚有精當者」（註一三），故學者樂從之。元明清三代立於學官者，固有由矣。

二、蔡傳之羽翼

蔡傳傳習日久，識見益明，故宋末元初陳壽翁、董季亨、金仁山皆篤信朱子之學者，而壽翁作書傳折衷，季亨作書傳纂注，仁山作尚書表注，斷斷有辭，明洪武中修書傳會選，改定至六十六條。此外，訂補蔡傳者尚有多家。蓋蔡傳原非不刊之典，匡謬補闕，固所宜也。唯其意皆主於責全求備，足爲蔡傳之羽翼。

㈠金履祥（一二三二——一三〇三）：履祥，字吉父，蘭谿人，入元後隱居教授以終，事蹟具元史卷一八九儒學傳（註一四）。著有尚書注十二卷、尚書表注二卷（註一五），其尚書注，朱彝尊經義考注存，四庫提要稱今未之見。後陸心源嘗得舊鈔本，刻入十萬卷樓叢書中；此外，尚有碧琳瑯館叢書本及芋園叢書本。表注則收於通志堂經解、四庫全書、金華叢書、率祖堂叢書中。國立中央圖書館藏有南宋末年建刊本。自序稱：

> 朱子傳注諸經略備，獨書未及，嘗列出小序，辨正疑誤，指其要領以授蔡氏而爲集傳，諸說至此有所折衷矣。但書成於朱子既沒之後，門人語錄未萃之前爾。履祥諷閱諸家之說，章解句釋，蓋亦有年，一日擺脫衆說，獨抱遺經，復讀翫味，則見其節次明整，脈絡貫通，中間枝葉與

夫譌謬一一易見，因推本父師之意，正句畫段，提其章旨與夫義理之微，事爲之概，考正文字之誤，表諸四闌之外，以示子姓，間以視朋從之士。

周中孚鄭堂讀書記評之云：

（金仁山）雖學出朱子，而頗不左袒蔡傳，故其引據精確，可裨蔡傳者居多（註十六）。其書大抵摭集舊說，折衷己意，雖與集傳頗有異同，蓋各本所見，固未立意與蔡氏辨難也。而其徵引伏孔文字同異，亦確有根源，故徐乾學云：「表注引據精確，可裨蔡傳」（註十七），誠篤論也。其徒許謙（字益之）亦著讀書叢說六卷，博引諸家，以助其說。

㈡陳櫟（一二五二－一三三四）：陳櫟字壽翁，號定宇，休寧人，宋亡後隱居三十八年，至延祐甲寅，年六十三，復出應試，中浙江鄉試，以病不及會試，終老於家，事蹟具元史卷一八九儒學傳。所著有書解折衷，及尚書集傳纂疏六卷，今折衷已佚，惟其序尚在集中，有云：

朱子說書，謂通其可通，毋强通其難通，而蔡氏於難通罕闕焉；宗師說者固多，異之者亦不少，予因訓子，遂掇朱子大旨及諸家之得經本意者句釋於下，異同之說低一字折衷之。

又自述曰：

予編書傳折衷，宗朱蔡，採諸家，附已見（註一八）。

纂疏今收通志堂經解及四庫全書、四庫薈要中，又國立中央圖書舘藏有明祁氏淡生堂傳鈔元泰定間梅溪書院刊本。自序云：

嘗編書解折衷，將以羽翼蔡傳，亡友胡庭芳見而許可之，又勉以即蔡傳而纂疏之，遂加博採精究，方克成編。

是編以疏通蔡傳之意，故命曰疏，以纂輯諸家之說，故命曰纂，於蔡傳有所增補無所駁正，與其舊說迴異。蓋自延祐定法，書宗蔡傳，故不敢有所出入也。

㈢董鼎：董鼎字季亨，鄱陽人（註一九），自序稱其學得朱子之再傳，著有尚書輯錄纂注，今收通志唐經解及四庫全書中，四庫薈要本作「書傳纂注」。又國立中央圖書舘藏有元至正甲午建安翠巖精舍刋本。自序又云：

釋經緒論多出朱子，迺以訂定集傳爲之宗，而蒐輯語錄於其次，又增輯諸家之注有相發明者，并間綴鄙見於其末，庶幾會粹於成朱子之一經，可無參稽互考之勞，而有統宗會元之極，則亦不無小補矣！

是編於集傳之後續以朱子語錄，及他書所載朱子語，謂之輯錄；又採諸說之相發明者附列於後，謂之纂注。吳澄序稱「有同有異，俱有所裨。……有功書經多矣。」

㈣王充耕：王充耕字與耕（註二〇），號耕野（註二一），吉水人，元統甲戌進士，授承務郎同知永新州事，後棄官養母，著書授徒（註二二），所著讀書管見二卷，今收通志堂經解及四庫全書中，亡名子序曰：

書有管見曷爲而作也，耕野王先生考證蔡傳而誌其所見也。……自微詞奧旨名物訓詁以至山川疆理靡不究竟，辨折必公，是之從而不苟爲臆說阿附，其用功精深，造詣微密，豈徒專門名家黨同伐異者之爲哉，此其能爲蔡氏之忠臣，不啻蘇黃門古史之有功於子長也。

是編所說，與蔡氏多所異同，亦集傳之羽翼也。氏又有書義主意六卷，四庫全書未著錄，今有粵雅堂叢書續集本及叢書集成初編本。前有劉景文序，稱語雖不離乎傳注之中而實有得乎傳注之外，又可謂能發蔡氏之所未言者歟（註二三）。

㈤王天與：王天與字立大，梅浦人，大德二年，以荐授臨江路儒學教授。所著尚書纂傳四十六卷，今收通志堂經解及四庫全書、四庫薈要中。又故宮藏有精鈔本。自序稱：

古今傳書者之是處，至晦庵先生而遂定，晦庵先生折衷傳書者之是非，至西山先生而愈明，學者不於二先生乎據將焉據，乃本二先生遺志作尚書纂傳。

是書雖以二孔注疏居先，而附以諸家之解，其大旨則以朱子爲宗，而以眞西山說爲羽翼，蓋朱子考論群經，以書屬蔡沈，故此編以蔡氏集傳爲據。

㈥陳師凱：師凱字叔牙，都昌人，陳澔之子也。專究理學，纂蔡傳旁通。見西江人物志（註二四）。

此書今有四庫全書本、通志堂經解本。又國立中央圖書館藏有元至正乙酉建安余氏勤有堂刊本。自序云：

（蔡）傳既出矣，後之讀書將不能究朱子之所傳，不能領蔡氏之所受，又不能如其行輩之所講明，則雖有傳猶未能備知也，此鄱陽董氏之所以有輯錄纂注也。然其輯錄特問答之多端，纂注又專門之獨見，初學於此，苟書傳尚未曉晰，而乃覽博，則茫無畔岸，吾誰是從？是董氏所纂，乃通本傳以後之事，殆未可由此以通本傳也，此旁通之所以贅出也。

其意蓋以董書大抵辨論義理，而於天文地理律歷禮兵刑之屬皆在所略，遇傳文片言之賾，隻字之隱，讀者不免齟齬，因作是編，於名物度數，凡蔡傳所稱引而未詳者，一一博引繁稱，析其端委，其蔡傳歧誤之處則不復糾正，蓋主於發揮，不主於攻駁也。黃虞稷稱其「有功蔡傳甚大」，徇非虛矣！

(七)劉三吾：明太祖考驗天象，知與蔡傳不合，乃博徵績學正定之，並命翰林學士劉三吾等總其事，成書傳會選六卷，今有四庫全書本，又國立中央圖書舘藏有明趙府味經堂刋本，明黑口刋本。按：明太祖洪武十年三月，與群臣論天與日月五星之行，翰林應奉傅藻，典籍黃麟，考功監臣郭傅，皆以蔡氏左旋之說爲對，太祖謂天左旋，日月五星皆右旋，因斥蔡氏所謂左旋純爲儒家之說。又於洪武二十七年四月丙戌，詔徵儒臣定正宗儒蔡氏書傳，至九月己酉正蔡氏傳成。劉三吾序稱：

其書（按：指蔡傳）成於朱子既歿之後，有不能無可議者，如堯典天與日月皆左旋，洪範相協厥居爲天之陰騭下民，有未當者宜考正其說，開示方來。……凡蔡氏之得者存之，失者正之，旁採諸家之說，足其所未備。

改定蔡傳者六十六條，足見其旨亦主於匡謬補闕而非苟從者也。

(八)朱右（一三一四—一三七六）：朱右字白雲，又字伯賢，臨海人，後徙上虞，元末累擧不就，洪武初召修元史，再修日曆，除翰林院編修，擢晉相府長史，事蹟具明史卷二八五附文苑趙壎傳（註二五）。朱氏撰有書集傳發揮十卷，今佚。經義考載其自序云：

集傳之作非後學所敢妄議，嘗參諸當代名儒，質以所聞父師之敎，則不無相發明者，於是謹述集傳發揮六卷，綱領始末一卷，指掌圖一卷、通證二卷，凡一十卷，藏之於家，以詒子孫。

又李祁序云：

天台朱君伯賢復會其（按：指蔡傳）所長，附以己見，編而爲集，名曰發揮，蓋非以求異乎蔡氏之傳，乃所以補其遺闕而全之也。……至其綱領、圖說、音釋、通證，皆有補於是書，有功於學者，是亦不可少也。

觀此，則其羽翼蔡傳之用意甚爲明瞭。

㈨胡廣（一三七〇—一四一八）等：明永樂中，又勅撰書傳大全十卷，經義考引吳任臣之言曰：

書傳舊爲六卷，今分十卷，大旨本二陳氏，二陳氏者，一爲陳櫟尙書集傳纂疏，一爲陳師凱書蔡傳旁通。

考顧炎武日知錄云：「（書傳會選）雖不及先儒，而尙有功於後學，至永樂中修尙書大全，不惟刪棄異說，並音釋亦不存矣。愚嘗謂自八股行而古學棄，大全出而經說亡」（註二六）。一言足以盡大全之敝，惟其以蔡傳爲主，多採二陳之說，故四庫提要稱其在五經大全中尙爲差勝云（註二七）。今有四庫全書本及國立中央圖書舘藏明內府刋本、明建邑書林余氏刋本。

㈩王樵（一五二一—一五九九）：王樵字明逸，號方麓，金壇人，嘉靖丁未進士，官至刑部侍郎，改南京都察院右都御史，事蹟具明史卷二百二十一本傳。所撰尙書日記十六卷，今收通志堂經解及四庫全書中。又國立中央圖書舘藏有明萬歷壬午金壇于明照刋本。是編惟依諸篇原第註次，不載經文，自序所謂「敬援橫渠張子劄記之法，但以自驗所進，日久成帙，遂編次之」。大旨以蔡傳爲宗，制度名物，蔡傳所未詳者，則採舊說補之。又取金履祥通鑑前編所載凡有關當時事蹟者悉爲採入，引據頗爲精詳。李維楨序稱「裒錄百家訓詁，於經旨多所發明」，張雲章所謂「朱蔡之傳，賴先生以不墜」（註二八），皆非過譽之詞也。王氏又有書帷別記四卷，則爲舉業而作也。

以上不過舉其犖犖大者，其餘如馬廷鸞之尚書蔡傳會編，朱祖義之尚書自解，鄒季友之尚書蔡傳音釋，方傳之書蔡氏傳考，梁寅之書纂義，楊守陳之書私抄，陳言之書疑（自序云：「疑之者翼也」），兪時及之蔡傳說意，汪應魁之尚書句讀等，或詳其句讀，或輯其要旨，或補其未備，或正其闕失，要之，皆有裨於蔡傳者也。

三、蔡傳之諍臣

蔡氏之學，淵源有自，其書集傳較舊注簡明易從，大體皆醇，且元明兩代，立於學官，故家習戶誦，不離此書，流傳既廣，不能盡如人意，且其書出於一人之手，不能無所闕失，亦勢之所然也。故陳櫟、董鼎、金履祥等，各有訂補，然陳氏纂疏雖有所增補，而無駁正，董氏纂注，主於輯錄綴補，金氏表注，雖與蔡傳頗有異同，亦未嘗立意辨難，凡此諸家，皆可羽翼集傳，固有功於蔡氏者也。惟宋末元初，張葆舒作尚書蔡傳訂誤，程直方作讀蔡傳疑，遞相詰難，卽篤信朱子之陳櫟，初亦作書傳折衷，頗論蔡傳之失，迨法制既定，其書始廢，此則蔡氏之諍臣也。

㈠張葆舒：葆舒，號虛緣，德興人（註二九），著有書蔡傳訂誤，朱彝尊經義考注曰「佚」，四庫提要云：「宋末元初，張葆舒作尚書蔡傳訂誤，……遞相詰難，及元仁宗延祐二年議復貢章，定尚書義用蔡氏，於是葆舒等之書盡佚不傳」（註三〇），則是書久已不在人世矣，據提要之語，則亦專爲訂正蔡傳之誤者也。

(二)黃景昌：景昌，字清遠，浦江人，從方鳳、吳思齊、謝翺游，通五經，自號田居子（註三一）。所著尚書蔡氏傳正誤，經義考註「佚」，四庫提要稱此篇與張葆舒蔡傳訂誤，程直方蔡傳辨疑，余芑舒讀蔡傳疑，皆與蔡傳詰難者也（註三二）。

(三)程直方：直方，元人，生平事蹟未詳，經義考卷八十五載所著蔡傳辨疑一卷，註「未見」，四庫提要亦稱不傳，而與張葆舒、黃景昌等並列，蓋亦專主辨正蔡傳者也。

(四)余芑舒：芑舒，元德興人，潛心程宋之學，經義考載其所著讀蔡傳疑一卷，又書傳解不分卷，皆注「佚」，經義考引張雲章之言曰：

> 治書之家其與蔡氏異者，元新安程氏直方著蔡傳辨正，鄱陽余氏芑舒，張氏葆舒（按今本作程氏，誤）著讀蔡傳疑，蔡傳訂誤………（註三三）。

是此編亦與程直方等同調也。

(五)袁仁：袁仁，字良貴，號蓡波，明蘇州人。著有尚書砭蔡篇一卷，經義考註「未見」，今載於曹溶學海類編中者，題「尚書蔡傳考誤」，又有藝海珠塵本，翠琅玕館叢書本，藏修堂叢書本，芋園叢書本。自序曰：

> 余弱冠時曾誦壁經正文，至是始取蔡氏閱之，則悖理者種種也，因博考先儒舊語，參以己意，正其謬誤，揭之家塾。

全書凡九十餘條，頗以典制名物補正蔡傳之闕誤。與馬明衡尚書疑義用意相同，雖不存心立異，而中其失者多矣。又陳泰交尚書註考，亦頗訂蔡傳之失，然多較量於訓詁之間，與此書不同。

㈥馬明衡：馬明衡，字子萃，蒲田人，明正德甲戌進士，官至監察御史，事蹟附見明史朱淛傳。嘉靖壬寅，著尚書疑義一卷成，四庫全書據天一閣藏本作六卷，自序云：

蔡氏仲默承文公之訓，義理大有發明，然愚從而求之，謂其悉可以得聖人之心而達聖人之道，則不敢以自詭也。故凡於所明而無疑者從蔡氏，其有所疑於心而不敢苟從者輒錄爲篇。

故此篇皆載及駁詰之語。經義考引張雲章之言曰：「治書之家其與蔡氏異者，元新安程氏直方著蔡傳辨正，明嘉善袁氏仁有砭蔡編，今其書不盡傳，是編亦止見抄本。」則是編主於駁詰蔡傳無疑。

第二節　清代蔡傳盛行之原因

清代，漢學鼎盛，乾嘉學者，專務訓詁考據，以賈馬許鄭爲宗，道咸以後，或主於西漢微言大義。或有漢宋兼宗者，然綜清一朝，實以漢學爲主流，故梁任公以「清學」稱之。又自閻徵君以還，學者多能識晚書之僞，遂摒二十五篇而不觀。然考其時尚書著述，說蔡傳者亦非少數，乾嘉以前固無論矣。如康熙間，劉懷志著尚書口義，金相玉著書經說約；康雍間，高又光著尚書遵；雍乾間，徐志遴著尚書擧隅，吳蓮著尚書注解纂要；同治間，吳郡張氏校訂書經旁訓音義，皆篤守蔡傳而無所訂補。又順治間，孫其逢著尚書近指，康熙間孫承澤著尚書集解，李光地著尚書解義，倪景樸著尚書彙纂集要；雍正間，錢在培著尚書離句；雍乾間，汪紱著尚書詮義，楊方達著尚書約旨；乾隆間，郭兆奎著心園書經知新，趙佑著尚書異讀考；乾嘉間，黃淦、黃轅各著書經精義及尚書經解雕玉；道光間，陸錫璞著書經精義彙鈔；道咸間，劉沅著書經恒解；咸同間，方宗誠著詩書集傳補義，戴鈞衡著書傳補商；咸豐間，丁晏著書傳附釋，皆篤信蔡傳，而間有訂補。此外，亦有駁詰蔡傳者，如左眉所著蔡傳正訛，陸奎勳所著今文尚書說，姜兆錫所著書經蔡傳參議等是也。

夷考清代蔡傳盛行之原因，約有四端：

一、**朝廷之功令**：有清一代，號爲經學復興，論者以爲承元明積衰之後，而能轢宋超唐，以上躋兩漢之盛，然考清史選舉志，順治二年頒科場條例：「首場、四書三題，五經各四題，士子各占一經。四書主朱子集註，易主程傳、朱子本義，書主蔡傳，詩用朱子集傳，春秋主胡安國傳，禮用陳澔集說。其後春秋不用胡傳，以左傳本事爲文」（註三四）。逮於康熙，嘯亭雜錄稱「仁皇素好程朱，深談性理，……嘗出理學眞僞論以試詞林，又刊定性理大全、朱子全書等書，特命朱子配祠十哲之列，故當時宋學昌明」（註三五）。據此，知清之初葉，皆重宋儒之學。觀康熙六十年敕撰欽定書經傳說彙纂，雖不全用蔡傳，而仍以蔡傳居先，蓋以蔡傳出於朱子指授之故也。終清一朝，皆以蔡傳爲功令，故雖漢學大著，而蔡傳仍相承不替也。

二、**前代之流風**：據元史選舉志，延祐定科場試士之例，尚書一經，以蔡氏集傳與古注疏並行。又據明史選舉志：明洪武間初定科舉條式，詔定蔡氏集傳與古注疏並立學官。至永樂大全出，則獨用蔡傳。是以元明兩代，皆以此書爲試士之本。利祿所在，勢必獨尊此書；而學術風氣之轉變，非一朝一夕之故，故入清以後，前明遺老如王船山等持以立說者，亦仍本朝讀夕誦，熟於口而諳於心之蔡傳。功令所繫而外，蓋前代之流風餘韻有以致然也。

三、學術之潮流：明季遺老，越在草莽，懲空談心性之足以誤國，思以徵實之學以挽末俗，雖無救於宗邦之淪胥，實有裨於清學之興起。如王船山朱長孺說尚書，多持漢唐舊注以正蔡傳之失，所補正者，亦多爲名物度數，自表面觀之，此爲明學之反動，然明學所重者在尊德性，而道問學者固不乏其人也，如楊升庵、焦弱侯等皆主實證之學，清初顧亭林、閻若璩等沿波而起，影響所及，學者頗能以考據方法以正集傳之失，如左眉良興蔡傳正訛辨正蔡傳之訓詁，姜兆錫上均書經蔡傳參議辨正蔡傳之曆法。雖亦得失互見，而其思以實證之學補空疏之弊則同。此學術之潮流使然也。

四、蔡傳自有其不可廢者：蔡九峯於朱子之學，霑溉最深，並沉潛十年，以成書經集傳。其於二孔注疏，取精去繁，故論者稱焉（註三六）。余謂歷來稱蔡傳之善而言最精當者，當推陳蘭甫，其言曰：

> 近儒說尚書，考索古籍，罕有道及蔡仲默集傳者矣。然僞孔不通處，蔡傳易之，甚有精當者，江良庭集注多與之同：大誥「若兄考乃有友伐厥子，民養其勸弗救」。僞孔云：「以子惡故」（孔疏云：「民皆養其勸伐之心，不救之」），此甚不通。蔡傳云：「蘇氏曰：養，廝養也。謂人之臣僕，大意言，若父兄有友攻伐其子，爲臣僕者其可勸其攻伐而不救乎！」江氏注云：「長民者，其相勸止不救乎！」（江訓養爲長，與蔡異。然不及蔡引蘇氏訓爲廝養也）。召誥「王敬作所，不敢不敬德」。僞孔云：「敬爲所不可不敬之德」。蔡云：「所，處所也，猶所

其無逸之所，王能以敬爲所，則無往而不居敬矣」。江云：「王其敬爲之所哉！言處置之得所也」。召誥「我不敢知曰」，僞孔云：「我不敢獨知，亦王所知」。蔡云：「夏商歷年長短所不敢知，我所知者惟不敬厥德卽墜其命也」。江云：「夏殷歷年長短，我皆不敢知，惟知其皆以不敬德，故早墜其命」。……此皆蔡傳精當，而江氏與之同者。（註三七）

觀有清三百年皆以蔡傳立於學官而不廢，則知蔡傳本身亦有所長也。

第三節　清代研究蔡傳之重要學者

入清之初，前明故習尙存，諸遺老說書，固多本蔡傳，而朝廷功令亦仍主於蔡傳。雖乾嘉之際，清學昌盛，說書之家罕及蔡傳，然咸同以後，宋學復興，故研此書者復盛。至清末之欽定書經圖說及吳摯甫所編之尙書讀本，亦仍以蔡傳爲主。綜清一代之尙書著述，蔡傳仍相沿不替也。

一、奉勅編纂者

清代欽定之尙書著作，計有三部：一爲庫勒納等編纂之日講書經解義，二爲王頊齡等編纂之欽定書經傳說彙纂，三爲孫家鼐等編纂之欽定書經圖說。

㈠庫勒納等：康熙十九年，聖祖命儒臣庫勒納等，取漢宋以來諸家之說，薈萃折衷，編纂成書，逐日進講。全書十三卷，每篇標題之下先釋大義，皆逕作解說，不引書序及前人之語。次解字句，再釋全段大意。而以有關爲君之道者作結。大旨在敷陳政典，以昭宰馭之綱維；闡發心源，以端慎修之本，不瑣瑣於名物訓詁。

然觀其所解，多本於蔡傳，或用其意而稍變其語，或摘錄全句而一字不改，其沿用集傳之跡甚爲顯明。有四庫全書本，今收四庫全書珍本第五集中。

㈡王頊齡等：康熙六十一年，復指授王頊齡等纂輯書經傳說彙纂。至雍正八年告成，今收四庫全書及四庫全書薈要中。世宗序云：「薈萃漢唐宋元明諸家之說，參考折中，親加正定，廣大悉備，於地理山川，援今據古，靡不精核」。是爲漢宗兼宗之書。惟其書備列衆說，仍以蔡傳居前，以蔡氏爲全經作集傳，義最該備之故也。然又以集傳之訓詁考據，尚未精核，故又參稽得失，辨別瑕瑜。於其可從者，發明證佐，不可從者辨訂譌舛。其意可兩通者，皆別爲附錄，以明不專主一家。是此書亦爲主於蔡氏集傳而有所補訂者也。全書網羅秦漢以來二百七十餘家之說，綱領清晰，極便參稽。

㈢孫家鼐等：欽定書經傳說彙纂刊行後，朝廷頒爲定本。乾隆之世，御纂七經，而尚書一經不與焉。至光緒二十九年二月，詔命協辦大學士徐郙等，纂輯「書經圖說」。期於淺近明白，務使婦孺皆知，以爲欽定各學堂書經課本，由大學堂編書局辦理。越二載而書成。由學務大臣孫家鼐奏上。其書一以圖爲綱領，而列經文及說解於後，所有解說，悉遵「欽定書經傳說彙纂」爲宗旨，亦多取於蔡氏集傳。今有光緒三十一年武英殿石印本、及台北文海出版社影印本。

總清一朝，皇家均以蔡傳爲主，蓋以蔡傳兼今古文，且爲宋人著作，其言心言性言學之論，爲不可廢也。

二、篤守蔡傳者

清代，蔡傳既爲令甲所繫，篤守其說者，或但删節其文，或主衍說其義，而不主於攻駁。此類著作，以今所知，選取數家，以見其時尚書學之一斑。

㈠劉懷志：劉懷志，字貞儒，武强人。四庫提要稱：「康熙中左都御史謙之父也。其孫自潔原跋，稱爲大司空，蓋其贈官，然未詳何以贈工部尚書也」（註三八）。

其所著尚書口義六卷，今台大文學院聯合圖書舘藏有乾隆八年東郡寶善堂刻本。是書名曰口義者，蓋一本朱子四書訓蒙口義之義，便初學也。其分卷本諸蔡傳。全書皆於經文之內注小字以貫之，不更書經文於前，亦不更書蔡氏注。於周誥殷盤，雖間有補集傳所未逮者，然意義悉遵蔡氏，毫無抵牾。武成篇，依蔡氏考定者錄入，於蔡氏所稱衍文，則删之，所稱錯簡，則移易經文以從之，故四庫提要以「信傳不信經」譏之，列於存目。

㈡金相玉：金相玉，字水倉，高沙人。今國立中央圖書舘藏有所著書經說約六卷，皆據蔡氏書集傳而衍說經義。約成於康熙間。此書分卷分段悉依蔡傳，每節之下，分「蔡傳」、「衍義」、「大意」三項，篇名之下則僅列「蔡傳」、「總論」二項。曰「蔡傳」者，乃擷取蔡傳中訓釋之文，去其考訂之語，「衍義」者，乃循蔡傳而敷衍其義；「大意」則總說本節主旨。自延祐置法，以蔡傳與注疏並行，學者病注疏之繁，蔡傳遂獨立於學官，然蔡傳作於隋唐注疏之後，考訂亦多，時傷繁冗，此編則去其繁而取其精，用意至善。其於蔡傳之歧誤，亦不加糾正，蓋其意不主於攻駁也。惟其於蔡傳，，去者約十之三，而「衍義」、「大意」之文又倍於傳文，又述堯典而旁及天文曆法，釋禹貢而總論九州書法，贅以貢賦等歌，是本欲其約者，轉而煩矣。

㈢高又光：康雍間，又有高又光號敬齋者，亦篤信蔡傳，嘗著尚書遵五卷，國立中央圖書館藏有舊鈔本。蘇國梁序云：

書文邃穆佶屈，而蔡傳之訓詁卒難成誦，童而習者，類宗翼註（註三九）為便，惜其中不無冗駁處。……（敬齋先生）擇其有得於心者，沈潛反覆，參考互證，訂遵註一篇。

凡例稱：

書經遵蔡、猶四書遵朱注也，字句與神吻，絲毫不可移易。

田寶發序云：

夫蔡傳之釋經也詳矣，而辭稍繁，翼註則編輯通順，便於誦習，然其間或與蔡傳相刺謬，則不可從。今敬齋考之諸家，折衷蔡氏而行以翼註之文，庶幾毫髮無遺憾矣。

則此書之遵信蔡傳者可知矣，故蘇序又云：「洵蔡傳之羽翼，而翼註之鍼砭也。」

㈣徐志遴：雍乾間，又有徐志遴者，著尚書舉偶六卷。此書四庫列為存目，今未見。提要有云：

志遴字掄莫，江西新城人，雍正甲辰舉人。

又云：

其書刪節蔡傳，而於蔡傳後，每條各以己意附註一二語，簡略殊甚，蓋於舉業之中，更闢捷徑矣（註四〇）。

蓋亦遵信集傳而無所辨駁者也。

㈤徐世沐（一六三二——一七一六）：徐世沐，字爾瀚，號青牧，又曰青麓，江陰人。江南通志列之儒林傳中，稱其與陸隴其相契。事蹟具清史列傳卷六十七（註四一）。四庫提要書類存目二載其七十二歲時所著尙書惜陰錄六卷，評之云：「其說皆因蔡傳而衍之，往往支離於文外，如解蒙羽其藝，謂蒙多蒙昧，亦要隨刋，羽多禽鳥，亦必翦除，益稷之有勞可知」。蓋亦篤信蔡傳而無創解者也。

㈥吳蓮：同時有吳蓮者，字余嘉，江都人，著尙書注解纂要六卷，四庫列爲存目，今未見。提要稱：「是書融會蔡沈集傳之義，每節之下，先標指意，而各隨文意詮釋之，無所考證」。

㈦吳郡張氏：同治三年，匠門書屋刋有書經旁訓音義，不分卷，署「吳郡張氏校訂」，作者不詳。今史語所有其書。是編經文悉依蔡氏集傳大書正行，以雙行小字注其音義於下，又以訓釋字義者細書於旁，皆不出蔡傳範圍。蓋亦篤信蔡傳者所著，以爲課蒙之本也。

三、篤信蔡傳而有所補訂者

清初朱鶴齡、孫承澤諸家之於蔡傳，咸能紹述宋人之義理，兼採漢唐之訓詁。直至咸同以後，方宗誠、丁晏、吳汝綸諸家，亦仍本蔡傳而旁採他說以補益之，此類，則篤信蔡傳有所補訂者也。

㈠朱鶴齡（一六〇六——一六八三）：康熙十二年，朱鶴齡著尙書埤傳，及禹貢長箋。鶴齡字長孺，號愚庵，吳江人，明諸生，鼎革後屏居著述，事蹟具清史卷四七九（註四二）。此篇十七卷，前有考異一卷，今收四庫全書中，大抵以蔡傳長於義理，然於名物度數之屬不能無訛，因取注疏爲主，斟酌於漢宋之間以埤益之，自序云：

余之輯是書也，主義詁而兼及史家，臚群疑而斷以臆說，務爲通今適用之學。所謂書以道政事者也。

又禹貢長箋「厥土貞」下引蔡傳：「貞，正也，兗州最薄，言君天下以薄賦爲正也」；「嵎夷」下引蔡傳：「今登州之地」，此主於蔡傳者。又如「冀州」下引爾雅：「兩河間曰冀州」，而不從蔡傳。至如「帝都之地三面距河，兗河之西，雍河之東，禹河之北」之說，則爲訂正蔡傳者也。

(二)孫承澤（一五九二—一六七六）：康熙十五年，孫承澤撰尙書集解二十卷，於蔡傳外，多採呂祖謙書說、金履祥表註、許謙叢說。按：承澤字耳伯，號退谷，山東益都人，崇禎辛未進士，入清，官至吏部侍郎，事蹟具清史列傳卷七十九（註四三）。

其書今未見，經義考卷九十二引承澤自序云：

程朱俱不註書，朱子僅屬之蔡仲默氏，仲默每註一篇，輒請正朱子，然止訂二典禹謨，遽捐館舍，其餘未經訂正者，果盡合朱子之意乎？……朱子卽不注書，而仲默所注或曾面授意旨，況同時有東萊之書說，後百年有金仁山先生之表注，許白雲先生之叢說，其精粹不遜於朱子。

是其疑集傳未必盡善也，惟其淵源有自，故其所解多從蔡傳，參以東萊，其有不合者，則正以仁山白雲兩先生，要歸之明顯暢達而止也。

㈢王夫之（一六一九—一六九二）：康熙間，王船山著書經稗疏四卷，於蔡傳亦多所駁正。船山名夫之，字而農，號薑齋，湖南衡陽人，晚居湘西石船山，學者稱船山先生。事蹟具清史卷四九九（註四四）。船山之學，神契橫渠，羽翼朱子，力闢陸王，故說經必徵諸事實，立言胥關於人心世道。此書駁蔡傳之精要者，如謂蔡傳引爾雅，水北曰汭，爾雅實無此文。故推其致誤之由，蓋誤記孔安國涇屬渭汭之傳。謂巡狩不可一年而徧，或五載之內，初季春東巡，次季夏南巡，季秋西巡，季冬北巡。而以其一年卽冀州而治中國，其云歸格藝祖者，舉一以該三，繫于北巡之後也。謂五服亦大略言之，非截然四方也，如以王畿言之，大康畋於雒表，則南贏而北縮，是甸服固有出王畿百里之外者，亦可以納米爲之通例也。謂盤庚以前稱商不稱殷，殷者，盤庚以所遷之邑爲號也，殷墟在淇縣。謂武王遷鎬，當天下大定之後，四方皆服也，引詩文王有聲爲證。又此篇云：「王來自商至于豐」，其歸于豐，則其往亦必于豐，故以蔡傳「周、鎬京也」之說爲非。凡此，於蔡傳多所駁正，皆辭有根據，不同游說。今收四庫全書、船山遺書、及昭代叢書中。

船山又著尙書引義六卷，亦駁蔡氏數學爲無稽，然此書多引後世事以推論大義，牽涉蔡傳者較少。今收船山遺書中。

同時李光地安溪所著尙書解義一卷，分段言其大義，不作訓詁，亦頗信蔡傳，並多以己意申補之。

㈣倪景樸：清初武進人陸士楷，嘗撰尙書彙纂十二卷，專釋五十八篇之篇旨及內容要義，惜其不錄經文，不作訓詁。故仁和倪景樸，又取是書參以蔡傳而集其大要，成尙書彙纂集要六卷，史語所藏

有舊鈔本(闕卷四),乃八千卷樓故物,卷端有樓主題記云:

是書意在裨益初學,故語多淺顯,原序言得晉陵崑庭陸氏彙纂,已復補入蔡傳字解,更加修節,故曰集要。雖屬家塾課蒙之本,然以之訓初學,易於領略,亦講義善本也。

㈤錢在培:雍正五年,(據汪惟憲及程川序),倪氏同鄉錢在培著尚書離句六卷,今未見,續修四庫提要云:

大旨悉遵蔡傳,其未詳者則旁採注疏、經解,大全諸說,惟以曾經朱子論定者爲限。……其蔡傳音釋未備者,則增入康熙字典、陸氏釋文,蓋爲初學便誦習計也。

㈥汪紱(一六九二－一七五二):雍乾間又有汪紱,著尚書詮義十二卷、首二卷、亦篤信蔡傳。按:汪紱,初名烜,字燦人,小字重生,號雙池,又號敬堂,婺源人。其學一以宋五子爲歸,與江愼修派同中有異。所著除此編外,尚有易、詩經詮義等三十一種,二四四卷,總爲汪雙池先生叢書,生平事蹟具清史卷四八〇(註四五)。

序稱:讀書寢食程朱、批閱蔡傳,偶有心解,隨筆識之,復參訂諸家以成此編。以爲二典三謨九疇洪範伊周微言,多與大易中庸相表裏,故就蔡傳而益發明義理,以究聖人之事而得其用心。其上卷首列蔡九峯書經集傳序,下卷列百篇書序,皆引朱子及蔡傳之語以釋之。其詮釋五十八篇經文,亦多本蔡傳。武成一篇,蔡傳原以朱子等考定武成附後,以存其疑,此則盡用考定之本,可謂勇於信傳矣間亦有與蔡傳立異者,如採李謙齋、金仁山之言以說秦誓等,於蔡傳亦有所裨益。

㈦楊方達:雍乾間,有楊方達者,於尚書著有尚書約旨六卷及尚書通典略二卷,亦篤守蔡傳而有所補正。按：方達字倉符，武進人，雍正甲辰舉人，閉門著書，絕干謁，鄉里重之。事蹟具清儒學案卷五十六等（註四六）。

尙書通典略彙集宋元以來經解及名家文集之言，而申以己見，其訓釋名物多據理斷制，不由考證。其尙書約旨則墨守蔡傳，依文訓義，間有立異者，亦僅鑽研語氣而無所考證。

㈧郭兆奎：平湖郭兆奎，於乾隆二十年，著成心園書經知新八卷，四庫全書列爲存目，今未見。此爲郭氏七十三歲時所作，提要云：

大旨以蔡沈集傳爲本，而時參以己見，故曰新知。如解堯典命義和數節，則謂後世日晷爲定分至之要，而舉南北極及歲周歲差之法，皆以爲不足信。

㈨趙佑（一七二七－一八〇〇）：後十六年，有趙佑者，自乾隆三十六年起，撰尙書異讀考，至四十五年，歷時十載，凡五易稿而成。其書乃就注疏、釋文、及諸家講義，與蔡傳立異首，考而折衷之，亦篤信蔡傳而有所補訂者也。按：趙佑，字啓仁，號鹿泉，仁和人。乾隆十七年進士，官至都察院左都御史。所著尙有尙書質疑二卷等。事蹟具清史列傳卷二十八（註四七）。

㈩黃淦、黃轅：乾嘉間，黃淦輯七經精義，刊於嘉慶十三年，其中書經精義四卷，補一卷。其書節取諸家而以採自蔡傳者爲主，亦篤信蔡傳者也。

又有黃轅者，著尙書經解雕玉，今未見，續修四庫提要云：

是書無義例，書後附答問六篇，大約以蔡傳爲主，於漢晉宋元明諸儒之說，有與蔡傳兩歧者，則雜引而比勘之（註四八）。

續修四庫提要又稱：

書中援證雖博，案斷甚少，或並存異說，亦匙折衷，惟於讀蔡傳者，不無多少參證之益耳。蓋亦主於並存異說以補蔡傳者也。

(十一)陸錫璞：欽定書經彙纂出後，久爲舉業家所遵從。道光十八年，龍川陸錫璞撰書經精義彙鈔六卷刊行，今未見。續修四庫提要云：

其書多從欽定書經彙纂中錄出，先集傳，次集說，詮釋集傳者，標「釋傳」二字，附於集傳之後，其從他書輯入者，別以「附存」二字，御按語全載之。他說則多節錄，或但錄其斷制之詞（註四九）。

(十二)佚名：史語所藏有舊鈔本「書經集傳異同商」六卷，不著撰人名氏，或云郭嵩燾。是編以蔡傳爲主，是者疏證之，非者辨正之。觀其所採，自史、漢、說文、馬鄭而下，歷引朱子、王伯厚、王船山、朱竹垞、王西莊、段茂堂、崔東壁、錢辛楣諸大儒之言。凡六十餘家，捃摭繁富，漢宋兼宗，實有功於蔡傳者也。

(十三)劉沅（一七六八－一八五五）：道咸間，劉沅著書經恒解六卷，附書序辨正一卷，以義理爲主，旨在梳櫛其文，務求義理貫通。劉沅字止唐，四川雙流縣人，乾隆五十七年中試舉人，道光六年選授湖北天門縣知縣，不願外任，改國子監典籍，尋乞假歸，隱居教授，著有槐軒全書一百六十餘卷（註五〇）。

其書分卷，悉依蔡傳，各篇上下，分注今古文，武成篇以蔡氏考定武成附之，又合書序爲一篇，而分別條辨之，全書之例，皆先述篇意，次解經文，末加「附解」以議論之。其說多本於蔡傳，亦稍有立異者，如辨泰誓之僞，解周公居東爲東征武庚，罪人卽武庚管叔之類是也，皆頗爲有見。此爲劉氏晚年定本，語多諄正，故今人江叔海（瀚）詡爲蜀人說經之拔乎其萃者（註五一）。此書今有槐軒全書本。

(十四)戴鈞衡、方宗誠：咸同間，桐城方東樹弟子戴鈞衡、方宗誠，說書皆主蔡傳，而有所補訂。戴鈞衡，字存莊，號蓉洲，道光廿九年舉人，與曾文正公友善。事蹟具清史卷四八五（註五二）。所撰書傳補商十七卷，以蔡傳爲主，並擇諸家之精當者，參以己意，伸補其義，商榷其譌，故名補商。今史語所藏有清刊本，無刻書年月，販書偶記云：「約咸豐間刊」（註五三）。

是書前有序例，稱：

> 殷盤周誥詰曲聱牙，歷漢迄今，義多未顯，微子、金縢、多士、君奭、多方、立政、顧命、康王之誥、呂刑諸篇，語意艱深，無殊盤誥，窮經者不求甚解，試士者不以命題，苟無古文諸篇，則斯經幾同廢棄，是書特加詮釋，仍以次編。

故卷一至卷三爲盤庚上中下三篇，卷四至卷十七，依次列微子、金縢、大誥、康誥、酒誥、梓材、召誥、洛誥、多士、君奭、多方、立政、顧命、康王之誥、呂刑。除顧命、康王之誥二篇共卷外，餘皆篇各爲卷。其所補商不出今文範圍。除蔡傳外，其書於漢唐以來說經者，皆擇採之，並及邵氏爾雅義疏、段氏說文解字注、阮氏經籍纂詁、王氏廣雅疏證、經傳釋詞等，凡所徵引，皆依朝代列明。義理必審其安，故訓必尋其確，亦有舊解未安，仍姑從爲說者，蓋與其闕而不論，使學者無所適從，何如權立其辭，俾讀者猶可解說。其有兩義俱精者，則取一爲主，附其一以備參；其輿地沿革，年日後先，與夫衆說之參差，不能以理斷者，則兼收並列以示傳疑。按：此書去取失當者容或有之，然其說漢宋兼採，於可疑處則引而不斷，猶爲審愼。其中勝義頗多，其同鄉方存之（宗誠）書傳補義及吳摯甫（汝綸）尚書故中屢見徵引，清朝續文獻通考（卷二五七）云：「貫穴漢宋，多前賢所未發，折衷一是，無偏見也」。

方宗誠（一八一八－一八八八）：字存之，號柏堂，方東樹族弟也。事蹟具清史卷四八五（註五四）。

方氏所著詩書集傳補義，今有同治四年刋本及柏堂遺書本。自序云：

> 朱子詩集傳，蔡氏書集傳，大體純正無疵，予反覆玩味有年，間嘗引申其義以發明二書之大綱要旨，至集傳中偶有所疑，附記於後，以質世之君子要皆必其關繫世教人心，然後爲之疏通而證明之。

其中書傳補義三卷，乃就蔡傳中擇其關繫世教人心者發明之，卷三附論疑義，或補蔡傳之所未詳，或辨蔡傳之非。如「象恭滔天」，蔡傳以爲未詳，此引孔傳史記而釋以「象似恭敬而心實慢天也」。又蔡傳以「君臣、父子、夫婦、兄弟、長幼」釋五敎，此謂「長幼當是朋友二字之誤」，由是觀之，此編亦蔡傳之羽翼也。

㈤丁晏（一七九四－一八七五）：咸豐六年，丁晏著書傳附釋一卷，於蔡傳詳爲紬繹，研味其旨，附以釋義而疏通證明之。其有未安處，亦不曲徇。其書有廣稚書局叢書本及世界書局影印本。

按：丁晏，字儉卿，亦字拓唐，江蘇山陽人。道光元年舉人，官內閣中書。平生篤好鄭學，於詩箋、禮注，致力尤深。晚年治易，則嗜程傳，故其學能兼採宋儒之長。著述宏富，有周易述傳、尙書餘論、禹貢集釋、禹貢蔡傳正誤、毛鄭詩釋等四十七種，共一百五十餘卷，總爲頤志齋叢書，事蹟具清史卷四八一等（註五五）。

此書惟釋今文各篇，所釋皆疏其出處，如「放勳」集傳：「放，至也，猶孟子言放乎四海是也。」釋云：「蔡傳讀推而放之之放，乃林少穎之說」。又如「害王不違卜」集傳云：「害，曷也」。釋云：「孔傳謂王室有害，蔡氏讀如曷。廣雅釋詁：『害、曷，何也』。漢書翟義傳依周書大誥作：『予害敢不於安人圖功所終，予害敢不於祖宗所受休輔，予害敢不終於晦，予害其極卜敢不予從』，顏注：『害，讀曰曷』，蔡傳得之。」亦有以爲蔡傳誤解而改者，如「不率大戛」集傳云：「戛，法也，言民之不率教者，固可大寘之法矣。」釋云：「孔傳：『戛，常也，凡民不率大常之教。』疏云：『戛，猶楷模也，言爲楷模之常，故爲常也。』釋詁：『戛，常也，』蔡訓爲法，非也。」又以酒誥、梓材爲成王之書，蔡傳以爲武王者失之。末附續錄六條，皆辨正蔡傳之誤。謂堯典「寅賓」蔡傳作「敬禮之如賓客」解爲無據；至其禹貢蔡傳正誤，則主於辨正蔡傳之誤。

考自清乾嘉以後，學者競言漢學，多屏宋學而不觀，咸豐以後，宋學復興。丁氏之學，出入於漢宋之間，故於蔡傳之失，能持平言之，此其所以可貴也。

至其尙書餘論，則辨古文之僞，禹貢集釋，則兼採漢說以正後儒說禹貢之誤者也。

同時，婺源余宗英伯熊撰禹貢輯注，亦以蔡傳為主，蔡傳有誤，則以己意正之。又光緒五年袁自超，撰禹貢翼侍便蒙，亦以蔡傳為主而多所立異。此外，宗蔡傳而有所訂正者，尚有楊陸榮禹貢臆參，王澍禹貢譜等，以非關係全書，茲不一一列述。

㈥吳汝綸（一八四〇—一九〇三）：桐城吳汝綸於尚書撰尚書故三卷，其說一以史記為斷。又編有尚書讀本，則依蔡傳刋改，使趨簡要，原為課兒之本，初無定稿，卒後，其子始加以校理，蔡說之不盡刋者亦附著焉。

其書僅取二十八篇，末附書序，經文依蔡傳分段，注釋亦依蔡傳去其引證考訂之文，間附己意。凡蔡傳舊說，一以銳點識之，贄甫自定者，則以圓點識之。詳審其書，實卽尚書故之節本也。則吳氏於蔡傳亦有功焉。

按：吳汝綸，字摯甫，安徽桐城人。同治乙丑進士，授內閣中書，曾受學於曾文正公，為桐城派末期大師。事蹟具清史卷四八五（註五六）。

四、駁詰蔡傳者

考蔡傳自南宋以來，卽多異議，若陳櫟、董鼎、金履祥及清朝欽定書經傳說彙纂等，皆多所考訂釐正，然各家仍以蔡傳為主，可謂蔡傳之羽翼。若左眉、陸奎勳、姜兆錫等，則意存辨駁，固與上述諸家有異也。

㈠左眉：左眉字良輿，安徽桐城人，與胡渭同時。著有蔡傳正訛六卷，在靜庵遺集中，販書偶記云：「無刻書年月，約道光間刊，光緒間鉛印本。」今未見。續修四庫提要云：「此編首辨克明俊德一節，謂俊偏考字書無訓大者，說文云：俊，才過千人也，惟詩之駿命駿惠訓大，蔡意蓋以俊可與駿通，然非本意也。」又云：「以親九族，謂九族自不兼異姓。」又云：「至謂宋已有潛江縣，及嶓冢有二，以辨蔡傳之疏，均極詳核。」（註五七）惟其釋九族不兼異姓，恐非的論，知其所辨者，亦得失互見也。

㈡陸奎勳（一六六三—一七三八）：陸奎勳字坡星，平湖人，康熙辛丑進士，官翰林院檢討。事蹟具清史卷（註五八）。

陸氏著有今文尚書說三卷，收陸堂經學叢書中，今未見，四庫全書列爲存目。提要云：「是編皆訂補蔡沈書傳之闕失，大抵推求於字句之間，離合參半，所解惟伏生二十八篇，而古文則置之不言，蓋用吳澄書纂言之例，未爲無見。」

㈢姜兆錫（一六六六—一七四五）：兆錫字上均，丹陽人，康熙庚午舉人，乾隆初薦充三禮館纂修官。事蹟其清史列傳卷六十七（註五九）。

姜氏著有書經蔡傳參議，清朝文獻通考作書經參議六卷、四庫列爲存目，今未見，提要云：「是編以朱子命蔡作書傳甫越歲而朱子亡，其間未是正者頗多，如集注行夏之時，及歲十一月十二月之屬，昭如日星，而蔡傳於伊訓之元祀十有二月，及秦誓之十有三年春，武成惟一月之屬，皆力著不改時不改月之辯，是顯與朱子有異，因作是書正之，計經文錯互篇簡者二條，錯分段落者五條，錯混句讀者二條，錯解文義者十二條，定錯復錯者一條」。又云：「然兆錫所改，大抵推求字句，以意竄定，未能確有考證也。」

【附註】

註　一：見元史卷八十一選舉志一，藝文本第九七四頁。

註　二：見明史卷七十選舉志二，藝文本第七二五頁。

註　三：見清史卷一〇九選舉志三，國防研究院本第二册一三〇六頁。

註　四：見書古今文集註序；按：原書未見，此據經義考卷八十五首頁引，四部備要本。

註　五：見尙書考異序，原附尙書埤傳前，今四庫珍本第三集尙書埤傳前未附考異。

註　六：見書集傳條；經部書類一，藝文本四庫全書總目第二七一頁。

註　七：又見於眞德秀撰九峯先生蔡君墓表。

註　八：此據自序年月；眞德秀作墓表，稱「反覆數十年然後克就其書，蓋誤衍一「數」字也。

註　九：見上書集傳表；經義考卷八十二第二頁引，四部備要本。

註一〇：同註六。

註一一：見四庫提要辨證卷一書集傳條下，藝文本第二十三頁。

註一二：見經義考卷八十二第三頁引，四部備要本。

註一三：見東塾讀書記卷五第十二頁，四部備要本。

註一四：又見柳貫「故宋史舘編校仁山金公行狀」，徐祀「金仁山先生年譜」等。

註一五：按：倪氏補元志作十二卷、錢氏補元志作四卷，注云：或作十二卷、一作一卷。

註一六：見鄭堂讀書記卷九第十二頁；世界本。

註一七：見經義考卷八十四第六頁引，四部備要本。

註一八：見定宇集卷一，四庫全書珍本第二集。

註一九：江西通志作德興人。

註二〇：黃虞稷千頃堂書目稱充耘字與耕，西江人物志說同，劉景文爲其書義主意序，亦每稱王君與耕。

註二一：陸心源儀顧堂題跋卷一云：「序稱耕野，不曰與耕，疑耕野其號，與耕乃其字耳。」

註二二：見黃虞稷千頃堂書目卷一，讀書管見原序；廣文書局書目業編本。

註二三：按：王氏另有書義矜式六卷，乃所作之科舉程式也，今國立中央圖書館有藏本。

註二四：按四庫提要稱「師凱家彭蠡，故自題曰東滙澤，其始末不可得詳」。查陸心源儀顧堂題跋卷一有是書跋，又瞿鏞鐵琴鋼琴樓藏書目錄卷二稱：「陳氏即雲莊先生之子，易象，樂律皆有著述，見危大樸撰雲莊墓誌」，玆據以說。

註二五：又見朱彝尊撰朱右傳。

註二六：日知錄卷二十書傳會選條，民國六十三年元月台南平平出版社印行原抄本顧亭林日知錄第五二六頁。

註二七：見書傳大全條，經部書類二，藝文本第二八四頁。

註二八：見經義考卷八十九第六頁引，四部備要本。

註二九：按：此據經義考卷八十四首頁所引江西通志，四部備要本。

註三〇：見書傳會選條下；經部書類二，藝文本第二八三頁。

註三一：見經義考卷八十四所引兩浙名賢錄，此書今未見。

註三二：見註三〇。

註三三：見卷八十八第五頁馬明衡尚書疑義條下，四部備要本。

註三四：見註三。

註三五：見嘯亭雜錄卷一崇理學條；民國六十二年四月台北新興書局說庫本。

註三六：見經義考卷八十二第三頁引何喬新語，四部備要本。

註三七：見東塾讀書記卷五第十二頁，四部備要本。

註三八：見四庫提要尚書口義條下，藝文本第三二〇頁。

註三九：按：此謂書經翼注七卷，明萬曆間謝廷讚撰。

註四〇：見提要尚書學偶條下，藝文本第三二三頁。

註四一：又見國朝耆獻類徵卷三、碑傳集卷一二八、國朝先正事略卷三一、國朝學案小識卷十、雷翠庭撰傳。

註四二：又見清儒學案卷七，清史稿卷四八九，清史列傳卷六十八，國朝學案小識卷十二，文獻徵存錄卷三，國朝詩人徵略卷三。

註四三：又見碑傳集卷十。

註四四：又見清儒學案卷八、清史稿卷四八六、清史列傳卷六十六、國朝耆獻類徵卷四〇三、碑傳集卷一三〇、國朝先正事略卷二十七、國朝學案小識卷三、文獻徵存錄卷六、王船山先生傳（余廷燦存吾文稿卷三）、清代樸學大師列傳第一、劉毓崧著王船山年譜、船山年譜（民國王之春編、船山學報四—十三期）、船山學譜附年譜傳記錄（民國王永祥編，北平邃雅齋排印本，孝魚叢書本）、王夫之先生學術思想繫年（民國劉茂華編，新亞學報五卷一期）、王船山先生行迹圖（民國李世典編）。

註四五：又見清儒學案卷六十三、清史稿卷四八六、國朝耆獻類徵卷四〇九、碑傳集卷一二九、國朝先正事略卷三十四、國朝學案小識卷四、文獻徵存錄卷四、婺源縣學生汪先生墓表並銘（朱筠笥河文集卷十一）、余龍光編汪雙池先生年譜（汪雙池叢書本）、皖志列傳卷三。

註四六：又見國朝耆獻類徵卷四一九、清儒學案小識卷十三。

註四七：又見清儒學案卷七十八、國朝耆獻類徵卷九十一、國朝先正事略卷四十二、國史列傳卷六十一、杭州府誌、葉藩撰墓誌。

註四八：見經部三一九頁；民國六十一年三月，台北商務印書舘排印本。

註四九：見前書第二七二頁。

註五〇：此據叢書大辭典；四川總督錫良奏摺則稱一百四十三卷。

註五一：見續修四庫提要經部一九二頁，商務本。

註五二：又見清儒學案卷八十九、清史稿卷四九一、清史列傳卷七十三、續碑傳集卷七十九、國朝先正事略卷四十三。

註五三：見販書偶記卷一第十五頁，世界本。

註五四：又見清儒學案卷八十九、清史稿卷四九一、清史列傳卷六十一、續碑傳集卷八十、方存之先生家傳（强汝詢求益齋文集卷七）棗强縣知縣方先生墓誌銘（譚獻復堂文續卷五）

註五五：又見清儒學案卷一〇九、清史稿卷四八八、清史列傳卷六十九、續碑傳集卷七十四。

註五六：又見清儒學案卷一八九、清史稿卷四九一、續碑傳集卷八十一、桐城吳先生年譜（民國郭立志編）、吳摯甫先生年譜（張江裁編）、吳先生墓誌銘（馬其昶抱潤軒文集卷十七）、吳先生行狀（賀濤賀先生文集卷三）、吳先生墓表（同上）。

註五七：見經部第三一三頁，商務本。

註五八：又見清儒學案卷十、清史稿卷四八九、清史列傳卷六十七、國朝耆獻類徵卷一二五、碑傳集卷四十八、國朝先正事略卷四十、國朝學案小識卷十三、國朝名家詩鈔小傳、國朝詩人徵略卷二十二。

註五九：又見清儒學案一九七、國朝耆獻類徵卷四一八、國朝學案小識。

第二章　僞古文尚書之辨證

史記儒林傳云：「秦時焚書，伏生壁藏之，其後兵大起，流亡。漢定，伏生求其書，亡數十篇，獨得二十九篇，卽以敎於齊魯之間」，是爲今文尙書。史記儒林傳又云：「孔氏有古文尙書，而安國以今文讀之，因以起其家，逸書得十餘篇，蓋尙書滋多於是矣」。漢書藝文志云：「古文尙書者，出孔子壁中。武帝末，魯恭王壞孔子宅，欲以廣其宮，而得古文尙書及禮記、論語、孝經凡數十篇，皆古字也。…孔安國者，孔子後也，悉得其書，以考二十九篇，得多十六篇。安國獻之，遭巫蠱事，未列於學官」。此卽所謂古文尙書是也。

惟史漢中未爲孔安國立傳，後漢傳古文尙書者，亦未爲逸書十六篇作注，故十六篇絕無師說。永嘉之亂，今文尙書歐陽大小夏侯三家均亡。至東晉，孔安國傳始出，隋書經籍志云：「晉室秘府所存有古文尙書經文，今無有傳者。及永嘉之亂，歐陽大小夏侯尙書並亡。…至東晉豫章內史梅賾始得安國之傳奏之。…於是始列國學」。按：梅氏所奏古文尙書凡五十八篇，其中三十三篇與今文同（自堯典分出舜典，皋陶謨中分出益稷，又析盤庚爲三），餘二十五篇則爲今文所無，其初猶與今文別行，自陸德明據以作釋文，孔穎達據以作正義；遂與伏生二十九篇混合爲一。唐以來雖疑經惑古，惟劉知幾亦以尙書一家列之史通，未言古文之僞。自宋吳棫始有異議，朱子亦稍稍疑之。吳澄諸人本朱子之說，相繼抉擇，其僞益彰。然亦未能條分縷析，以抉其罅漏。明梅鷟始參考諸書，證其剽剟，而見聞較狹，蒐採未周。至清閻若璩，乃引經據古，一一陳其矛盾之故，古文之僞，因以大明。所列一百二十八條，毛奇齡作古文尚書寃詞，百計相軋，終不能以强詞奪正理。誠所謂「有據之言，先立於不敗之地」（註一）是也。然其書未純，至惠棟諸家繼起，辨析愈明，二十五篇古文之僞，遂昭若日月之明矣。

本章分爲四節：

一、清以前疑古文諸家：述吳棫以下疑古文者。

二、閻若璩及其古文尚書疏證：述閻氏之生平學術及其書之大旨。

三、與閻氏同疑古文之諸家：述閻氏同時黃梨洲、顧炎武疑古文之論。

四、踵繼閻氏之諸家：述惠棟以下諸家辨僞古文之論。

第一節　清以前疑古文諸家

古文二十五篇，宋吳棫已疑其僞，朱子、趙汝談、吳澄等皆嘗疑之，然亦止於心疑而已，至梅氏鷟，始舉證駁詰，清閻百詩等本其餘緒，考證加密，晚出古文之僞遂成定讞，則椎輪之於大輅，功亦不可沒也。

一、心疑古文諸家

㈠吳棫（ ? —一一五四）：吳棫，字才老，宋武夷人。疑古文始於吳棫。朱子曰：「吳才老說胤征康誥等篇，辨證極好，但已看破小序之失而不敢勇決，復爲序文，所牽殊爲費力耳」（註二）。閻氏曰：「書古文出魏晉間，距東晉建武元年，凡五十三四年，始上獻於朝，立學官。建武元年下到南宋渡初，八百一十一年，有吳才老者出，始以此書爲疑」（註三）。朱彝尊亦云：「說書疑古文者，自才老始」（註四）。

吳氏著書裨傳十二卷（註五），朱彝尊謂一齋書目及菉竹堂書目尚存，經義考註「未見」，閻氏古文尚書疏證卷八第一百十三條引其語云：「伏生傳于既耄之後，而安國爲隸古，又特定其所可知者。而一篇之中，一簡之內，其不可知者，蓋不無矣。乃欲以是盡求作書之本意，與夫本末先後之義，其亦可謂難矣。而安國所增多之書，今篇目具在，皆文從字順，非若伏生之書，詰屈聱牙，至有不可讀者。夫四代之書，作者不一，乃至二人之手，而遂定爲二體乎？其亦難言矣」。

㈡朱熹（一一三〇—一二〇〇）：朱子疑古文及孔傳之語甚多，如云：「孔壁所出尚書，如禹謨、五子之歌、胤征、泰誓、武成、冏命、微子之命、蔡仲之命、君牙等篇，皆平易；伏生所傳皆難讀。如伏生偏記難底，至於易底，全不記得，此不可曉」。又云：「伏生書多艱澀難曉。或者謂伏生口授女子故多錯誤，此不然。今古書傳中所引書語，已皆如此不可曉」。此疑經文者也；又云：「書序恐不是孔安國做，漢文粗枝大葉，今書序細膩，只似六朝時文字」，此疑書序者也。又云：「尚書孔安國傳，此恐是魏晉間人作，托安國爲名，與毛公詩傳大段不同。今觀序文，亦不類漢文章，如孔叢子亦然，皆是那一時人所爲」；此疑書序及孔傳者也（註六）。

㈢趙汝談：趙氏著有南塘書說（宋志二卷），今未見。陳振孫曰：「汝談疑古文非眞者五條，朱文公嘗疑之而未若此之決也。然於伏生所傳諸篇亦多所掊擊觝排，則此過甚」（註七）。是趙氏不僅疑古文，並今文亦並疑之也。

㈣趙孟頫（一二五四—一三二二）：趙孟頫，字子昂，吳興人，宋之宗室也。入元，官至翰林學士承旨，事蹟具元史卷一百七十二。趙氏著有書今古文集注，經義考注未見，載其自序云：

：秦火之後惟易僅全，而樂遂無復存，詩書禮春秋由漢以來諸儒有意復古，殷勤收拾而作僞者出焉，在書爲尤甚，學者不察，尊僞爲眞，俾得並行於世。若張霸之膚陋，二十四篇亦以爲古文尚書。小序之舛訛，大悖經旨，亦以爲孔子所定。嗟夫，書之爲書，二帝三王之道於是乎在。不幸而至於亡，於不幸之中，幸而有存者，忍使僞亂其間耶？又幸而覺其僞，忍無述焉以明之，使天下後世常受其欺耶？

四庫提要書纂言條下云：「考定今文古文自陳振孫尚書說始，分編今文古文自趙氏此書始」。足見其疑意之決也。

㈤吳澄（一二四九—一三三三）：吳澄，字幼清，號草廬，撫州崇仁人，宋咸淳末舉進士不第。入元，以薦擢翰林應奉文字。官至翰林學士。事蹟具元史卷一百七十一。吳氏著有書纂言四卷，今收通志堂經解中。其書屏棄古文，專釋今文。書古文篇目下有云：

及梅賾二十五篇之書出，則凡傳記所引書語，諸家指爲逸書者，收拾無遺。既有證據，而其言率依於理，比張霸僞書遼絕矣。析伏氏二十八篇爲三十三，雜以新出之書，通爲五十八篇。並書序一篇，凡五十九篇。有孔安國傳及序，世遂以爲眞孔壁所藏也。唐初諸儒從而爲之疏義，自是漢世大小夏侯歐陽氏所傳尚書止有二十九篇，廢不復行。惟此孔傳五十八篇孤行於世。伏氏書既與梅賾所增混淆，誰復能辨？竊嘗讀之，伏氏書雖難盡通，然辭義古奧，其爲上古之書無疑。梅賾所增二十五篇，體製如出一手，采集補掇，雖無一字無所本，而平緩卑弱，殊不類漢以前之文。夫千年古書，最晚乃出，而字畫略無脫誤，文勢略無齟齬，不亦大可疑乎？

此則從文辭上疑及僞古文者也。

(六)王充耘：王氏著讀書管見中亦有疑古文之語，如禹謨古文之辨節云：「禹謨一篇出於孔壁，深有可疑。蓋禹與臯陶舜三人答辭，自具見於臯陶謨、益稷篇中。如予思日孜孜，帝愼乃在位，此卽禹所陳之謨矣。安得又有大禹謨一篇？」又傳授心法之辨節云：「禹謨出於孔壁，後人傅會，竊取魯論堯曰篇載記而增益之，析四句爲三段，而於允執其中之上，妄增人心道心等語。傳者不悟其僞，而以爲實然，於是有傳心法之論。且以爲禹之資不及舜，必益以三言然後喻，幾於可笑。蓋皆爲古文所誤耳」。又對揚休命節云：「蓋古文書出於一手，故其言每每相重」。又蔡仲之命皇天無親節云：「吾意古文只是出於一手，掇拾附會，故自不覺犯重耳」。此從僞古文之經文中起疑，識見頗明。此書今收通志堂經解中。

(七)鄭曉（一四九九—一五六六）：鄭曉，字窒甫，別號淡泉，海塩人，事蹟具明史卷一百九十九

（註八）。著有尚書考二卷，經義考注「闕」，朱彝尊按語云：「書考一册，彝尊得之公家。失其上卷，中多辨證古文之非，蓋公自撰也」（註九）。閻氏古文尚書疏證卷一第七條後云：「按：鄭端簡曉，亦疑古文泰誓，謂僞泰誓無孟子諸書所引用者，人遂不之信，安知好事者不又取孟子諸書所引用者以竄入之，以圖取信於人乎？」又卷五上第六十五條後云：「按鄭端簡曉，予得其手批吳氏尚書纂言，於二十八字上批云：曰若句襲諸篇首，重華句襲諸史記，濬哲掠詩長發，文明掠乾文言，溫恭掠頌那，允塞掠雅常武，玄德掠淮南子鴻烈，乃試以位掠史記伯夷傳。正見其蒐竊之蹤」。戴靜山先生云：「據此，鄭氏也用考證方法辨僞，惜只存此鱗爪」（註一〇）。

(八)歸有光（一五〇六——一五七一）：歸有光，字熙甫，崑山人，事蹟具明史卷二百八十七。歸氏尚書敍錄云：「余少讀尚書卽疑今文古文之說，後見吳文正公敍錄，忻然以爲有當於心，揭曼碩稱其綱明目張，如禹之治水，信矣。自是數訪其書未得也。己亥之歲，讀書於鄧尉山中，頗得深究書之文義。益信吳公所著，爲不刊之典。因念聖人之書，存者年代久遠，多爲諸儒所亂。其可賴以別其眞僞，惟其文辭格制之不同。後之人雖悉力模擬，終無以得其萬一之似。學者由其辭，可以達於聖人，而不惑於異說。今伏生書與孔壁所傳，其辭之不同，固不待於別白而可知。昔班固志藝文，有尚書二十九篇，古經十六卷。古經漢世之僞書，別於經不以相混，蓋當時儒者愼重如此。而唐之諸臣不能深考，猥以晚晉雜亂之書，定爲義疏。而漢魏專門之學，遂以廢絕。朱子蓋有所不安，而未及是正，吳公實有以成之。而今列於學官者，旣有著令。縉紳先生莫知廣石渠白虎之異義，學者蹈常習故，漫不復有所尋省。以數百年雜亂之書，表章於一代大儒之手，而世亦莫能尊信之，可嘆也已！」

(九)郝敬（一五五八－一六三九）：郝敬，字仲輿，一字楚望，京山人，萬歷己丑進士，官終江陰知縣，事蹟具明史卷三八八。郝氏著有尚書辨解十卷，今刻入湖北叢書中，卷前有讀書三十條，閻氏古文尚書疏證卷八第一百十六條多錄取其語，其要者如：「盤庚、大誥、康誥等篇，文辭如流雲雜霧，蒸涌騰沓，不可摶埴，而自然煙潤。孔書二十五篇，豐姿濟楚，如礱石疑玉，刻木肖花，漸染嫵媚之氣。古言盤鬱，今言清淺。古言幽雅，今言高華。一覽而盡者，今人之辭；三復而愈遠者，古人之辭也。」又云：「古人意思渾厚，義理塡塞胸臆，欲言不啻口，乍讀結澀，愈玩愈精彩。後世文字嘹亮，滾滾追逐而來。其于脩辭立誠之意，索然盡矣。故尚書以伏生二十八篇爲其古文。」又云：「諸傳獨孟子近古，七篇中所引書，如太甲、伊訓、湯誓等，語質直而少逸響，正與二十八篇文字一律。足徵伏書是眞，孔書是假。」

(十)羅敦仁：羅氏著有尚書是正，經義考注「存」，今未見。經義考載其子喻義序稱：

尚書是正大率原本今文，首列書序，次載本書，次下己意，亡者闕之，而散見論語左國孟荀者附錄焉。非是族也，雖世所稱十六字不敢不正，翦却梧桐，滗湖方可窺，先君誦之云爾。（註一一）。

毛氏古文尚書寃詞云：

明崇禎末，有羅敦仁喻義父子，僞造今文尚書古本，竊取史記異字，集作藍本，而雜摘他篇字以組之入。乃以大字寫今文，謂之尚書，以小字雙行寫古文，斥之不使爲經。其意則猶之吳澄創古文故智，而奸狡過之，名曰尚書是正二十卷。（註一二）

此外，有鄭明瑗者，成化時人。著有井觀瑣言，內有疑古文尚書者兩條，閻氏古文尚書疏證嘗錄其語，有云：

> 古文書雖有格言而大可疑。觀商周遺器，其銘識皆類今文書，無一如古文之易曉者。禮記出於漢儒，尚有突兀不可解處。讀有四代古書，而篇章平坦整齊如此。如伊訓全篇平易，惟孟子所引二言，獨艱深。且以商詩比之周詩，自是奧古；而商書比之周書，乃反平易；豈有是理哉？泰誓曰，謂己有天命，謂敬不可行，謂祭無益，謂暴無傷，此類皆不似古語。而其他與今文複出者，却艱深何也？賈逵馬融鄭康成服虔趙岐韋昭杜預輩皆博洽之儒，不應皆不之見也。又今文原有二十八篇，何故孔壁都無一篇亡失？誠不可曉。

故戴靜山先生云：「鄭氏知用古器物銘識和尚書文比較，可謂有識」（註一三）

二、辨證僞古文之梅鷟

鄭端簡雖曾用考證方法以辨古文之僞，惟僅一鱗半爪，故世言辨古文之僞者，始於梅鷟。梅鷟字鳴歧，明旌德人，正德癸酉舉人。於尚書著有尚書譜、尚書集瑩、尚書考正、尚書辨證、尚書考異等。惜傳世者少。尚書譜，經義考作讀書譜，四庫列爲存目。尚書考異，經義考作一卷，四庫全書著錄釐爲五卷，平津館叢書及叢書集成初編本作六卷。

道光間，朱琳重刻尚書考異跋云：

> 疑古文者始於朱子，元草廬吳氏因而撰書纂言，謂古文爲東晉晚出之書，故但注今文而不注古

文。先生則力辨其僞，曲證旁通，具有根據。後儒閻百詩古文尚書疏證，惠定宇古文尚書考，其門徑先自先生開之。

梅氏考據方法係一一尋出僞書之出處，或照錄原文，如大禹謨「帝曰：俞！地平天成」，錄自左傳僖二十四年及文十八年「地平天成」之文；或模仿，如大禹謨「曰若稽古大禹曰文命」，模仿堯典「曰若稽古帝堯曰放勳」之句；或襲用古語之意，如大禹謨「后克艱厥后，臣克艱厥臣」乃用臯陶謨「允迪厥德」之意，及論語「爲君難，爲臣不易」之辭。

閻百詩未見此書，而所得結論頗多吻合，戴靜山先生曾將兩書作比較研究（註一四），發現其結論相同者有：

1. 證大禹謨內臯陶邁種德，德乃降二語採自左傳；
2. 證虞廷十六字本於荀子及論語；
3. 證五子之歌亦竊取左傳；
4. 證胤征掇輯群經；
5. 證火炎崑岡玉石俱焚爲晉人語；
6. 證仲虺之誥兼弱攻昧，取亂侮亡，推亡固存，邦乃其昌四語，亦採自左傳；
7. 證七世之廟可以觀德，出呂氏春秋；
8. 證旅獒獒字不得訓犬。

故四庫提要評此書云：「至謂孔安國序并增多之二十五篇，悉雜取傳記中語以成文，則指摘皆有依據」（註一五）。足見有證之言，終非憑空臆說者可比也。

第二節　閻若璩及其古文尚書疏證

梁任公云：「清初學者對於尙書第一件功勞，在把東晉僞古文尙書和僞孔安國傳宣告死刑」（註一六）。而此一公案之首腦人物則爲閻若璩。閻氏著古文尙書疏證八卷，列舉一百二十八證，鐵案如山，使古文尙書之僞，終成定讞。清代考證之學，莫之或先，江藩作漢學師承記，以之爲首，任公詡爲清代第一流學者，蓋有由也。

一、閻若璩之生平及其著作

閻若璩之傳記資料，以今所知，計有：清史卷四八〇、清史稿卷四八七、清儒學案卷三十九、清史列傳卷六十八、國朝耆獻類徵卷四一五、碑傳集卷一三一、國朝先正事略卷三十二、國朝漢學師承記卷一、顏李師承記卷三、國朝學案小識卷十二、文獻徵存錄卷五、國朝詩人徵略初編卷十四、國朝書畫家筆錄卷一、鶴徵錄卷七、己未詞科錄卷六、閻若璩傳（杭世駿道古堂文集卷二十八、湖海文傳卷六十四）、閻若璩先生傳（錢大昕潛研堂文集卷三十八）、潛邱先生墓誌（趙執信飴山文集卷七）、閻百詩先生傳略（李宗昉聞妙香室文卷十二）、先府君行述（閻詠左汾近稿）、張穆撰潛邱年譜、夏定域撰潛邱年譜補正、疇人傳卷四十、夏靳撰閻潛邱年譜補正（幼獅學報一卷二期）、清代樸學大師列傳第一、閻若璩之生平及其著作（戴靜山先生閻毛古文尙書公案第三章）。

閻若璩，字百詩，又字瑒次（註一七），先世太原人，徙居山陽。自號潛邱。祖世科，明萬歷進士，官至遼東寧前兵備道考議。父修齡，貢生，有文名，世稱牛叟先生。母丁仙窈，知書，通琴棋。幼時受業於靳茶坡先生之門，年十五舉秀才，其交遊人物有李太虛、方爾止、梁公狄、杜于皇、李小有、王于一、閻古古、魏冰叔兄弟等。顧亭林遊太原時，與論日知錄，潛邱曾爲改訂數條。康熙十七年應博鴻詞科不第，與汪琬論五服，並摘取數條正其疵。後隨徐乾學修一統志，並與胡渭相識。

閻氏生於明崇禎九年（一六三六），卒於康熙四十三年（一七〇四），年六十九。

閻氏年二十時，讀尚書，卽疑古文二十五篇之僞，遂博覽諸子史集，沈潛三十餘年，盡得其癥結所在，著古文尚書疏證，此其畢生著述之最大者。此外，尚著有四書釋地六卷、潛邱劄記六卷、孟子生卒年月考一卷、困學紀聞注二十卷等，已刊行。其日知錄補正、喪服翼注、毛朱詩說、續朱子古文疑、宋劉攽李燾馬端臨王應麟四家逸事、皆未刊行（註一八）。

二、古文尚書疏證之內容

此編凡八卷，卷各十六條，共一百二十八條。其書先成四卷，黃梨洲爲之序。後四卷次第續成。今本卷三全缺，前九條尚存其目，後七條並目無之。又卷二第二十八條至三十條，有目無書；卷七第一百二、一百八、一百九、一百十，及卷八第一百二十二至一百二十七各條，並皆無目，全書實存九十九條。

戴靜山先生曾將此九十九條，分爲十四類，最爲詳盡。茲摘錄如下：

第一類，泛論晚出古文尚書是僞書。如第一條「言兩漢書載古文篇數與今異」，第二條「言古文亡於西晉亂故無以證晚出之僞」，第三條「言鄭康成註古文篇名與今異」，第四條「言古文書題卷數篇次當如此」，第十五條「言左傳國語引逸書皆今有」，第十六條「言禮記引逸書皆今有且誤析一篇爲二」，第十七條「言安國古文學源流眞僞」，第二十三條「言晚出書不古不今非伏非孔」，第一百六條「言晚出古文與眞古文互異處猶見於釋文孔疏」等條。

第二類，分別根據古書引用尚書各篇之語，以證知晚出古文之僞。如第五條「言古文武成見劉歆三統曆者今異」，第六條「言古文伊訓見三統曆及鄭註者今遺」，第七條「言晚出泰誓獨遺墨子所引三語爲破綻」，第八條「言左傳載夏日食之禮今誤作季秋」，第九條「言左傳德乃降之語今誤入大禹謨」，第十條「言論語孝乎惟孝爲句今誤點斷」，第十一條「言孟子引書語今誤入兩處」，第十二條「言墨子引書語今妄改釋」，第十三條「言左傳引夏訓語今彊入五子之歌」，第十四條「言孟子引今文與今合引古文與今不合」，第二十七條「言君陳以爾有嘉謀嘉猷等語作成王誤」，第五十一條「言兩以孟子引書敍事爲議論」，第五十二條「言以管子引泰誓史臣辭爲武王自語」，第六十八條「言古文畢命見三統曆以與己不合遺末句」，第七十四條「言古人以韻成文大禹謨泰誓不識」，第七十九條「言左傳引夏書作釋辭大禹謨不當爾」，第八十條「言左傳引蔡仲之命追敍其事今不必爾」等條。皆以古書引用尙書之文句，與晚書古文各篇對校，看出其作僞之迹。此類情形，普通人認爲是古書引用古文，而不知實爲作僞者用古書作材料，蓋假貨色亦須要眞東西作遮掩也。（五十五條言僞泰誓明兩載漢志今仍與之同，以僞證僞，亦可附此類。）

第三類，妄說妄語及誤解誤認誤本誤倣者。此類如第二十六條「言晚出武成泰誓仍存改元觀兵舊說」，第四十九條「言兩以追書爲實稱」，第五十條「言兩以錯解爲實事」，第五十六條「言爾雅解鬱陶爲喜今誤認爲憂」，第六十一條「言伊尹稱字于太甲爲誤倣緇衣亦兼爲序誤」，第六十三條「言泰誓有族誅之刑爲誤本荀子」，第七十五條「言旅獒馬鄭讀獒曰豪今仍本字」，第八十五條「言武成認商郊牧野爲二地」，第八十六條「言泰誓上武成皆認孟津爲在河之南」，第一百一條「言蔡仲之命周公致辟于管叔本王肅金縢辟子解」，第一百四條「言太康失國時母已不存五人御母以從乃妄語」等條。（按第二類中如第八、第九、第十、第十一、第十二、第二十七、第五十一、第五十二、第七十四、第七十九、第八十等條亦可入此類，又闕文之目如第二十八「言太甲不得稽首於伊尹爲誤倣洛誥」，第二十九「言后稷不得稱先王畢公不得輔四世爲誤會國語」，第三十「言有虞世不得有干舞爲誤本韓子淮南子」等條當屬此類。）

第四類，自各種古書中剽竊而來者。此類如第三十一條「言人心惟危道心惟微純出荀子所引道經」，第六十四條「言胤征有玉石俱焚語爲出魏晉間」，第七十六條「言論語譬喻之辭今悉改而正言」。又第三卷雖全闕，而其目錄尚存，如第三十三條「言大禹謨句句有本」，第三十四條「言泰誓武成句句有本」，當屬此類及第二類。以下第三十五條「言襲用論語孝經」，第三十六條「言襲用周易尚書毛詩」，第三十七條「言襲用周禮二記」，第三十八條「言襲用左傳國語」，第三十九條「言襲用爾雅」，第四十條「言襲用孟子荀子」，第四十一條「言襲用老子文子列子莊子」等條，當全屬此類。又第九十七條「言商祀周年亦可互稱不必盡如爾雅」，此條言作僞者拘守爾雅，亦可算是襲用爾雅，但非整句襲用耳。

第五類，抵牾不合者。此類如第五十三條「言武成癸亥甲子不冠以二月非書法」，第五十四條「言泰誓上惟十有三年春繫以時非史例」，第五十七條「言大禹謨讓皋陶不合堯典讓稷契」，第五十八條「言晚出書增帝曰竄僉不合唐虞世大公」，第五十九條「言重華文命與放勳皆帝王號僞作者不知」，第六十條「言僞作者依書序撰太甲事不合孟子」，第六十二條「言周官從漢百官公卿表來不合周禮」，第六十七條「言考定武成未合左傳數紂罪告諸侯之辭」等條。

第六類，不似者二條，爲第七十三條「言五子之歌不類夏代詩」，第九十八條「言泰誓聲紂之罪詬厲已甚必非聖人語」。

第七類，忘而未采者二條，爲第七十七條「言史記有夏書曰今忘采用」，第七十八條「言說文有虞書商書周書等曰今忘采用」。

第八類，將一作二者二條。第六十五條「言今堯典舜典本一爲姚方興二十八字所橫斷」，第六十六條「言今皋陶謨益稷本一別有棄稷篇見揚子」。

第九類，旁證者五條。第十八條「言趙岐不曾見古文」，第二十條「言古文孝經以證書」，（這條實在應該說是用桓譚新論證古文尚書之眞卽可知晚出書之僞。）第二十一條「言古文禮經以證書」，第二十四條「言史記多古文說今異」，第二十五條「言說文皆古文今異」。

第十類，申論前條者三條。第三十二條「言古書如此者頗多」，乃承上條論人心道心出荀子而來者，只合作前條之附語，實不應獨立一條。第八十一條「言以歷法推仲康日食胤征都不合」，乃補充第八條言左傳載夏日食之禮今誤作季秋者。第一百零三條「言大禹謨於四海困窮上揷入他語似舜誤會堯之言」，乃第三十一條「言人心惟危道心惟微純出荀子所道經」及第七十四條「言古人以韻成文大禹謨泰誓不識」兩條之申論。

第十一類，證孔傳之僞者十一條。第十九條「言安國註論語與今書傳異」，第二十二條「言書傳用毛詩傳」，第六十九條「言安國傳就經下爲之漢武時無此」，第七十條「言安國傳不甚通官制」，第八十七條「言漢金城郡乃昭帝置安國傳突有」，第八十八條「言晉省穀城入河南安國傳已然」，第八十九條「言濟瀆枯而復通乃王莽後事安國傳亦有」，第九十條「言安國傳三江入震澤之非」，第九十一條「言安國傳華山之陽解非是」，第一百條「言安國冏命傳誤合周禮大馭太僕爲官本漢表應劭注」，第一百十二條「言僞孔傳以洛書數有九禹因之以成九類之說非」等條。（第九十二條「言安國傳梁岐在雍州解仍是」，雖相反亦可附此。）

第十二類，辨大序者止一條，卽一百七條「言安國書序謂科斗書廢已久本許愼說文序」，大約大序之僞，前人辨之已詳，閻氏故不多說。

第十三類，前人及時人疑古文者共九條。爲第一百十三條「言疑古文自吳才老始」，第一百十四條「言朱子於古文猶爲調停之說」，第一百十五條「言馬公驌信及古文可疑」，第一百十六條「言郝氏敬始暢發古文之僞」，第一百十七條「言鄭氏瑗疑古文二條」，第一百十八條「言王充耘疑古文三條」，第一百十九條「言梅氏族爲尚書譜有未采者錄于篇」，第一百二十條「言與石華峙論東漢時今文與逸篇或離或合」，（此類與辨僞無關，連類入此。）第一百二十一條「言姚際恒攻僞古文有勝余數條錄于篇」等條。

第十四類，與辨僞無關者十三條。爲第七十一條「言穎達疏最下證以武成」，第七十二條「言白居易補湯征書久可亂眞」，第八十二條「言以歷法推堯典蔡傳猶未精」，第八十三條「言以歲法推古文畢命六月朏正合」，第八十四條「言以歷法推成湯三月丙寅日正合」，第九十三條「言蔡傳灉沮二水解不屬兗州」，第九十四條「言蔡傳不諳本朝輿地」，第九十五條「言禹貢甸服里數所至」，第九十六條「言史記滎陽下引河爲禹貢後」，第九十九條「言書之隱見亦有時運古文盛行已久後當廢」，第一百五條「言百篇小序伏生所未見然實出周秦之間」，第一百十一條「言東漢時眞古文可以正今文之脫誤」，第一百二十八條「言安國從祀未可廢因及漢諸儒」等條。除八十三、八十四兩條稍有間接關係外，其餘都與辨僞無關。（註一九）

戴先生又云：「如以價值論，十四類中，自以前五類價值較高，這些是全書精華。第十一類證孔傳之僞，內中第八十七、八十八兩條，也是最精采的。這些和第二類第八條、第九條、第十條等，可以說前無古人─爲宋元明人如吳澄郝敬梅鷟等所不及，後無來者─亦爲閻氏以後之淸人如惠棟程廷祚崔述等所不及。其餘也有很平常爲人所習知的，也有純主觀而無證據的，最後一類更是不相干的話，在全書中顯出蕪亂的現象」。

綜觀全書，其精要之言如：㈠漢志言「魯共王壞孔子宅，多得古文尚書，孔安國以考二十九篇，得多十六篇。」楚元王傳亦云：「逸書十六篇，天漢之後，孔安國獻之。」古文之篇數見於西漢者如此，而梅本乃增多二十五篇，此篇數之不合者也。（詳疏證卷一第一：「言兩漢書載古文篇數與今異。」）㈡杜、馬、鄭皆傳古文，據鄭氏說，則增多者舜典、汨作、九共、大禹謨、益稷、五子之歌、胤征、典寶、湯誥、咸有一德、伊訓、肆命、原命、武成、旅獒、冏命十六篇，而九共九篇，故亦稱二十四篇。今晚出書無汩作、九共、典寶等篇。此篇名之不合也。（詳卷一第三：「言鄭康成註古文篇名與今異」）㈢古文伊訓見三統曆及鄭註者今遺（卷一第六），又晚出泰誓獨遺墨子所引三語爲破綻（卷一第七），古文畢命見三統曆，以與己不合，遺末句（卷五上第六十八）。此明見西漢以前舊書所引，而晚出書無之者。㈣左傳、國語所引，杜、韋以爲逸書者，梅氏二十五篇中皆歷歷具在，僅昭十四年「夏書曰：昏墨賊殺，皋陶之刑也」一則，終爲逸書。此西漢先秦舊書所引，東漢魏晉人皆目爲逸書，而晚出書反而有者（卷一第十五）。㈤五子之歌辭意淺近，音卽嘽緩，不類夏代詩（卷五下第七十三），胤征有「玉石俱焚」語，爲出魏晉間，不應三代時已有（卷四第六十四）。此以文體詞例而知其爲後世之語者。又如言：「安國傳就經下爲之，漢武時無此」（卷五上第六十九），「漢金城郡乃昭帝置，安國傳突有」（卷六上第八十七），「晉省穀城入河南，安國傳已然」（卷六下第八十八），「濟瀆枯而復通，乃王莽後事，安國傳亦有」（卷六下第八十九）諸條，亦以同一方法，證孔傳之晚出。又如言「史記多古文說，今異」（卷二第二十四），「說文皆古文，今異」（卷二第二十五），亦以先後所謂孔安國說者，其間有不同。凡此，皆足爲梅書僞作之鐵證。

三、古文尚書疏證之批評

古文尚書疏證雖爲清代考據學最精要之作，然其書僅九十九條，編次先後亦未歸條理，蓋猶草創之本，其中偶爾未核者亦多有之：

㈠四庫提要云：「至謂馬鄭注本亡於永嘉之亂，則殊不然。……若璩誤以鄭逸者卽爲所注之逸篇，不免千慮之一失。又史記漢書但有安國上古文尚書之說，並無受詔作傳之事，此爲本鑿空之顯證，亦辨僞本者至要之肯綮。乃置而未言，亦稍疏略。其他諸條之後，往往衍及旁文，動盈卷帙，蓋慮所著潛邱劄記或不傳，故附見於此，究爲支蔓。又前卷所論，後卷往往自駁，而不肯刪其前說，雖仿鄭玄注禮，先用魯詩，後不追改之意，於體例亦究屬未安」（註二〇）。

㈡丁儉卿尚書餘論有辨正一條，謂疏證有誤引者二，失考者一。蓋指疏證第二十二條：鄭箋引孔安國云：「停水曰池」，不知此乃釋文，非鄭箋；疏證第七十四條：士昏禮注：「壻，悉計反」，不知此亦釋文。（註二一）又疏證第二十一條：禮記疏引漢志及六藝論，言「古文禮五十七篇，皆與今漢志不合，未知其說」，不知宣帝時得逸禮一篇，見論衡正說篇，於是逸禮有四十篇，合儀禮十七篇，遂爲五十七篇，鄭君著之，孔引漢志因亦改六爲七也。（註二二）

㈢此外，周春兮十三經音略六，攻其執紕繆之板本而妄詆古人。（註二三）李式侯越縵堂讀書記，亦稱其逞私武斷，往往而有，而雄辯精到處自不可及。（註二四）

㈣梁任公云：「又以著書體例論，如古文尚書疏證，本專研究一個問題，乃書中雜入許多信札日記之類，與全書宗旨無涉，如四書釋地，標名釋地，而所釋許多溢出地理範圍外，如孟子生卒年月考，考了一大堆，年月依然無著，諸如此類，不能不說他欠謹愼」（註二五）。任公又謂凡一學派初期作品，大率初枝大葉，瑕類很多，然以治學方法與成績而言，仍「不能不認爲近三百年學術解放之第一功臣」。其所以然者，據其子云：「府君讀書，每於無字句處，精思獨得，而辯才鋒穎，證據出入無方，當之者輒失據。常曰：讀書不尋源頭，雖得之殊可危。手一書至檢數十書相證，侍側者頭目爲眩而府君精神湧溢，眼爛如電，一義未析，反復窮思，飢不食，渴不飲，寒不衣，熱不扇，必得其解而後止」（註二六）。潛邱亦自述云：「古人之事，應無不可考者，縱無正文，亦隱在書縫中，要須細心人一搜耳」（註二七）。戴東原亦云：「閻百詩善讀書，百詩讀一句書，能識其正面背面」（註二八）。

戴靜山先生曾將其治學方法歸納爲求證客觀、觀察超俗、證據科學、測情之研究、探討本源五點，推爲實證之考據（註二九）。足見四庫提要所云「考證之學，未之或先」（註三〇），良非過譽也。

第三節　與閻氏同疑古文之諸家

與閻百詩同時，疑古文尚書者亦多，如黃宗羲梨洲，顧炎武亭林、朱彝尊竹垞、馮景山公、錢煌曉城、胡渭朏明、姚際恒方立等，其言論多與閻氏不謀而合。

一、**黃宗羲**（一六一〇——一六九五）

全榭山梨洲神道碑稱梨洲有授書隨筆一卷，則淮安閻徵君若璩問尚書而告之者。江藩漢學師承記因之。錢林、王藻、李元度所爲傳均同。經義考作二卷，清史藝文志作三卷，今不傳。錢賓四先生稱此書之有無甚爲可疑（註三一）。至今傳授書隨筆十七卷，藏國立中央圖書館，實係僞書，余英時先生有說（註三二）。

其辨僞之言，見於尚書古文疏證序，云：「吳草廬以古文尚書之僞，其作纂言，以伏氏二十八篇爲之解釋；以古文二十五篇，自爲卷帙；其小序分冠於各篇者，合爲一篇，寘於後。歸震川以爲不刊之典；郝楚望著尚書辨解，亦依此例。然從來之議古文者，以吳（當作史）傳考之，則多矛盾。旣云安國之學，以授都尉朝，朝授庸生，庸生授胡常，胡常授徐敖及王璜塗惲，塗惲授賈徽，徽以授其子逵，其傳授歷然。何以後漢書又稱扶風杜林於西川得漆書古文尚書一卷，同郡賈逵爲之作訓，則其所授於父者何書耶？旣言賈逵爲古文尚書作訓，何以逵之所訓者，止歐陽夏侯之書而不及其他也？又云馬融作傳，鄭康成作注，何以康成之注書序，有汨作九共典寶肆命原命，而無仲虺之誥太甲說命諸篇也。卽篇名同者，亦不同其文。如注禹貢，則引胤征云，篚厥玄黃，紹我周王，乃孔書之武成文也。又云康成傳其孫小同，小同與鄭沖同事高貴鄉公，沖以古文尚書教授，其學未絕。何以東晉豫章內史梅賾，始得安國之傳奏之？史傳之矛盾如此。若以文辭格制之不同別之，而爲古文者，其采輯補綴，無一字無所本，質之今文，亦無大異，亦不足以折其角也。唯是秦火以前諸書之可信者，如左氏內外傳孟子荀子墨子之類，取以證之，庶乎思過半矣。嘉靖初旌川梅鷟著尚書譜一篇，取諸傳記之語，與二十五篇相近者類列之，以證其剽竊，稱引極博。然於史傳之異同，終不能合也。淮海閻百詩寄尚書古文疏證四卷，屬余序之。余讀之終卷，見其取材富，折衷當。當兩漢時，安國之尚書，雖不立學官，未嘗不私自流通，逮永嘉之亂而亡。梅賾作僞書，冒以安國之名，則是梅賾始僞。顧後人并以疑漢之安國，其可乎？可以解史傳連環之結矣。中間辨析三代以上之時日禮儀地理刑法官制名諱記事句讀字義，因尚書以證他經史者，皆足以祛後儒之蔽，如此方可謂之窮經。其原夷族禍，始於泰誓；短喪作俑於太甲；錯解金縢，而陷周公之不弟；仁人之言有功於後世大矣。憶吾友朱康流謂余曰：從來講學者未有不推源於危微精一之旨。若無大禹謨，則理學絕矣，而固僞之乎？余曰：此是古今一大節目，從上皆突兀過去。允執厥中，本之論語；惟危惟微，本之荀子。論語曰，舜亦以命禹，則舜之所言者，卽堯之所言也。若於堯之言，有所增加，論語不足信矣。人心道心，正是荀子性惡宗旨。惟危者，以言乎性之惡；惟微者，此理散殊，無有形象，必擇之至精，而後始與我一。故矯飾之論生焉。後之儒者，於是以心之所有，唯此知覺；理則在於天地萬物。窮天地萬物之理，以合我心之知覺，而後謂之道，皆爲人心道心之說所誤也。夫人只有人心，當惻隱自能惻隱，當羞惡自能羞惡，辭讓是非，莫不皆然。不失此本心，無有移換，便是允執厥中。故孟子言求放心，不言求道心；言失其本心，不言失其道心。夫子之從心所欲，不踰矩，只是不失人心而已。然則此十六字者，其爲理學之蠹甚矣。康流不以爲然。嗚乎！得吾說而存之，其於百詩之證，未必無當也。」

二、顧炎武（一六一三—一六八三）

亭林日知錄卷二泰誓條云：「商之德澤深矣，尺地莫非其有也，一民莫非其臣也。武王伐紂，乃曰，獨夫受，洪惟作威，乃汝世讎。曰，肆予小子，誕以爾衆士，殄殲乃讎。何至於此？紂之不善，亦止其身，乃至幷其先世而讎之，豈非泰誓之文，出於魏晉閒人之僞譔者耶？」又云：「朕夢協朕卜，襲于休祥，戎商必克。伐君大事，而託之乎夢，其誰信之？殆卽呂氏春秋載夷齊之言，謂武王揚夢以說衆者也。又云：「孟子引書，王曰，無畏，寧爾也，非敵百姓也，若崩厥角稽首。今改之曰，罔或無畏，寧執非敵，百姓凜凜，若崩厥角。後儒雖曲之爲之說，而不可通矣。」又古文尚書條末云：「……然則今之尚書，其今文古文皆有之三十三篇，固雜取伏生安國之文，而二十五篇之出於梅賾，舜典二十八字之出於姚方興，又合而一之。孟子曰，盡信書則不如無書，於今日而益驗之矣。」於僞古文頗致其疑。

三、朱彝尊（一六二九—一七〇九）

朱竹垞曝書亭集中有尚書古文辨一卷，（註三三）辨古文、孔傳之僞。其主要論點爲：㈠太史公親從孔安國問故，而史記所引尚書，不出二十九篇；㈡陸氏釋文採馬注甚多，亦無一語及於增多之篇文，是賈、馬、鄭諸家皆未覩孔氏古文；㈢後漢書孔僖傳稱僖世傳古文尚書，連叢子亦載此書。奈肅宗幸魯，遇孔氏子孫備極恩禮，僖家旣藏壁中古書，其時上無挾書之律，下無偶語之禁，何不于講論之頃，進呈尊上，乃秘不示人乎！是僖亦未覩孔氏增多之本也；㈣許叔重撰五經異議，于舜典之六宗，僅述歐陽夏侯之說，則叔重亦未見孔氏古文也；㈤譙周五經然否論，援古文尚書說以證成王冠期，而今孔傳無之，則周亦未見；㈥正義稱王肅曾見孔傳，而陸氏釋文所引，並無及於增多之篇；㈦皇甫謐帝王世紀所紀堯舜之行事年壽，與孔傳異，是謐亦未見；㈧孔安國嘗注論語，其注堯曰篇「予小子履」十句，及「雖有周親」二句，與傳不同，何出自一人之手而異詞乎！又謂安國之卒在太初以前，不及身遇巫蠱事，是知獻古文尚書者，乃安國家人，漢書，文選録本流傳，偶脫去「家」字耳。

又該集卷四十二讀武成篇書後云：

召誥顧命皆今文也，其書日之法同。召誥，三月丙午朏，越三日戊申，越三日庚戌，越五日甲寅，若翼日乙卯，越三日丁巳，越翼日戊午，越七日甲子。顧命，丁卯，命作册度，越七日癸酉。其云越三日者，中止間一日；越五日者，止間三日；越七日者，止間五日。若武成則不然，丁未祀于周廟之下，乃云越三日庚戌。律以召誥顧命書法，則當云越四日矣。史臣繫日，一代不應互異若此。吾不能不疑于武成也。

又同卷讀蔡仲之命篇書後：

成王之命蔡仲，王若曰，胡，無若爾考之違王命也，見于春秋左氏傳。而梅賾書增益其文云，率乃祖文王之遺訓。異哉，斯言也！盤庚曰，古我先王曁乃祖乃父；又曰，我先后綏乃祖乃父；此誥臣民之辭則然。若武王命康叔，則曰，惟乃丕顯考文王；又曰，乃穆考文王。周公告成王，則曰，承保乃文祖受命民，越乃光烈考武王，若是其莊重也。而成王命仲曰，率乃祖文王。乃祖者，伊誰之祖與？吾不能不疑于蔡仲之命也。

又經義考卷七十四古文尚書後，朱氏按語云：

古文出自孔壁，未得列于學官，惟孔安國爲博士，以授都尉朝。於時司馬遷亦從安國問故，班固謂遷書載堯典禹貢洪範微子金縢諸篇，多古文說。考諸史記，於五帝本紀載堯典舜典文，於夏本紀載禹貢皐陶謨益稷甘誓文，於殷本紀載湯誓高宗肜日西伯戡黎文，於周本紀載牧誓甫刑文，於魯周公世家載金縢無逸費誓文，於燕召公世家載君奭文，於宋微子世家載微子洪範文。凡此皆從安國問故而傳之者，乃孔壁之眞古文也。然其所載，不出伏生口授二十八篇。若安國增多二十五篇之書，史記未嘗載其片語。惟於湯誥，載其辭曰：維三月，王自至於東郊，告諸侯群后：毋不有功於民，勤力乃事；予乃大罰殛女，毋予怨。曰：古禹皋陶，久勞于外，其有功于民，民乃有安。東爲江，北爲濟，西爲河，南爲淮；四瀆已修，萬民乃有居。后稷降播，農殖百穀。三公咸有功于民，故后有立。昔蚩尤與其大夫作亂百姓，帝乃弗予有狀。先王言不可不勉，曰：不道毋之在國。女毋我怨。是則湯誥之眞古文也。又於泰誓載其辭曰：今殷王紂乃用其婦人之言，自絕於天；毀壞其三正，離逷其王父母弟；乃斷棄其先祖之樂，乃爲淫聲，用變亂正聲，怡悅婦人。故今予發維共行天罰。勉哉夫子！不可再，不可三。是則泰誓之眞古文也。合之安國作傳之書，其文迥別。何以安國作傳，與授之史公者各異其辭，宜其滋後儒之疑矣。……惟是最誤人者，伊訓惟元祀十月二月乙丑之文是已。春秋經書春王正月，左氏傳益以周字，改時改月，其義本明。故自漢迄於汴宋，說者初無異議。乃胡安國忽主夏時冠周月之論，於是衆說紛論，遂同疑獄。然此不待博稽群籍，卽以春秋說春秋而其妄立見矣。其猶聚訟不已者，皆由伊訓十有二月之文亂之。不知古文尚書難以過信，斯則學者所當審也。

皆考據頗精，惟古文尚書辨中所言孔安國論語注，實亦僞書，未可據以論證也。

以上黃、顧、朱三氏皆非一貫懷疑古文者，而所說如是，足見僞古文之罅漏層出，有不能不使人置疑者也。

四、馬　驌（一六二一——一六七三）

馬驌，字宛斯，濟南鄒平人，順治十六年進士。爲靈璧知縣，著有繹史等，四庫全書已著錄，事蹟具清史卷四八〇（註三四）。

疏證卷八，第一百十五條云：

余以己丑東歸，過其（馬驌）署中，秉燭縱談。因及尚書有今文古文之別，爲具述先儒緒言。公不覺首肯，命隸急取尚書以來。旣至，一白文，一蔡傳。置蔡傳于予前曰，子閱此，吾當爲子射覆之。自閱白文，首指堯典舜典曰，此必今文。至大禹謨，便眉蹙曰，中多排語，不類今文體，恐是古文。歷數以至卷終，孰爲今文，孰爲古文，無不立驗。因拊髀嘆息曰：若非先儒絕識，疑論及此，我輩安能夢及？然猶幸有先儒之疑，而我輩尚能信及。恐世之不能信及者，又比比矣。復再三慨嘆。予曰：公著繹史，引及尚書處，不可不分標出今文古文。公曰，然。公今繹史有今文古文之名者，自予之言始也。

果如是言，則馬氏亦疑古文者也，惟張穆潛邱年譜載此事，案云：「今行繹史本，更無今文古文之別」。蓋所見板本不同也。

五、馮　景

馮景，字山公，錢塘人。解春集文鈔第八第九兩卷，大題爲「淮南子洪保」，皆補充及修正閻氏之說。文鈔卷八與閻徵君論疏證第五卷雜書內有一則云：

假古題之運古事，豈惟六朝學士家有此種撰著哉？自漢以來已有之，案藝文志，太公二百三十七篇云，近世爲太公術者所增加也。父子九篇云，老子弟子與孔子並時，而稱周平王問，似依託者也。黃帝君臣十篇云，起六國時，與老子相似也。力牧二十二篇云，六國時所作，託之力牧。黃帝泰素二十篇云，六國時韓諸公子所作。大命（古禹字）三十七篇云，傳言禹所作，其文似後世語。景疑大禹謨及五子之歌，必多采用之。神農二十篇云，六國時諸子疾時怠於農業，道耕農事，託之神農。伊尹說二十七篇云，其語淺薄，似依託也。景頗疑今伊訓太甲咸有一德諸晚出古文，必多采用之。鬻子說十九篇云，後世所加。師曠六篇云，見春秋，其言淺薄，本與此同，似因託也。務成子十一篇云，稱堯問非古語。天乙三篇云，天乙謂湯，其言非殷時，皆依託也。景頗疑仲虺之誥及湯誥中，必采用。黃帝說四十篇云，迂誕依託。以上凡十三種，可見西漢時有此等撰著，至於如是之多。以僞亂眞，爲晚出古文嚆矢，其源遠矣，其流毒長矣。

此論爲前人所未道。又解舂集卷六，「答閻百詩疑武成月日書」，略云：「今文二十八篇之書，有單書月以紀事，多士惟三月，周公初于新邑洛是也。有單書日以紀事，牧誓時甲子昧爽，王朝至于商郊牧野是也。……未有以此月之日紀事，而仍蒙以上月之名，使人讀之，竟似有三十四日而後成一月者，有之自晚書武成始。先生疑之曰，武成先書一月壬辰，次癸巳，又次戊午，師逾孟津，已在月之二十八日矣。復繼以癸亥陳于商郊，甲子昧爽，受率其旅若林，是爲二月之四日五日。不見冠以二月，豈今文書法例耶？景以爲此殆與作穆天子傳及汲冢周書者，同出一手也。穆天子傳卷一，自戊寅迄丙寅，凡四十九日；卷二丁巳迄癸亥，凡六十七日；卷三甲子迄甲辰，凡四十一日；而中間皆不冠以月。周書亦然，今觀世俘篇曰，越若來，二月既死魄，越五日甲子，朝至接于商云云，次丁卯，次戊辰，次壬申，次辛已，次甲申，次辛亥，次壬子、癸丑、甲寅、乙卯。自二月庚申朔，數至乙卯，已五十六日，不冠以閏二月。而下卽云時四月既旁生魄，越六日庚戌，武王朝至燎于周。且中間復說克紂命伐時日，如庚子乙巳，不標以月，夾雜非體，史家紀事，烏有此舛駁耶？按隋書經籍志，藝文志，皆稱周書得於晉太康中汲郡魏安釐王冢，而晉束晳傳亦稱與穆天子傳同得，益驗其並出一手無疑也，故所見略同如此。」皆於閻書有此補益。

惟其文頗爲閻氏所譏，謂：「可惜所憑據在逸周書穆天子傳，又可惜在家語、孔叢子、僞本竹書紀年，尤可惜則在魯詩世學世本毛詩古義耳。眞謬種流傳，不可救藥，吾末如之何也已矣」（註三五）。章學誠亦嘗譏之，謂「助閻徵君攻僞古文尚書，中無所得，而全務矜張誇詡，類於趨風好名者之所爲，不可爲訓」（註三六）。蓋潛邱所謂「信亦不透」者也。

六、胡　渭（一六三三—一七一四）

胡渭，原名渭生，字朏明，號東樵，德清人。於書著有禹貢錐指、洪範正論。疏證卷五上第六十五條後附按語云：

胡渭生朏明（朏明原名渭生）謂予，升聞二字（按此辨舜典二十八字）又掠大戴禮記用兵篇。

卷五下第七十三條後附按語云：

胡渭生朏明與予論五子之歌，退而作辯一篇遺予，今載於此曰：詩歌之名，肇見於命夔，然南風翀雲康衢之類，辭不經見，未足爲據。其可據者，惟股肱元首三章耳。夏后氏詩歌絕少，塗山及夏臣相持而歌之作，皆不足信。而周禮所謂九德之歌，離騷所謂啓九辯與九歌者，泯滅無遺。其見於經，唯五子之歌，及孟子所引夏諺而已。五子之歌，今文無，古文有。識者謂其剽竊傳記，氣體卑近，殊不類五子語。說已詳。某不復及。姑擧其明白易曉者言之，以決其僞，則莫如韻句之寥寥爲可怪也。詩大序云，情發於聲，聲成文謂之音。古無所謂韻，韻卽音之相應者。聖主賢臣，聲出爲律；兒童婦女，觸物成謳；要皆有天籟以行乎其間。非若後世之詞人，按部尋聲。韻句惟艱也。故賡歌三章，章三句，句必韻；夏諺六句，句無不韻；當時之歌體有然。下逮春秋，以迄漢魏，凡屬歌辭，韻句最密。延及唐人，亦遵斯軌。況虞夏之民，各言其志，出自天籟者乎？而五子之歌不然。大率首二句連韻，餘則二句一韻。而第一章之韻句尤疏，殆不可誦；章十五句，其協者裁四五句耳。豈作僞書者，但以掇拾補綴爲工，而竟忘其爲當韻也耶？」

又第八十七條「言漢金城郡乃昭帝置安國傳突有」後附按語云：

黃子鴻誤信僞孔傳者，向胡朏明難余曰：安知傳所謂金城，非指金城縣而言乎？朏明曰：不然。安國卒于武帝之世，昭帝始取天水隴西張掖郡各二縣置金城郡。此六縣中，不知有金城縣否。班志積石山繫河關縣下，而金城縣無之。觀羌中塞外四字，則積石山不可謂在金城郡界明矣，況縣乎？且酈注所敘金城縣在郡治允吾縣東，唐爲五泉縣蘭州治，宋曰蘭泉，卽今臨洮府之蘭州也，與積石山相去懸絕。傳所謂金城，蓋指郡言，而郡非武帝時有。此豈身爲博士，具見圖籍者之手筆與？

朏明精於地理考證，故其所言，往往有旁人所不及者。

七、姚際恆

姚際恒，字立方，休寧人（註三七）。疏證卷八第一百二十一條云：

癸酉冬薄遊西冷，聞休寧姚際恒字立方，閉戶著書，攻僞古文。蕭山毛大可告余，此子之廖稱也。日望子來，不可不見之，介以交余。少余十一歲，出示其書，凡十卷，亦有失有得。失與上梅氏郝氏同，則多超人意見外。喜而手自繕寫，散各條下，其尤害義理者，爲錄于此。

惜其書不傳。按姚氏有尚書通論（註三八），不見流傳。兹據閻書所引，錄其辨僞意見於下：第六十五條後附按語云：

（案此條論舜典二十八字）姚際恒立方曰：濬哲文明，溫恭允塞八字，襲詩與易，夫人知之。獨不知王延壽魯靈光殿賦云，粵若稽古帝漢祖宗，濬哲欽明。王粲七釋云，稽若古則，叡哲文明，允恭玄塞。方興所上，較延壽賦易欽爲文；粲七釋易叡爲濬，允爲溫，而玄字乃移用於下。則是皆襲前人之文，又不得謂襲詩與易也。夫舜典出於南齊，延壽漢人，粲漢魏人，何由皆與舜典增加之字預相暗合耶？其爲方興所襲自明。又漢魏時人以詩易所稱稱後王可也；今以商王之濬哲溫恭，周王之允塞，混加之於舜，烏乎可也？竊以論至此，眞無復餘蘊也。」

第一百二十一條後附案語云：

第二卷論凡我造邦五句爲襲國語，（案凡我造邦，無從匪彝，無卽慆淫，各守爾典，以承天休五句，見今僞湯誥。閻氏論此，見第十九條。）姚氏與余同，尤相發明，曰：作僞者誤以文武之敎令爲湯之敎令，所謂張帽李戴者是。其原文以天道賞善而罰淫領句，下用故字接，曰：故凡我造邦，無從非彝，無卽慆淫，各守爾典，以承天休。彝字卽應上善字，慆淫卽應上淫字，天字卽應上天道。今割去領句別置於前，此處數句全失照應。剽竊古義，旣已乖舛不符，又復隔越不貫，胡其至此耶？

又云：

第一卷論兼弱攻昧四句爲襲左傳，（案兼弱攻昧，取亂侮亡，推亡固存，邦乃其昌四句，見今僞仲虺之誥。閻氏論此，見第十二條。）亦不若姚氏發明之盡；但認仲虺四語爲僅四字，與余不同耳。曰：取亂侮亡，塡左傳引仲虺語；兼弱攻昧，及推亡固存，皆襲左傳語；邦乃其昌，倣左傳國之道也，國之利也等語。宣十二年，隨武子曰：見可而進，知難而退，軍之善政也。兼弱攻昧，武之善經也。子姑整軍而經武乎！猶有弱而昧者，何必楚？仲虺有言曰，取亂侮亡，兼弱也。汋曰，於鑠王師，遵養時晦，耆昧也。武王曰，無競惟烈。撫弱耆昧，以務烈所，可也。案左傳惟取亂侮亡一句爲仲虺語。兼弱攻昧爲古武經語，故引書以明兼弱；引詩以明耆昧；又引詩以明撫弱耆昧也。若書辭果有兼弱攻昧，取亂侮亡二句，左傳安得分取亂侮亡句爲仲虺之言，分兼弱攻昧句爲武之善經乎？又安得以兼弱攻昧句爲提綱，以取亂侮亡句爲條目乎？此弊竇之瞭然者。又襄十四年，中行獻子曰：仲虺有言曰，亡者侮之，亂者取之。推亡固存，國之道也。襄三十年，子皮曰：仲虺之志云，亂者取之，亡者侮之。推亡固存，國之利也。皆僅有取亂侮亡，無兼弱攻昧，足以爲證。其曰亂者取之云云，孔疏謂取彼之意而改爲之辭，其言非本文是也。推亡固存一句，亦是從上亡字增出存字，以釋書辭。故曰國之道也，國之利也。今將推亡固存句，一併湊作書辭，而於國之道也等句，改爲邦乃其昌，以取協韻而已。總之中閒推塡傳引逸書四字，上下皆是將兩處傳文，割剝聯綴，既使經如補衲，復使傳無完膚矣。

又云：

姚氏好以左氏駁古文與余同，其論同力度德二句，（案見今僞泰誓上）引昭二十四年傳，劉子謂萇弘曰：甘氏又往矣。曰：何害？同德度義。大誓曰：紂有億兆夷人，亦有離德；余有亂臣十人，同心同德。是同德度義本萇弘語，所以興起大誓離德同德之義也。今貿貿不察，襲左此語於引大誓之前，而又列諸泰誓中，豈有同德度義爲大誓之辭，而下接以太誓曰耶？古人襲左，其顯露敗闕多此類。但左氏之書，豈能掩人不見，而天下萬世人日讀左氏之書，卒亦無釐訂及此者何也？杜預注：度，謀也，言唯同心同德則能謀義。子朝不能，於我何害？其義本與逸書四句聯屬。今將逸書四句另置於中篇，此下接之曰：受有臣億萬，惟億萬心；予有臣三千，惟一心。彼有德字兼心字，此僅有心字，無德字，全不照應。又增同力度德一句，以配合同德度義。左氏度字，本謀度之度，今作揆度之度。同力度德猶可解，同德度義便不可解矣。而孔傳乃彊爲之解曰，德鈞則秉義者强。夫德既鈞矣，又何謂之秉義乎？豈義在德之外，便居德之上乎？豈紂與武之德鈞，而武獨爲秉義者乎？卽如其辭，又何以興起下引大誓離德同德之義乎？種種謬謬，摘不勝摘。

又云：

論古文襲今文之誤處曰：無逸篇乃或亮陰，三年不言；其惟不言，言乃雍。說命上則亮陰三祀，既免喪，其惟弗言，以爲相表裏矣。不知無逸其惟二字，本是承接上句三年不言語氣，則上句不言二字不可刪也。又是喚起下句言乃雍語氣，則下句言乃雍不可刪也。今上下皆刪，獨留此句，其惟二字，竟無着落。語氣不完，何以便住？又曰：咸有一德，后非民罔使，民非后罔事，本倣國語夏書曰，衆非元后何戴，后非衆罔與守邦，禮記太甲曰，民非后無能胥以寧，后非民無以辟四方。但二者皆以民非后在上，興起下后非民，乃是告君語義。今倒置之，則是告民語義，不容出伊尹對太甲之口矣。

以上諸條，均甚精要，足與閻氏伯仲。

第四節　踵繼閻氏之諸家

閻氏疏證固爲考證僞古文尚書之大著作，然其書未盡純備，故惠定宇著古文尚書考，爲其張目，宋半塘著尚書考辨，以助其說。其後孫寶田著尚書古文證疑、程綿莊著晚書訂疑、唐石嶺著尚書辨僞、王西莊著尚書後辨、崔東壁著古文尚書辨僞、丁儉卿著尚書餘論，各有發明。辨僞之學，蔚爲一代風氣，古文及孔傳之僞，遂昭若日月之明矣。

一、惠　棟（一六九七—一七五八）

乾隆十五年，惠定宇撰古文尚書考（註三九），辨晚出二十五篇之僞，爲閻氏張目。

惠棟，字定宇，一字松崖，吳縣人，半農先生之子，研谿先生之孫也。幼承家學，博覽群籍。五十以後，專心經術，尤邃於易，說經主於漢，蔚爲漢學大師。著有周易述、九經古義等。事蹟具清史卷四八〇（註四〇）。

自序云：「孔安國古文五十八篇，漢世未嘗亡也，三十四篇與伏生同，二十四篇增多之數，篇名具在，劉歆造三統曆，班固作律歷志，鄭康成作古文尚書序皆得引之」。此書二卷。卷一分五部份：㈠辨孔安國古文五十八篇，漢世未嘗亡，其三十四篇與伏生同，內盤庚太誓三篇同卷，顧命康王之誥二篇同卷，實亦二十九篇。二十四篇增多之數，九共九篇同卷，實止十六卷，與桓譚新論合。㈡辨正義四條，謂梅氏去大誓三篇，而分堯典、皋陶謨爲舜典、益稷，共三十三篇，所益二十五篇又不與班固漢志相應，皆進退失據。而逸書二十四篇，劉向撰別錄、鄭康成撰次篇目，皆親見之，正義反斥爲僞書，豈當日親見於內府者爲不可信耶。㈢證孔氏逸書九條：謂孔氏逸書十六篇，漢儒猶習聞其事，嗣征、伊訓等，漢末猶存。㈣辨梅氏增多古文之繆十五條：如謂湯誥多採古書所引湯誓之文，如論語堯曰篇曰：予小子履敢用元牡，敢昭告于皇皇后帝；周語引湯誓曰：余一人有罪，無以萬夫，萬夫有罪，在余一人；墨子尙賢篇亦引湯誓曰：聿求元聖，與之戮力。今湯誓無此文，而湯誥有之，知湯誥非眞古文，而湯誓亦非全書也。㈤辨尙書分篇之繆：如謂伏生尙書無舜典，自粵若稽古帝堯」至「陟方乃死」，皆堯典也，史記及鄭王注皆可證，梅氏於愼徽五典以下別爲舜典，此其省作舜典一篇，巧於藏拙也。又謂舜典，棄稷皆別有成篇，康王之誥實斷自「王若曰」始，不始於「王出在應門之內」也。末附閻氏疏證若干條以助其說，然於疏證所疑西漢大誓之僞，則力辨爲眞。卷二分辨晚出二十五篇之僞，一一指其出處，以證其剽竊。

沈果堂序云：「惠君定于淹通經史，於五經並尊漢學。……其古文尚書考二卷，能據眞古文以辨後出者之僞…欲尊古經必辨後出之僞，而欲辨後出者之僞，必據其前之眞者而後可，此定宇之書所由高出於群言耶！得是而後出古文之爲僞，雖素悅其理而信之者，亦無以爲之解，而所謂足以解者，皆轉而爲浮詞矣。」

邵晉涵跋紀昀所藏惠氏古文尚書考云：「惠氏古文尚書考，余最愛其辨正四條，證孔氏逸書九條，議論精當，爲竹垞亭林所未逮…」（註四一）。按此書所辨後得之逸十六篇爲眞古文，斷非梅氏所上之二十五篇，其論與閻百詩多合，而精簡過之，故錢辛楣序，稱其精約，實可爲疏證之提要也。

二、宋　鑒

後數年（註四二），潛邱弟子宋鑒，以其師古文尚書疏證，文辭蔓衍而文不爾雅，因重輯尚書考辨四卷，謂杜林所傳之漆書古文，篇數正與伏氏合，後人因指爲今文尚書，其實乃眞古文也。

宋鑒，字元衡，號半塘，山西安邑人，乾隆十三年進士。其學出自潛邱，湛通經術，尤精小學。事蹟具清史列傳卷六十八（註四三）。

故宮博物院藏有乾隆刊本尙書考辨四卷（註四四），卷一：今文古文考辨、今文尙書考辨、古文尙書考辨。皆先引閻氏疏證之語而案之。卷二：眞古文三十篇考辨。卷三：僞古文尙書二十五篇考辨上（舜典、益稷二篇附）。於眞古文、僞古文，皆備列全文，而附考辨於各篇之後，詳徵博考，具見斷制。卷四：僞古文尙書二十五篇考辨下：一校以論語，一校以孟子，一校以春秋左氏傳，一校以國語，一校以禮記，一校以書序，一校以眞古文逸篇，一校以見存眞古，以發其僞。分析條辨，尤爲推見至隱。其於泰誓，則不列於眞古文內，此與王氏後案不同。

盛百二跋云：「僞古文之失，至是書而益彰，眞古文之美，得是書而益著，至於伏氏今文之出於屋壁，而非口授，則又發千古耳食者之蒙也。」孫伯淵尙書今古文注疏序，稱此書與惠氏棟、唐氏煥，俱能辨正僞傳。周氏鄭堂讀書記則頗不以其師之說爲然，謂「似未睹其書而繆斷之矣」（註四五）。江叔海稱：鑒與閻若璩同里同時，而書之簡核過之，故謝庭蘭古文尙書辨，首辨閻惠之說，次卽是書。則其書之見重於時可知矣。

三、孫喬年

乾隆二十九，高郵孫喬年寶田以梅賾奏上古文，自宋吳才老始發其覆，歷朱子、吳幼清、歸震川，乃暢發其旨。而世或猶以疑經反古爲駭者，以所言詞旨之難易，格制之古今，虛言無徵，學者或不之信也。因據史記、兩漢書及先秦兩漢諸書以證晚書之僞。名曰證疑者，「朱子疑之而余引伸而證之也。」

其書卷一：論今文尚書源流、篇目，眞古文尚書源流，梅賾奏上古文尚書篇目，並列舉朱子、吳幼清、歸震川辨梅氏古文之詞，而梅鷟不與焉。其於吳、歸二氏沿正義之誤，以張霸僞造古文而鄭康成承用之，則糾其非。卷二：據史記、前後漢、晉書，證二十五篇之僞；據忠經、說文、趙歧孟子注，辨二十五篇；據陸氏釋文、尚書大傳，辨今文並序爲二十九篇；據史記漢書辨大序口授二字之非；辨二十五篇引用成語及篇名。二十五篇與伏書文辭格制不同，二十五篇得行于世之故；辨百篇小序爲孔壁之遺，當列今文後；辨大序之僞。卷三：分辨二十五篇之僞，其中引閻若璩之語爲多。卷四：辨二十五篇採摭經傳之詞，凡三百六條，辨經傳所有引書詞，而二十五篇未及採摭者，凡七十二條，大抵採自論語、禮記、左、國、孟、荀，並東漢以前諸書如淮南子、白虎通、說文等。末辨孔傳之僞。

按：此書作於閻氏疏證之後，雖博辨不若疏證，然凡引用前賢及並時諸儒之語，皆稱審愼。自謂於考據不確，泛濫無據，毛舉細瑣無關體要，議論雖正而氣不和平者皆不錄，據三正史考核今文並眞古文源流，與梅賾所上古文源流，以及朱子、吳氏、歸氏之言，著於簡端，以爲根據，皆條舉目張，並立言有據，而發凡舉要，亦能別今古文之眞僞。卷四辨二十五篇採摭經傳之詞，用力至勤，亦有功於辨僞者也。

四、程廷祚（一六九一——一七六七）

程廷祚，初名石開，字啓生，號綿莊，又號靑溪居士，上元人。諸生。少好顏（習齋）李（恕谷）之學，讀書極博，皆主於實用。少時見西河古文寃詞，作寃寃詞攻之，旣刪定稿爲晚書訂疑，又推拓之，別成尚書通義三十卷（註四六），事蹟具清史四七九（註四七）。

其晚書訂疑自序云：

夫二十五篇之書，或謂其平正疏通無違於理道，而其爲萬古書傳所引稱者，視伏書爲尤多。又奚以見其可疑也，若謂可疑者文從字順異於伏書，則伏書之中亦不皆詰屈聱牙也，且周穆王而下暨秦穆公之時，其文載於左國者衆矣，未嘗與呂刑、文侯之命、泰誓同其體製，豈彼可疑乎，予則謂晚書之可疑在於來歷不明，而諸儒不能言其所以然，致使議論沸騰，能發之而不能定也。近代蕭山毛氏爲古文尚書寃詞，徵引甚博，力闢先儒之論，志存矯枉而復失之過，余曩曾爲文以正之矣，而未盡也，今復爲晚書訂疑三卷以質諸爲古之君子云。」

內容包括：卷一總論十二條，其目曰：(一)史漢載古文尚書之由；(二)古文之名以字體訓詁不以篇章；(三)安國十六篇不傳；(四)兩漢尚書之學；(五)安國注論語之證；(六)許氏說文之證；(七)隋志與正義之誣；(八)東晉不見有晚書；(九)晚書見於宋元嘉以後；(十)南北二史之證；(十一)安國自序之繆；(十二)孟子所見之武成尚存。卷二辨書序。卷三分論晚書二十五篇，謂晚書之創造時代與其人，茫無可考，蓋昔之儒者閔尚書之殘缺而補亡擬作，初無僞造之心，乃無識者妄以編入尚書，作序作傳託之安國者也。末附今古文尚書授受源流，乃取朱彝尊經義考而成。

書中重要者如謂論古文者有三節焉，三節之中若無所得，則其餘皆妄矣。兒寬受業於安國，以興三家之學，而不云有異聞；劉歆校秘書，但云得十六篇，而不言其爲何書；後漢古文大行，諸儒之業與孔僖之世守，皆不言安國有傳。是三節皆屬無證。謂說文所引皆伏生今文而二十五篇則無片紙隻字存焉。謂「梅賾之奏孔傳，吾不敢謂無其事也，若二十五篇者，似又出於梅賾之後，史家既失其年歲，世儒莫究其由來。」且晉書鄭沖傳稱高貴鄉公講尚書，沖執經親授，又嘗與何晏等共纂集解，奏之魏朝！使沖時已得安國傳多之書，豈容秘而不進，而私以授之蘇愉者，故謂晚書之授受源流不可信。又謂范蔚宗撰後漢書論贊極多，未見有引用晚書者，其西羌傳中言舜典竄三苗而不言禹謨徂苗事。徐廣史記音義釋所載尚書，常引皇甫謐之語而不及孔傳，又裴松之注三國志，於其文用尚書者，率援鄭注爲訓，間引馬氏而不及孔傳，使其時孔書已出，不容不見，若見之而不以爲據，則其不信於孔有必然矣。至裴駰爲史記集解，始引用安國之說，則此書出於元嘉以後明矣，皆其不可磨滅之案據。

按：此編出於閻、惠二書之後，猶能別闢門徑，補其未備，足徵有識。崔東壁、梁任公及今人戴靜山等，皆甚贊同其說。清朝續文獻通考曰：「晚出書二十五篇…國朝閻氏著疏證均目爲僞，惟毛奇齡力闢先儒之論，志存矯枉而不自知其過。廷祚是書既糾其繆，又分疏其出處，使僞造之跡無以自解，眞有功於尙書。」（註四八）惟其以孟子所見之武成篇尙存，以逸周書世浮解當之，則嫌附會，江叔海曰：「孟子於血之流杵已不信之，而況誇張至此乎（按：指其俘馘之衆），此當時孔廣森經學卮言亦以武成世俘文多大同，但尙以孟子所讀武成有血之流杵，而世俘無之爲疑，不似廷祚之竟以世俘當武成也。」（註四九）。又此書「安國注論語之證」一條，謂何晏論語集解中引孔安國注二條，皆不言爲壁中書，以證安國不知有二十五篇之書。然孫志祖家語疏證已考證論語孔安國注，非出於孔安國，故其據此書以論斷者，亦不足採也。

五、唐　煥

乾隆四十二年丁酉，唐煥著尙書辨僞五卷，以辨古文之僞，有嘉慶十七年果克山房刊本，今未見。

案：唐煥，字石嶺，長沙人，諸生。續修四庫提要云：

首自序，次伏書及安國僞尙書本末，又次伏生口授孔聖刪錄眞尙書篇目。仍依五十八篇次第，逐段分釋而有區別。所謂眞尙書者，單行大字；所謂僞尙書者，低一格雙行小字。每段下綴以湊貼、支離、贅極、醜極等語。序中引攻古文者吳才老、朱考亭、吳草廬、郝楚望、歸熙甫。書末又錄其說爲證。但止有吳才老、朱考亭、歸熙甫，而缺吳草廬、郝楚望。當是未見其書之故。而忽添一謝氏，乃序中所未及擧，當是不知其名之故。

又云：「自來攻古文者，諉之梅賾，或又諉之王肅，止矣。至諉之孔安國，是抹煞史記漢書也。煥一鄉曲陋儒，並未讀過史記漢書，不能識謝氏之妄，反附和之。以如此儉腹之人而敢於疑古，亦可哀矣（註五〇）。」詆毀殊甚。

惟考之孫淵如尙書今古文注疏序，歷擧近代諸名家，云：「及惠氏棟、宋氏鑒、唐氏煥，俱能辨證僞傳」。則此書似非一無可取者。今述其大要如上，以免誤沒昔賢之名。

六、王鳴盛（一七二二—一七九七）

王鳴盛，字鳳喈，一字禮堂，號西莊，晚更號西沚，嘉定人，乾隆十九年進士，授編修，以光祿寺卿致仕。初從沈德潛受詩法，復從惠棟游，其學專注於漢。事蹟具清史卷四八〇（註五一）。

西莊著有尚書後案(註五二),發揮鄭康成一家之學。後附後辨一卷,主於辨證僞古文孔傳及孔疏之失。

其書以今傳二十九篇爲眞古文,篇各爲卷,並序爲三十卷。古文自孔子國遞傳至衞敬仲、賈景伯、馬季長、鄭康成、王子雍皆爲之注,惟鄭氏師祖孔學,獨得其眞,因從群書中所引者,捜羅馬鄭王注。至僞孔之傳,爲沖遠等所書者,本有眞古文在內,故亦繫於三家之下,史記及大傳異說,則不採錄。所採之傳注,皆標明所出,又以「案曰」申明鄭義。如「周公居東二年則罪人斯得」,案曰:「鄭以罪人爲周公黨屬,周公出避之後,屬黨爲王所拘執者。鄭以斯時公之心跡未明,王疑方甚,則此事實情理所有,況此時武庚未叛,管蔡未誅,罪人斯得,舍此將何所指乎!」力辨王注及傳以居東爲東征之說,斥其爲謬,其固守鄭說者如此。經文異字,亦作案以辨之。

後辨則首辨孔安國序,多引閻徵君之言,如云傳注之起,實自孔子之于易,古者經傳別行,故石經書公羊傳皆無經文,而藝文志所載毛詩故訓傳亦與經別。及馬季長爲周禮注,乃云欲省學者兩讀,故具載本文而就經文爲注,然則馬氏之前不得有就經爲注之事決矣。今安國傳出武帝時,詳其文意,明是就經下爲之,與毛詩引經附傳出後人手者不同,豈得謂武帝時輒有此耶。且史漢皆無孔安國作傳之事,安國當日不過以今文字讀之而已,未必爲之傳也。其辨古文之篇數曰:

眞古文五十八篇爲四十五卷,加序一篇爲四十六卷。僞古文則五十八篇已足四十六卷之數矣,若再加序一卷,則爲四十七卷,與漢志不合。

又孔沖遠序稱:「晉太保公鄭沖以古文授扶風蘇愉,字休預,預授天水梁柳,字洪季,即謐外弟也。

季授城陽臧曹，字彥始，始授汝南梅賾，字仲眞，爲豫章內史，遂于前晉奏上其書而施行焉。」辨云：「今晉書鄭沖列傳不言傳古文尚書，穎達所據恐別一種晉書，又梅賾於前晉奏上，前字恐誤。」又云：「僞書非王肅作卽皇甫謐作，大約不外二人手。」其次則摘僞古文經傳疏而辨之。

此編雖乏特殊見解，然西莊長於史學，頗能運用歷史辨僞，如擧隋書經籍志辨毛氏謂梅氏所獻者獨傳，其經文卽兩漢秘府所有者，云：

隋時僞本已流河朔，隋書唐人所修，其時僞本立學已久。竟以孔所得爲二十五篇，敍述得書本末，全依僞孔序以爲說。而反以鄭注爲今文，其顚倒若此。至梅賾得安國之傳奏之一語，尤爲鶻突。近某氏據此，遂謂梅所獻者特傳耳，其經文則卽兩漢秘府所有也。夫鄭所述逸書篇目，彰彰甚明；二十四篇非二十五篇，亦斷不可合。某氏生平專以詆訶朱子，標新領異。彼見朱子斥晚出書爲僞，故强造此辨，以入朱子之罪。然據隋書以駁馬班，偏信唐人而不信兩漢大儒傳授明確之書，可乎？

戴靜山先生卽稱許「這種辨僞方法，平實可信，自已不必許多話，而晚書之僞已可見，眞少許勝人多許者」（註五三）。

七、崔　述（一七四〇—一八一六）

嘉慶間（註五四），崔述著古文尚書辨僞二卷，大旨以東漢以後，杜、賈、馬、鄭傳古文尚書，皆止二十九篇，史記所引亦皆二十九篇之文，並無今書二十五篇一語。後人尊僞書不敢廢者，以人心道心數語爲宋以來理學諸儒所宗也。

崔述，字武承，號東壁，直隸大名人。乾隆二十七年舉人。於古書之眞僞，舊說之是非，娓娓不倦，所著考信錄、讀風偶識等，總爲東壁遺書，今存十九種五十四卷（註五五）。事蹟具清史卷四八一（註五六）。

古文尚書辨僞之內容要點如下：卷一：古文尚書眞僞源流通考，溯流窮源，爲六證六駁，如云：孔安國於壁中得古文尚書，史記漢書之文甚明，但於二十九篇之外，復得多十六篇，並無得此二十五篇之事；東漢以後傳古文尚書者皆止二十九篇，並無今書二十五篇；今傳二十五篇與馬鄭舊傳三十一篇，文體迥異，顯爲後人所撰；史記所引並無今書二十五篇一語；十六篇之文，漢書律歷志嘗引之，與今書二十五篇不同；東漢迄吳晉數百餘年，注書之儒未有一人見此二十五篇者。又謂古文今文，分於文字之同異，不分於篇第之多寡，馬鄭所傳雖止二十九篇，與今文同，文字則與今文異，兩漢之書所載甚明。張霸之僞書，乃百二篇，並非二十四篇，班書業已斥之，必無反以僞書爲古文之理。又謂元嘉時范蔚宗未見二十五篇，梁劉彥和始引之，則必晉宋間江左宗王肅者之所僞撰也。卷二分四部分：㈠集前人論尚書眞僞：謂二十五篇之僞，唐儒疑而未言，宋儒言而未決，南宋末趙汝談南塘書說始決言其僞，自是以後言者多矣，因集唐韓子進學解、進平淮西碑表、宋朱子語錄以至清顧寧人之語，以明非述一人之私言。㈡李巨來書古文尚書後補說：有云：「毛氏以十八家晉書爲解，不過强詞奪理而已，假使它晉書果有之，貞觀晉書必無删之之理，聖經顯晦，天下之大事也，數百年亡逸之書一旦忽出，豈容略而不言！」㈢堯典分出舜典考辨：謂伏生所傳今文尚書通爲堯典，並不別分舜典。孔安國所傳古文尚書，亦通爲堯典，別有舜典。並從經文考之，如堯典稽古帝堯之後，皆以帝稱堯，而舜典稽古之後，反稱堯爲帝而稱舜以名，於文理不可通，明爲堯典一篇無疑。㈣附其弟邁讀僞古文尚書黏簽標記。

考自宋元以來，辨古文尚書之僞者，以閻惠二家爲最精，二書東壁皆未之見，而所論皆與之闇合，蓋智者所見略同也。如謂危微二語出荀子，荀子凡引詩書皆稱詩云書云，獨此稱道經曰人心之危，道心之微，則知荀子所見之尚書無危微二語也。謂漢書律歷志所引伊訓、武成之文，皆與今書伊訓武成不同，則今之伊訓武成非孔安國壁中書明矣，伊訓武成既非孔壁古文，則大禹謨等七篇，亦必非孔壁古文矣，況仲虺之誥等十六篇，乃孔壁之所本無者乎。如此之類，不僅與前賢所論多合，且有發前人所未發者，固非拾人牙慧者所可比擬也。今收崔東壁遺書中。

東壁之弟崔邁，著有古文尚書考，書不存，其說悉備於崔述古文尚書眞僞源流考中（註五七）。

八、丁　晏（一七九四—一八七五）

咸豐元年，丁儉卿著尚書餘論一卷（註五八）。據家語後序，及釋文、正義等，斷僞古文孔傳爲王肅所僞作。因繼於惠松崖、王西莊、李孝臣諸先生後，故名餘論。

此編共二十三條，其目爲：1.古文尚書孔傳見王肅家語後序，爲一手僞書。2.古文尚書孔傳又見於孔叢子，皆一手僞作。3.古文尚書西晉已立博士，非東晉梅氏僞作。4.古文尚書行於西晉，由王肅爲晉武帝外祖，故盛行於時。5.王肅私造古文書，魏末晉初已行於時，皇甫謐親見古文，載入世紀。

6.王肅私造古文書西晉時已盛行，杜預仕晉武帝時親見古文。7.王肅注書多同孔傳，始見於唐陸氏釋文。8.王肅注書多同孔傳，再見於唐孔氏正義。9.王肅注書多同孔傳，三見於唐劉氏史通。10.王肅注書多同孔傳，四見於宋董氏廣川書跋。11.隋書經籍志、孔氏正義於東晉古文多微辭，是唐人已疑之，不始於吳才老、朱子。12.王肅私造古文以難鄭君，幷論語孔注皆肅一手僞書。13.古文尙書傳與王肅注多同，唐孔穎達實親見之，備載於疏，足徵書傳爲肅僞造。14.古堯典舜典合爲一篇，別有舜典已亡，古文割分堯典爲堯舜典實自王肅始，幷及朱氏經義考增改舜典之失。15.古文尙書臯陶謨、益稷本爲一篇，逸書別有弃稷今亡，僞古文分臯陶謨爲益稷實自王肅始。16.古文書皆綴集而成，非王肅不能作；肅見釋文正義外，見於他書所引者多與孔傳同，明爲一手綴集。17.王肅注尙書皆今文無古文，然肅注實有涉及古文者，竝詳其說。18.孔壁古文之存於今者，史記漢書說文尙有眞古文說，可證孔傳之僞。19.唐志有孔安國問答，亦依託漢孔氏書之證。20.僞書作俑於王肅，近世惠松崖、王西莊、李孝臣諸先生皆有此疑，未暢其說。21.馬融忠經引古文尙書非漢之馬季長。22.閻徵君尙書古文疏證辨正。23.尙書古文疏證錄朱子古文書，疑蔡傳承朱子之學，亦疑古文坊刻刪削，特表出之。

按：古文尙書孔傳之僞，閻徵君辨之最明，猶疑作僞者爲東晉梅氏，其疑爲王子雍者，則自明梅鷟以來，歷清惠、王、李諸家皆嘗論之，而暢明其論，確證其由者，則丁儉卿也。其論疏證有誤引者二、失考者一，亦證據鑿然。所謂考證之學，久而愈明，推而愈密者，於是編見之。然亦未可視爲定論也（註五九）。李式侯越縵堂讀書記云：「其謂馬融忠經乃別一馬融，是唐時居士撰絳囊經者，故其序有云：『臣融巖野之臣』，又於民字皆避作人，治字皆避作理，爲唐人無疑。所以宋藝文志始著錄，而絳囊經亦始著錄於崇文總目，非託名於漢之馬季長也。論甚精微，足發千古之疑。」至謂舜典今文合於堯典而無篇首二十八字，又以益稷今文合於臯陶謨，「帝曰來禹汝亦昌言」正與上篇末文勢接續。此蔡傳之說，亦特爲表出，其重考據而不廢宋學，江叔海詡其誠不愧所云細心讀書者矣。

又日人皆川愿亦著有古文尚書辨僞，亦爲駁毛而作，說詳戴靜山先生閻毛尚書公案第九章。

【附註】

註一：見四庫全書總目書類二，古文尚書疏證條下，藝文本第二九〇頁。

註二：見朱子語類卷七十八，民國六十二年台北正中書局本。

註三：見古文尚書疏證卷八第一百十三條「言疑古文自吳才老始」，皇清經解册一第四八七頁。

註四：見經義考卷八十第五頁，書裨傳條下，四部備要本。

註五：按此據宋志，授經圖作十三卷。

註六：以上所引，見朱子語類卷七十八，正中本。

註七：見直齋書錄解題卷一第八十九頁，廣文書局書目續編本。

註八：又見鄭履淳鄭端簡公年譜。

註九：見經義考卷八十九第一頁，四部備要本。

註一〇：見閻毛古文尚書公案第十四頁，民國五十二年中華叢書本。

註一一：見經義考卷九第二頁，四部備要本。

註一二：見古文尚書寃詞卷七。

註一三：見閻毛古文尚書公案第十九頁，中華叢書本。

註一四：見前書第二章。

註一五：見四庫全書總目第二八四頁，藝文本。

註一六：見梁著中國近三百年學術史第一八一頁，民國六十三年台北中華書局。

註一七：見拾經樓紬書「批校舊鈔本古文尚書疏證五卷」條下。

註一八：見阮葵生茶餘客話卷二十一，世界本第六六四頁。

註一九：見閻毛古文尚書公案第四章，中華叢書本。

註二〇：見四庫全書總目第二九〇頁，藝文本。

註二一：按以上二條，蓋本嚴修能之說，嚴說見於蕙櫋雜記十六。

註二二：見尚書餘論第二十二條：「閻徵君尚書古文疏證辨證」。

註二三：見周松靄先生遺書第一種、粵雅堂叢書二編第十一集、叢書集成初編（語文學類）。

註二四：見李式侯越縵堂讀書記第一〇五頁，世界本。

註二五：見梁著中國近三百年學術史第七〇頁，中華書局本。

註二六：見閻詠左汾近稿「先府君行述」。

註二七：見潛邱劄記卷六。

註二八：見戴東原集段玉裁著戴先生年譜，四部叢刊初編本第一四〇頁。

註二九：見閻毛古文尙書公案第五章，中華叢書本。

註三〇：見古文尙書疏證條下，藝文本第二九〇頁。

註三一：見錢著中國近三百年學術史第二四三頁，商務本。

註三二：見書目季刊六卷三、四期。

註三三：又收學海類編、昭代叢書、遜敏堂叢書、懺花盦叢書、叢書集成初編中。

註三四：又見淸儒學案卷七、淸史稿卷四八七、淸史列傳卷六十八、國朝耆獻類徵卷二一八、碑傳集卷九十一、國朝先正事略卷三十二、國朝漢學師承記卷一、國朝學案小識卷十三、文獻徵存錄卷二、墓誌銘（施閏章學餘文集卷十九）。

註三五：見劄記卷五與劉超宗書。

註三六：見章氏遺書卷七淮南子洪保辨，民國六十二年，台北漢聲出版社影印本第一三〇頁。

註三七：經義考作錢塘姚善夫。

註三八：經義考載作古文尙書通論別僞例。

註三九：有乾隆五十七年讀經樓刊本、省吾堂經學五書本、皇淸經解本。

註四〇：又見淸儒學案卷四十三。

註四一：見邵二雲年譜第十五頁，文海本。

註四二：盛百二跋，署乾隆二十三年。周春跋則稱乾隆十八年癸酉卽見初稿，丙子二十五年後，見其定本。

註四三：又見漢學師承記卷一。
註四四：又見於山石叢書初編。
註四五：見鄭堂讀書記卷九第廿八頁，世界本。
註四六：尚書通義三十卷，今未見。晚書訂疑三卷，有乾隆間三餘書屋刊本、聚學軒叢書本、金陵叢書本、皇清經解續編本。
註四七：又見清儒學案卷十一、清史稿卷四八六、清史列傳卷六十六、國朝耆獻類徵卷四二〇、碑傳集卷一三三、國朝先正事略卷三十六、顏李師承記卷一、國朝學案小識卷十三、國朝詩人徵略卷二十七、徵士程綿莊墓誌（袁枚小倉山房文集卷四）、綿莊先生墓誌銘（程晉芳勉行堂文集卷六）。
註四八：見該書卷二五七、第一〇〇二二頁；新興書局本。
註四九：見續修四庫提要經部第一八八頁，商務本。
註五〇：見前書第二一七頁。
註五一：又見清儒學案卷七十七、清史稿卷四八七、清史列傳卷六十八、國朝耆獻類徵卷九十二、碑傳集卷四十二、國朝先正事略卷三十四、國朝漢學師承記卷三、國朝學案小識卷十四、文獻徵存錄卷四、清代學者象傳卷三、國朝詩人徵略卷三十五、清代徵獻類編第三七六頁、清代鼎甲錄第一〇六頁、王西莊年譜（民國王文相編，輔仁學誌十五卷一二期合刊）、王鳴盛傳（王昶春融堂集卷六十五）、西沚先生墓誌銘（錢大昕潛研堂文集卷四八）。

註五二：有清乾隆四十五年東吳王氏原刊本、學海堂刊本、皇清經解本。

註五三：見閻毛古文尙書公案第一四〇頁，中華叢書本。

註五四：見姚紹華編崔東壁年譜第六十九頁，文海本。

註五五：見年譜第七十二頁。

註五六：又見淸儒學案卷九十七、淸史稿卷四八八、淸史列傳卷六十八、國朝耆獻類徵卷二四〇、碑傳集補卷三十九、國朝先正事略卷三十六、大淸畿輔先哲傳卷二十四、國朝學案小識卷十四、國朝詩人徵略卷三十五、崔東壁年譜（劉汝霖編；姚紹華編）、崔東壁年譜上下編（胡適、趙貞信同編）。

註五七：見姚紹華編崔東壁年譜乾隆四十六年辛丑條下。

註五八：有蹟志齋叢書本、槐廬叢書初編本。

註五九：劉申叔尙書源流考證知王肅另有僞本，今已不傳。羅錦堂博士尙書僞孔傳辨，考知孔安國另有其人；李振興博士王肅之經學，則以王肅尙書注佚文，證知今傳僞古文非出於王氏僞造。

第三章　僞古文尚書之辨護

晚出古文二十五篇，自宋以來，學者已疑其僞，至明梅鷟始參考諸書，證其剽竊。逮清閻百詩、惠定宇諸家相繼抉摘，古文之僞，遂成定讞。故自明季以來，議廢古文者頗不乏人；而深信古文，著書以辯護者亦夥：明陳季立即著尙書疏衍，以駁梅氏尙書考異；及閻氏疑證出，毛大可古文尙書冤詞，百計相軋，承其緒以衞道崇經者，至清末尙不乏人，亦終不能免於二十五篇之僞。

惟其書傳世已久，深入人心，且其文本採掇佚經，排比聯貫而成，書中嘉言懿猷，久爲立教者所本。若置其僞託之孔安國，而以魏晉人傳注視之，亦足與何晏、杜預諸書並傳，終無可廢之理也。

本章所述，計分四節：一、毛奇齡及其古文尙書冤詞：述毛氏之生平、著作，及其書之內容，並述後人對該書之批評。二、同毛氏辨護古文之諸家：述毛氏前後，主於護衞古文而非拾毛氏餘緒者之學說。三、踵繼毛氏之諸家：述承毛氏之緒以辨護古文者之學說。四、僞古文尙書之價值：述知古文之僞而又知其不可廢者諸家之學說。皆以成書者爲依準，載於文集者，亦間及之。

第一節　毛奇齡及其古文尙書冤詞

辨古文尚書之僞者，以清閻氏潛邱爲最劇。其所著古文尚書疏證，列舉一百二十八證，一一陳其矛盾之故。而毛氏素好與朱子爲難，又欲與潛邱爭勝，遂就李恕谷與錢曉城之所辨，斷以平日所考證，作古文尚書定論四卷，其後改名「寃詞」，並增爲八卷，爲古文訟寃。書名寃詞，而不名「釋寃」者，「以不敢釋也，吾第列其寃而世釋之，釋不在我也」（註一）。

一、毛奇齡之生平及其著作

毛奇齡，字大可，一字齊于，又名甡，字初晴，蕭山人。晚歲，學者稱西河先生。生明天啓三年，卒康熙五十五年（一六二三—一七一六），年九十四（註二）。少善詞賦，兼工度曲，康熙十八年，應試博學鴻詞科，列二等，授翰林院檢討，充明史纂修官。後以假歸，得痺疾，不復出。其考據之學，蓋得之潛邱（註三）。然好爲辨駁，喜與人爭勝。事蹟具清史卷四八〇（註四）。

毛氏著述豐富，據西河合集所載，共一二一種，四九五卷。

㈠經集　經例、仲氏易三十卷、推易始末四卷、河圖洛書原舛編一卷、太極圖說遺議一卷、易小帖五卷、易韻四卷。（以上易）　古文尚書寃詞八卷、尚書廣聽錄五卷、舜典補亡一卷。（以上書）國風省篇一卷、毛詩寫官記四卷、詩札二卷、詩傳詩說駁議五卷、白鷺洲主客說詩一卷、續詩傳鳥名三卷。（以上詩）　周禮問二卷、昏禮辨正一卷、廟制折衷二卷、大小宗通繹二卷、明堂問一卷、郊社禘給問一卷、辨定嘉清大禮議二卷、辨定祭禮通俗譜五卷、喪禮吾說篇十卷、曾子問講錄四卷、儀禮疑義二卷（缺）。（以上禮）　春秋毛氏傳三十六卷、春秋屬詞比事記四卷、春秋條貫篇十一卷、春秋占筮書三卷、春秋簡書刊誤二卷。（以上春秋）　四書索解四卷、論語稽求篇七卷、大學證文四卷、大學知本圖說一卷、大學問一卷、中庸說五卷、四書賸言四卷、四書賸言補二卷、聖門釋非錄五卷、逸講箋三卷。（以上四書）　聖諭樂本解二卷、竟山樂錄四卷、皇言定聲錄八卷、李氏學樂錄二卷。（以上樂）　孝經問一卷。（以上孝經）　經問十八卷、經問補三卷。（以上經總）

(二)文集　文例、誥一卷、頌一卷、策問一卷（缺）、表一卷（缺）、主客詞二卷、奏疏一卷、議四卷、揭子一卷、史館劄子二卷、史館擬刊一卷、書八卷、牘札一卷、箋一卷、序三十四卷、引弁首一卷、題詞題端一卷、跋一卷、書後緣起一卷、碑記十一卷、傳十一卷、王文成傳本二卷、墓碑銘二卷、墓表五卷、墓誌銘十六卷、神道碑銘二卷、塔誌銘二卷、事狀四卷、年譜一卷、記事一卷、集課記一卷（缺）、說一卷、錄一卷、制科雜錄一卷、後觀石錄一卷、越語肯綮錄一卷、何御史孝子祠主復位錄一卷、湘湖水利志三卷、蕭山縣志刊誤三卷、杭志三詰三誤辨一卷、天問補注一卷、館課擬文一卷、折客辨學文一卷、荅三辨文一卷、釋二辨文一卷、辨聖學非道學文一卷、辨忠臣不徒死文一卷、古禮今律無繼嗣文一卷、古今無慶生日文一卷、禁室女守志殉死文一卷、勝朝彤史拾遺記六卷、武宗外記一卷、後鑒錄七卷、蠻司合志十五卷、韻學要旨十一卷、賦四卷、續哀江賦一卷（缺）、九懷詞一卷、擬廣博詞連珠詞一卷（缺）、誄文一卷、詩話八卷、詞話二卷、填詞六卷、連廂詞一卷、二韻詩三卷、七言絕句八卷、排律六卷、七言古詩十三卷、五言律詩六卷、七言律詩十卷、七言排律一卷、雜體詩一卷。

二、古文尚書寃詞之內容

古文尚書寃詞一書，凡八卷，其卷一：總論、今文尚書；卷二：古文尚書；卷三：古文之寃始於朱氏；卷四：古文之寃成於吳氏、書篇題之寃、書序之寃，書小序之寃，書詞之寃；卷五卷六：書詞之寃；卷七：書詞之寃、書字之寃；卷八：書字之寃。書詞之寃爲其辨論之重心。其書之例，先引前人辨僞之語，然後加以反駁。所引者，有朱子、吳草廬、郝仲輿、梅致齋、羅敦仁諸人，又有稱「錢甲曰」、「或曰」者，錢甲卽桐鄉錢曉城，「或曰」則多爲閻氏疏證之語，亦間有姚立方、朱竹垞之說。

三、古文尚書寃詞之批評

毛氏古文尚書寃詞之誤，批評者甚多，玆引四庫提要沈果堂、李巨來、程錦莊，及今人戴靜山先生諸家之說以明之。又皮錫瑞古文尚書寃詞平議一書，持議亦頗中肯，今並及之。

㈠四庫提要：提要古文尚書寃詞條下云：「其（指毛）學淹貫群書，而好爲辨駁以求勝。凡他人所已言者，必力反其詞。……古文尚書自吳棫朱子以來，皆疑其僞。及閻若璩作古文尚書疏證，奇齡又力辨以爲眞。知孔安國傳中有安國以後地名必不可掩，於是別遁其詞，摭隋書經籍志之文，以爲梅賾所上者乃孔傳，而非古文尚書。其古文尚書，本傳習人間，而賈馬諸儒未之見。……考隋書經籍志云：晉世秘府，有古文尚書經文，今無有傳者。及永嘉之亂，歐陽大小夏侯尚書並亡。至東晉豫章內史梅賾，始得安國之傳奏之。其敍述偶未分明，故爲奇齡所假借。然隋志作於尙書正義之後，其時古文方盛行，而云無有傳者，知東晉古文，非指今本。且先云古文不傳，而後云始得安國之傳，如今本古文與安國傳俱出，非卽東晉之古文。奇齡安得離析其文，以就己說乎？至若璩所引用融書序云，逸十六篇，絕無師說。又引鄭玄所注十六篇之名，爲舜典、汨作、九共、大禹謨、益稷、五子之歌、胤征、湯誥、咸有一德、典寶、伊訓、肆命、原命、武成、旅獒、冏命，明與古文二十五篇截然不同。奇齡不以今本不合馬鄭，爲僞作古文之徵；反以馬鄭不合今本，爲未見古文之徵；亦頗巧於顚倒。然考僞孔傳序，未及獻者乃其傳。若其經，則史云安國獻之，故藝文志著錄。賈逵嘗校理秘書，不應不見。又司馬遷爲安國弟子，劉歆嘗校七略，班固亦爲蘭臺令史，典校藝文。而遷史記儒林傳云，孔氏有古文尙書，安國以今文讀之，逸書得多十餘篇。歆移太常博士書，稱魯恭王壞孔子宅，得古文於壞壁之中，逸書十六篇。班固漢書藝文志亦稱以考二十九篇，得多十六篇。則孔壁古文有十六篇，無二十五篇，鑿鑿顯證。安得以晉人所上之古文，合之孔壁歟？其奇齡所藉口者，不過以隋志稱馬鄭所注二十九篇，乃杜林西州古文，非孔壁古文。不知杜林所傳，實孔氏之本，故馬鄭等去其無師說者十六篇，正得二十九篇。經典釋文所引，尙可復驗。徒以脩隋志時，梅賾之書已行，故志據後出僞本，謂其不盡孔氏之書。奇齡舍史記漢書不據，而據唐人之誤說。豈長孫無忌等所見，反確於司馬遷班固劉歆乎？至杜預韋昭所引逸書，今見於古文者，萬萬無可置辨。則附會史記漢書之文，謂不立學官者，卽謂逸書。不知預注左傳，皆云文見尙書某篇，而逸書則皆無篇名。使預果見古文，何不云逸書某某篇耶？且趙岐注孟子，郭璞注爾雅，亦多稱尙書逸篇。其中見於古文者，不得以不立學官假借矣。至孟子欲常常而見之，故源源而來，不及貢，以政接於有痺。岐注曰：此常常以下，皆尚書逸篇之詞。爾雅，釗明也。璞注曰，逸書釗我周王。核之古文，絕無此語。亦將以爲不立學官，故謂之逸耶？又岐注九男二女，稱逸書有舜典之書，亡失其文。孟子諸所言舜事，皆堯典及逸書所載。使逸書果指古文，則古文有舜典，何以岐稱亡失其文耶？此尤舞文愈工，而罅漏彌甚者矣。……」

㈡沈彤：沈果堂集有書古文尚書寃詞後二篇（註五），其一略謂：隋志所云今無有傳者，傳卽傳授之傳，明古文亡於永嘉，其後官私本皆絕也。云梅賾奏安國之傳不云經者，以上已言經文，則此但言傳而經在其中矣。正義之引晉書，謂「太保鄭沖以古文尚書授蘇愉，三傳至梅賾，遂奏上其書。」上云以古文尚書授，而下云上其書，則其書非卽古文乎！而可云梅賾不上古文經乎！且若以世無有傳爲無傳注，則梅賾奏上其傳，施行已歷數朝矣，而尚云今無有傳者，又可通乎！又云：「毛以馬、鄭所注書序百篇亡，書目凡四十二篇爲漆書本，則漆書本固有逸書十六篇在中，此明與馬融說乖，幷妄據而無之矣。」其二謂古文尚書非獨聚斂傳記所採語，其中間亦必有眞古文之殘篇賸簡，斷無可廢之理。其說可補四庫提要之不足。

㈢李紱：李巨來書古文尚書寃詞後，則指正義所引晉書言古文尚書授受，考之晉書絕無其語，毛氏乃引晁公武十八家晉書爲辭，按唐書藝文志，唐初晉書雖有七家，御製書出，餘必稱名。正義所引，未稱某人晉書，必御製晉書矣。因斥毛氏所引疏闊，與孔氏正義無異。又云：「毛氏素不喜朱子之說，其爲此書，亦藉以駁朱子耳，其本意豈誠篤信古文尚書也哉！」（註六）姚薑塢（範）援鶉堂筆記則曰：「毛奇齡據後漢儒林傳謂鄭承杜林漆書非孔學，安知漢世孔學不同於漆書乎？漢志班注：大

壹山，古文以爲終南……此所云古文，卽古文尚書矣，……則云班固不見古文者，謬矣！」亦駁斥多端。（註七）

㈣程廷祚：程氏古文尚書冤詞辨，謂毛氏惟據隋書經籍志，而不知隋志之可疑者三：⑴班、劉皆云孔安國得多十六篇逸書，而隋志忽云二十五篇；⑵漢書劉歆傳但言安國得古文尚書，天漢之後獻之，遭巫蠱，倉卒之間未及施行，藝文志儒林傳皆同，但言獻書，不言作傳；隋志忽云安國爲五十八篇作傳。⑶晉十八家舊史載鄭沖以古文尚書授蘇愉，三傳至梅賾，沖之前雖莫知所自，然所授皆尚書經也，賾又安得安國之傳而並奏上之。又云漢成帝時，求能爲古文尚書者，而未聞安國之徒奏上其傳，東京古學大行而不聞諸儒言有傳，孔僖爲安國之後，世傳古文尚書，亦不言有傳，何兩漢所不得見者，而梅賾獨得而上之乎！（註八）此外，綿莊又作冤冤詞、及晚書訂疑三卷以駁之。

㈤皮錫瑞（一八五〇—一九〇八）：皮錫瑞號鹿門，善化人。同治癸酉拔貢生，光緒八年舉人。其學原宗高密，其後專治今文家言、宏通詳密，多所發明。於書著有今文尚書考證、古文尚書冤詞平議等。事蹟具碑傳集補卷四十一等（註九）。

古文尚書冤詞平議二卷，收師伏堂叢書及皮氏經學叢書中，前有自序云：「（毛）檢討之才長於辨駁，務與朱子立異，而意見偏宕，遂有信所不當信，疑所不當疑者……檢討是書，其佳處在不中宋儒新說，如武王封康叔，周公留後之類；其弊則在專信僞孔，並伏傳、史記亦加訾議，與疏證互有得失，其是非可對勘而明。予於疏證既爲辨正，乃於是書更作平議，冀以持兩家之平焉。」其書先引冤詞於上，而發其義論於下。精要者如：

1.駁寃詞去泰誓一篇之誤：謂伏書二十八篇，不數泰誓，論衡及正義引劉向別錄略同，世皆以二十八篇增泰誓爲二十九，未嘗以爲二十九範去泰誓爲二十八也。以駁寃詞：「伏書二十九篇至武帝時，外間疑泰誓爲僞，遂去此篇」之說。

2.謂漢世今文及馬鄭古文皆無大禹謨：「……薛氏引孔叢子，非引大傳，孔叢子言大禹謨、益稷乃僞古文，漢世今文及馬鄭古文，皆無大禹謨，而益稷統於皋陶中。孔叢子與僞古文孔傳，是一手所作，竊伏傳之文而羼入大禹謨、益稷，以互相證明、檢討不知古文孔傳之僞，故不知薛氏所引孔叢子之僞。」以駁寃詞所云薛士龍書古文訓引子夏學書于孔子，所云書有七觀，謂「古原以大禹、皋、益三謨俱作夏書，而以禹貢敍禹謨之後，皋陶又敍之禹貢之後，篇第秩然。」之說。

3.謂武帝無命安國作傳之事，史漢皆不載，僅見於家語後序及僞孔大序，以證兩書皆王肅僞作，並駁寃詞「及孔安國獻書，武帝命安國作傳」之繆。凡此，頗可是正寃詞之失。

按：乾嘉諸儒之攻僞古文者，多採東漢馬鄭古文以駁東晉古文，今文學派則更由東漢返於西漢，鹿門之學，主於今文，此編皆守伏傳、史記以決是非，甚多精闢之見，然其因襲前說，立論專輒者，亦所不免，如以宋人之疑僞古文，不始於朱子，以毛氏所據者惟唐人所修之隋志，四庫提要皆已言之。又謂安國家所傳古文，不過世守之孤本耳，謂史記皆今文說，皆本今文家之說。若擇其是而去其非，則此書不失爲立論平正之作也。

㈥戴君仁：戴靜山先生閻毛古文尚書公案第八章「古文尚書寃詞批評」，分誤據、臆說、强辯、曲解、游離、誣矯、顚倒、矛盾八點加以批評，極爲精到，特摘要分述如下：

1.誤據：毛氏寃詞之主要證據爲隋書經籍志「晉世秘府所存有古文尚書經文，今無有傳者」二語，因謂「古文經文，秘府舊有。梅氏所上，只是孔傳」。殊不知隋志爲唐人所修，修志之時，古文尚書已立於學官。皮鹿門平議云：「夫以當時廷議立學官，作正義，史臣安能灼知其僞？卽知其僞，安敢昌言直斥其非？隋志所云，雖歷歷可徵，要皆傳僞古文者臆造不經之說也。其不得執軍詞所斷斯獄明矣。僞孔經傳，一手所作，僞則俱僞。」

2.臆說：自造臆說以資辯論。如：臆造去泰誓之說：謂「伏書二十九篇，至武帝時，外間疑泰誓爲僞，遂去此篇。」而將劉向、馬融、王肅、王充、後漢書所言泰誓後得之說，一筆勾銷，云「此皆無據之言，祇因漢世今文盛行，必欲曲護其去此泰誓之故而無實據。及東漢儒者造爲河內女子壞老屋，得孝經易說卦傳及泰誓之篇。又不檢點天下無各經所逸同聚一處，以待人之得之者」。其目的在使二十五篇合爲十六篇以符逸書十六篇之數。

此外，又有臆造漆書五十八篇之說、臆造令甲所在，凡好古文者，皆不敢踰越之說，臆造夏禮日食每月皆鼓幣之說，茲不詳舉。

3.强辯：劉歆、馬融等皆云逸書多十六篇，而晚出古文則多二十五篇，篇數不合，顯然可疑。毛氏遂先將二十五篇合爲十八篇，云：「又有稱十八篇者，五十八篇旣以一序爲一篇，作四十六卷矣。茲又除伏書三十三篇，但以孔壁二十五篇，就序分之。太甲悅命泰誓九篇共三序，應去六篇。伊尹作咸有一德，以無序語不成篇，當附太甲篇內，與咎單作明居，周公作立政同。又去一篇。凡二十五篇，共去七篇爲十八篇。」又將十八合爲十六，云：「若又稱十六篇，則以大禹謨與臯益三篇同序，二十九篇既出臯陶，則一序無兩出之例。且序首曰，臯陶矢厥謨，禹成厥功，則臯謨可領序。況此當先考二十九篇，始計多篇乎？若泰誓一篇，又當抵伏書泰誓二十九篇之數。因去二篇爲十六篇。」此强辯晚書之篇數，又有强辯左傳德乃降爲書語，禹謨六府三事非襲左傳，武成紀日合例等。

4.曲解：如曲解湯誓卽湯誥，寃詞卷五云：「有引論語予小子履篇攻湯誥者，謂誥詞與論語不合。又舊注稱湯誓，不是湯誥，此僞爲者。」案此見閻氏疏證第十九條。毛氏駁之云：「論語堯曰篇，與誥詞不合，則以論語此章，非引書體。已見前禹謨篇矣。若謂舊注稱湯誓不是湯誥，則論語舊注見之何平叔集解，正孔安國所注語也。安國既注古文，豈有不知湯誥之非湯誓？而注之如此，祇因湯誥舊時原稱湯誓。故墨子引予小子履節稱爲湯誓，而國語內史過引予一人有罪，無以萬夫，萬夫有罪，在予一人諸句，亦稱湯誓。此在始皇未焚書之前，孔子未刪書之際，或誥或誓，早有是稱。而墨子所引，又適與論語相合。故安國遂注曰，墨子引湯誓其詞如此。非謂古無湯誥，只有湯誓，而稱誓便是眞，稱誥卽爲僞也。蓋誥誓二體，原屬一類。雖馬融有軍旅曰誓，會同曰誥之分。而盤庚非軍旅，亦稱矢言；征殷非會同，亦稱大誥。故舊有稱多士多方以誓兼誥，戡黎武成，以誥兼訓。此皆書名十例所擬定者。是誥誓互稱，原屬舊例。」按：疏證第十九條中數語，足可推翻毛氏之論。閻云：「如予小子履敢用玄牡三句，孔曰：履殷湯名，此伐桀告天之文。殷家尚白，未變夏禮，故用玄牡。皇大、后君也。大大君帝，謂天帝也。墨子引湯誓，其辭若此。（中略）與今安國傳湯誥泰誓武成，語絕不類。安國親得古文二十五篇，中有湯誥泰誓武成。豈有注論語時，遇引及此三篇者，而不曰出逸書某篇者乎？」安國不注出逸書，而注出墨子，卽可證今湯誥爲僞，更不須辯墨子之湯誓卽是湯誥。

5.游離：冤詞卷四引「或曰：序云承詔作傳，傳畢，會國有巫蠱事，不復以聞。此則僞也。何也？以安國未嘗遭巫蠱事也。按漢武帝紀，征和元年巫蠱起，而史記一書則終之太初之年。其自序有云，述黃帝以來，至太初而訖是也。乃史記世家已云安國爲今皇帝博士，至臨淮太守早卒，則在太初年已無安國其人矣。乃自太初至征和相去八年，中間越天漢太始二號，而後巫蠱起，而謂安國遭巫蠱事，信乎？此非僞乎？」此乃閻氏疏證第十七條按語論孔安國之時代一段之大意，本係證明序僞之極强證據。毛氏駁云：「安國遭巫蠱事，非大序私言。漢志，安國獻之，遭巫蠱事，未列于學官。儒林傳，遭巫蠱事，未立于學官。……其云遭巫蠱事，諸書皆然，此非安國一人可妄誕也。若史記則何嘗終太初年耶？毋論太初以後天漢太始其救李陵作史記方興未已，凡列傳年表其記天漢太始事，歷歷可指；即征和巫蠱事，亦在在有之。酈商傳，子侯終根立爲太常，坐法國除，即巫蠱事也。衞將軍驃騎傳，後將軍公孫賀坐子敬聲與陽石公主奸，爲巫蠱，族滅無後。將軍公孫敖坐妻爲巫蠱族。將軍韓悅掘蠱太子宮，衞太子殺之。將軍趙破奴坐巫蠱族。匈奴傳，貳師聞其家以巫蠱族滅，因幷衆降匈奴。非巫蠱事乎？……（以下辨史記不終太初）」閻氏原文云：「按孔子世家，安國爲今皇帝博士，至臨淮太守，蚤卒。司馬遷親與安國遊。記其蚤卒，應不誤。然考之漢書，又煞有可疑者。兒寬傳，寬以郡國選，詣博士，受業孔安國，補廷尉文學卒史，時張湯爲廷尉。案湯爲廷尉，在武帝元朔三年乙卯。楚元王傳，天漢後，孔安國獻古文書，遭巫蠱之難未施行。案巫蠱難在武帝征和元年己丑，二年庚寅，相距三十五六年。……安國爲博士時，年最少如賈誼，亦應二十餘歲矣。以二十餘歲之博士，越三十五六年始獻書，即甫獻書而即死，其年已五十七八，且望六矣，安得爲蚤卒乎？」又云：「予嘗疑安國獻書遭巫蠱之難，計其年必高，與馬遷所云蚤卒者不合。信史記蚤卒，則漢書之獻書必非安國；信漢書獻書，則史記之安國必非蚤卒。竊意天漢後，安國死已久，或其家子孫獻之，非必其身，而苦無明證。越數載讀荀悅漢紀成帝紀云，魯恭王壞孔子宅，得古文尚書多十六篇。武帝時孔安國家獻之，會巫蠱事，未列於學官。於安國下增一家字，足補漢書之漏。益自信此心此理之同。而大序所謂作傳畢，會國有巫蠱，出於安國口中，其僞不待辯矣。」戴靜山先生云：「讀此文，則證安國蚤卒，和史記迄于何時，有什麼關係？而毛氏呶呶不休，全是離題的話。又毛氏辨史記不訖太初，似是對朱彝尊而發，……。這樣，不能算是離題。但此與辨安國之蚤卒無甚關係。安國之年齡，可由兒寬傳推定之。毛氏抓住了史記訖太初一句話，而大放厥辭，依然是避堅攻脆，游離作戰。」

6.誣矯：寃詞卷六引「或謂漢儒林傳謂司馬遷從安國問故，遷書載堯典禹貢洪範微子金縢多古文說。今考史記五帝夏殷周本紀及魯周公燕召公世家，皆不出伏生二十八篇之外，所云安國二十五篇者，無片語也。若湯誥載其詞與古文絕不同。……是必安國之古文原止此數，今所傳者非是耳。」此引朱彝尊之說，亦辨僞之極强證據。毛氏駁之云：「如是則凡史漢以下及魏晉六朝諸書，凡云古文五十九篇，五十八篇，與增多二十五篇，二十四篇者，其書皆可廢矣。且古文今文非同是此本，而以今古文書法相分辨也。謂別有古文若干篇也。若獨是今文耳，則于古文何稱焉？」（下略）戴靜山先生云：「案朱氏只是根據史記所載，止在今文二十八篇範圍以內，以證明二十八篇以外的古文二十五篇可疑。他只是認爲眞尚書只有二十八篇，並未說是必安國之古文，原止二十八篇。毛氏硬造了兩句，栽贓似的載在條末，以爲駁斥朱氏的根據。這種態度太不老實。下面毛氏說，非同是此本，謂別有古文若干篇，這話雖然不錯；古文今文兩個本子，古文中有二十八篇和今文相同。但我們不能因爲古文中包含二十八篇，二十八篇是眞的，因此那二十八篇以外的也是眞的。即使安國時二十八篇以外的也是眞的，而現存的二十八篇以外的，可能不是眞的。」

7.顚倒：寃詞卷七先引閻說「論語，書云孝乎惟孝，友于兄弟。今無孝乎字何也？」閻說見疏證第十條。毛氏駁閻說，內有一段云：「按論語引書有四，無不改其詞，纂其句，易其讀者。如說命，王宅憂，亮陰三祀。旣免喪，其唯勿言。論語改作書云，高宗諒陰，三年不言。以四句作兩句，而以諒陰屬高宗爲句，三年屬不言爲句。湯誥，爾有善，朕勿敢蔽，罪當朕躬，不敢自赦，惟簡在上帝之心。論語改作有罪不敢赦，帝臣不蔽，簡在帝心。以五句作三句，而以罪赦自爲句，增帝臣二字而連蔽善簡心，合作一句。武成，重民五敎，惟食喪祭。論語改作所重民食喪祭，以兩句作一句，而去五敎二字，而自爲句。此皆改句改讀之顯然者。」皮錫瑞平議說：「此乃僞古文改纂論語，非論語改纂僞古文。」毛氏云云，正是顚倒之見。」

8.矛盾：謂寃詞卷三敍述古文經文，歷有方所。其在官書，則科斗原文，見藏秘府，而在私學，則安國所傳自漢至晉，一一相嬗，以遞至梅賾，未嘗有頃刻之間斷。其間且有丁鴻楊倫集弟子千人于大澤中肄習之，可稱爲盛行于民間。可是二劉班固以及賈馬鄭趙岐杜預諸儒，却都不見古文。這是什麼緣故？這就顯示着古文可疑。但毛氏却不這樣看，而另找理由，解釋這個矛盾。說因古文未立學，受功令壓迫，傳者自傳，不見者自不見。話雖說得巧，可是任你怎樣彌縫，矛盾依然存在着。

戴靜山先生又謂：冤詞可議之處，不止此八點，但僅此八點已足暴露冤詞之病。蓋毛氏本係文人，有詞章之才，感情富於理智，不適合做考據。所言極是。

惟閻氏疏證所改，大抵皆出於傳，毛氏爲之訟冤，亦不得一概以「强詞」（註一〇）譏之，此類之作，後儒尚多有之，詳見下二節。

第二節　同毛氏辨護古文之諸家

毛氏前後，頗有與毛氏同一旨趣，著書以衞護僞古文者。先是明季陳第季立，著尚書疏衍，以駁梅氏。四庫提要評其書云：「篤信梅賾古文，以朱子疑之爲非。於梅鷟尚書考異、尚書譜二編，排詆尤力。」（註一一）經義考於梅氏尚書考異下，載陳第曰：「近世旌川梅鷟譸張立論，其斷古文，謂皇甫謐僞作，集合諸傳記所引而補綴爲之。不知文本於意，意達而文成，如彼此瞻顧，勉强牽合，則詞必有所不暢。今如禹謨克艱二語，謂本論語之爲君難，爲臣不易。不矜不伐，謂本老子之夫惟不爭，故天下莫能與爭。滿招損，謙受益，謂本易之謙尊而光，卑而不可踰。不知宇宙殊時而一理，聖賢異世而同心，安得以其詞之相近也，而遽謂其相襲乎？」此蓋疏衍之文。陳氏又有古文引書證一篇，爲毛氏冤詞所徵引，凡疑古文者指爲剽竊之文，陳氏皆謂引用書經。

入清以後，陸隴其稼書所著古文尚書考，朱鶴齡長孺，所著尚書埤傳，朱朝瑛康流所著讀尚書略記，李光地安溪所著尚書解義，齊召南次風所著尚書註疏考證，方苞望溪所著談古文尚書，顧昺虛莊所著書經劄記，皆尊信古文，而不主於羽翼毛氏，可視爲毛氏之同調。

一、陸隴其（一六三〇——一六九二）

陸隴其，字稼書，浙江平湖人，康熙庚戌進士。事蹟具清史卷二六六（註一二）。其所著古文尚書考一卷（註一三）、辨古文尚書非僞，謂孔壁所出，多於伏生之十六篇爲僞。

按：朱子嘗謂門人輔廣曰：「書有易曉者，恐是當時作底文字，或是曾經修飾潤色來，其難曉者，恐只是說話，當時人自曉得，後人乃以爲難曉耳」，氏卽據此，謂朱子於古文尚書固終之而不敢疑也。至漢志所稱孔安國多得之十六卷二十四篇，則云不見孔傳，馬融書序亦稱十六篇絕無師說，是馬氏亦不見，故斥爲僞書。

考朱子嘗云：「書凡易讀者皆古文。況又是蝌斗書，以伏生書字文考之方讀得，豈有數百年壁中之物不譌損一字，又却是伏生記得者難讀，此尤可疑。」又云：「某嘗疑孔安國書之假，兼書序亦可疑，却似晉、宋間文章，況孔書是東晉方出，前此諸儒皆不曾見，可疑之甚。」（註一四）是知朱子辨古文非眞，固不一而足，然則此書之所論，未足以採信也明矣。

二、李光地（一六四二——一七一八）

李光地安溪所著尚書解義二卷，亦深信僞古文，後出書二十五篇，文從字順，反較伏書爲易讀，先儒多以爲疑，安溪則云：「意自參校孔壁書時，遇不可讀，卽未免刪添，其後又久秘不出，更東漢至晉，書始萌芽，傳者私竊竄一二字，復恐不免矣。以此，古文從順者多。伏生書則自前漢而立學官，無敢改者，艱易之原，蓋出於此。」故不以大禹謨等篇爲僞。蓋其學以朱子爲依歸，朱子雖嘗疑及古文經傳，而屬蔡沈作書集傳，則通註五十八篇，故不以爲可疑也。

三、齊召南（一七〇三－一七六九）

齊召南，字次風，號瓊台，晚號息園，浙江天台人。乾隆元年舉博學鴻詞科，官至禮部侍郎。事蹟具清史卷三〇六（註一五）。

其所著尚書注疏考證一卷（註一六），於孔傳孔疏，多所辨解。寶綸堂文集載其進書後序云：「至南宋……其力辨古文，疑孔傳一書皆僞者，至元吳澄、明郝敬輩，直謂尚書眞者半僞者半。……亦非持平之論也。」（註一七）

此文之頗堪注意者有三，一則曰：「其文變蝌蚪爲隸古，不無得失。其篇本書序以詮次，不無先後，其說採綴載籍條貫成章，不無增減遷就。其閱世自漢至晉不列庠序，後進通儒優處巖穴者，或隨時補苴，緣飾其間，遂令虞夏商周之文如出一家」。二則曰：「今文以耄年記憶之餘，傳誦女子之口，音譌字別，在所難免」。三則曰：「月令本自呂覽，王制明出漢儒，戴記雜採傳說，猶且尊爲禮經，獨於古文嘖有煩言，非持平之論也」。前二則雖爲情事之所有，而古文之僞，證據確鑿，是其於古文之辯護，亦終無所補益也。後則所云，與焦里堂之論相類，此則古文無可廢之理也。

四、方　苞（一六六八—一七四九）

桐城古文名家方望溪，亦篤信古文。望溪文集卷一「讀古文尚書」文中有云：「先儒以古文尚書辭氣不類今文，而疑其僞者多矣。抑思能僞爲是者誰與？夫自周以來，著書而各自名家者，其人可數也。言之近道，莫若荀子董子，取二子之精言，而措諸伊訓大甲說命之間弗肖也。而謂左邱明司馬遷揚雄能爲之與？而況其下焉者與？然則其辭氣不類今文何也？嘗觀史記所采尚書，於肆覲東后，則易之曰，遂見東方君長；太子朱啓明，則曰嗣子丹朱開明；有能奮庸熙帝之載，則曰有能成美堯之事者；如此類不可毛舉。因是疑古文易曉，必秦漢間儒者得其書，若其奧澀，而稍以顯易之辭更之，其大體則因經之本文也。無逸之篇今文也，試易其一二奧澀之語，則與古文二十五篇之辭氣，其有異乎？」

夫古文之僞證據多端，梅氏考異，略已言之，而此置之不論，僅以文辭之顯奧立說，是猶未脫文章家習氣也。方氏而下，又有顧昺（號虛莊，南滙人）、江昱（字賓谷，號松泉，甘泉人）亦深信僞古文。顧氏著書經剳記，本明陳第之說，並拾望溪之論，謂古文尚書非僞。江氏著尚書私學四卷，謂古文尚書論政論學，廣大精深，非聖人不能道，其說多據理以斷，旁無佐證，置之不論可也。

第三節　踵繼毛氏之諸家

毛氏而下，辨護晚書者頗不乏人，毛氏門人張文嵐風林著古文尚書辨，羽翼師說；茹敦和遜來著尚書未定稿，辨孔傳之眞，周春松靄著古文尚書寃詞補證，申其衞道崇經之意，梁上國斯儀著古文尚書條辨，專駁疏證；張崇蘭猗谷，多駁惠氏；王劼子任著尚書後案駁正，專駁西莊；邵懿辰位西著尚書傳授同異考，亦申古文。其後謝庭蘭湘谷著古文尚書辨；吳光耀著古文尚書正辭，皮錫瑞鹿門著古文尚書寃詞平議，張諧之敬齋著尚書古文辨惑。雖醇駁互見，其衞護古文之意則一也。

一、張文嵐

張文嵐，字風林，浙江蕭山人，諸生。其學出於毛奇齡，著有古文尚書辨，今未見。續修四庫提要云：「文嵐是書猶奇齡志也。李紱謂人心道心二語出荀子，荀子則稱道經，非尚書語。其說雖本之梅鷟，而引證較詳。文嵐駁謂二語果出荀子，則僞造尚書者，自必曾見荀子，何至以道經爲尚書，又道經非道家所專有，周秦前不稱老莊爲道家，荀子必不肯引道家書。紱又謂司馬遷問故於孔安國，而所引之經絕不類。文嵐駁謂史記引湯誥太誓，並未言出自尚書。又謂班固稱司馬遷從安國問，全書卷帙浩繁，所記幾何，故當時止取百篇之序入史。其餘惟泰誓篇彷彿原詞約略塡湊。至湯誥則另是一篇。若謂史記所引爲眞。晉宋以來所行者爲僞。何以經傳中凡引湯誥泰誓者，皆在今世所行書中，並無一字與史記合。」（註一八）

二、茹敦和（一七二〇—一七九一）

茹敦和，字遜來，會稽人。乾隆中著尚書未定稿二卷刊行，今未見，江叔海云：是篇乃專爲孔傳辨。書中有云：「藝文志言成帝時使謁者陳農求遺書於天下，孔氏傳未列學官，正是遺書。其時詔劉向等校之，而劉向所校每一書已，輒條其篇目，撮其旨意，錄而奏之，此卽孔疏所謂別錄者。孔氏作傳後，自定爲四十六卷五十八篇，正是孔傳始入書府之時，劉向所親校者。劉向作別錄，卒後，哀帝使向子歆卒父業，歆於是總群書而奏其七略，班固刪七略之要，是爲漢書藝文志，而志爲五十七篇。班於地理志引古文者十一。禹貢疏引其十而漏其一，至於傳陽山之爲敷淺原，則班直引孔傳之文。班固家有賜書，而於孔傳最爲謹篤，不但曾見之而已也。」此謂劉向班固嘗見孔傳，皆意必之詞，地理志所云敷淺原一名傳陽山者，乃顏師古注，以爲班固語尤屬巨謬，且以說文旻下引虞書曰，仁覆閔下則稱旻天，亦引孔傳。鄭於堯典旻天釋以廣大，亦引孔傳，不知許愼所引蓋古尚書說。至五經異義，許氏謹案，尚書堯命羲和欽若旻天，總勅四時，知旻天不獨春，鄭玄云春氣博施，故以廣大言之，與孔傳稱元氣廣大者微異，安得皆斥爲引孔傳邪。又云：「梅賾於東晉上孔傳時，亡舜典一篇，亡舜典之傳爾，非亡其經，蓋伏生於堯典舜典誦而連之，合爲一篇。則舜典自在今文堯典中，是安得亡，今文舜典無篇首二十八字，而古文有之，故孔傳亡而二十八字與之俱亡。至姚方興大航頭本，得舜典孔傳則二十八字亦出也。此說亦非，夫既知舜典自在今文堯典中，何又信姚方興之大桁頭本乎，方興上曰若稽古帝舜曰重華協于帝十二字，梁武時爲博士，議曰：舜典首有曰若稽古，伏生雖昏耄，何容合之，遂不行，用是齊梁人尙通經術，不受其欺也。書中於內方大別，謂大別卽今漢陽府城所依之山，唐人謂之魯山，而水經注謂之翼際山，當是也。雖自言自驗，於義非古。考孔傳內方大別山二山名，在荊州，漢所經，班志則屬之安豐，以夏口之翼際山當大別，自唐李吉甫元和志始，而胡渭禹貢錐指從之。洪亮吉有大別山釋一篇，以是山在廬江安豐，廣設十四證甚詳覈，當較可信也。說文解字第十五上，許愼記其稱易孟氏，書孔氏，詩毛氏，禮周官，春秋左氏，論語孝經皆古文也。故以說文與書相涉者，錄爲下卷，以申孔義，實則無甚發明云。」（註一九）

江艮庭尚書集注音疏刊行後，其說巧而刻精，海寧周松靄深抱西河他日毀經之憂，故就其所見，著古文尚書寃詞補正一卷，以申其衞道崇經之意。今史語所藏有舊鈔本。

三、周　春（一七二九—一八一五）

周松靄，名春，號春兮。乾隆十九年進士。事蹟具清史卷四八〇（註二〇）。

周氏師事宋半塘，與王西莊同年，宋、王於僞古文皆有辨。而周獨與立異。此編首謂毛氏寃詞以古文之寃始於朱子者，殊爲不然，因就朱子書中語涉古文者，計語錄五條、文集二條，爲之辨白。謂朱子所疑者，孔傳及書序也。又引文獻通考中，「晦庵書說七卷」、「書古經及序共五卷」，謂「朱子既注大禹謨矣，豈有以爲僞書而注之者乎？」以爲佐證。次擧趙汝談、吳澄、顧應祥（字惟賢，浙江長興人，弘治進士）、梅鷟、歸有光之說，取其所是而闢其所非，此其所以「正」毛氏者也。又毛氏云：「東晉豫章內史梅賾始得安國之傳奏之，時又闕舜典一篇，於是始列國學。」此則引晉書職官志及荀崧傳，稱魏晉間古文尚書已立博士。又詆閻百詩爲庸妄，擧其評蔡傳釋「大陸」及以今之韻書多沈約吳音二條之誤。並附採近時如顧亭林、朱竹垞、湯孔伯（斌）、朱長孺（鶴齡）、方望溪、齊次風（召南）諸儒之論，以助其說，其所以為「補」也。

古文經之僞，宋朱子實已致疑，趙子昂亦嘗辨之，惜乎其說不顯（註二一）。清閻氏又條舉而證之。至孔傳之善，四庫提要、焦理堂等亦歷言之，而此編猶斷斷為朱子辨駁，似屬無謂。至疑古文之僞，發於吳才老，不始於朱子，提要亦言之矣。其稱「閻氏之書曾入四庫全書，旋即撤去，其繆妄可知矣。」然今故宮博物院所藏文淵閣本四庫全書，此本依然具在，不知其何所據而云然矣。

四、梁上國（一七四八——一八一五）

梁上國，字斯儀，福建長樂人，乾隆四十年成進士、改翰林院庶吉士，屢遷至太常侍卿，嘉慶二十年卒於官。其治經不苟同於人，除著古文尚書條辨駁閻百詩外，又有駁毛氏大學證文一卷，數目通典十卷，閩海人文五卷、山左山右遼瀋粵西遊記四卷、九山詩文集十二卷等。事蹟具清史列傳卷六十八等。（註二二）

是篇皆引閻百詩古文尚書疏證之語而辨駁之，蓋專為辨正疏證而作也。

全書百十九條，皆先引疏證原文，逐條辨正之。首條引疏證攻梅氏古文增多二十五篇，與漢書儒林傳不合之文，辨曰：「閻氏獨援班孟堅，不溯原於司馬子長，是為數典忘祖。」謂子長於古文不及細詳篇數，故史記儒林傳但曰得十餘篇而已。次條引疏證「嘗疑鄭康成卒於獻帝時，距東晉元帝尚百餘年，古文尚書之亡，當即亡於此百年中」之文，辨曰：「康成所注只是二十九篇，與馬融正同，載於隋書經籍志，唐時猶存，……豈得曰亡於百年內耶！」而詆閻氏為妄誕。又以孔安國曾作書大序，以十六篇歸之張霸。全書攻疏證者計第一條二處，辨第二條者十處，第四條二處，第五條八處，第八十七條四處，八十八條一處，八十九條二處，一百十九條二處。

史稱其著經不苟同於人，故於閻毛皆有辨駁，此書所辨，亦多疏失，如謂馬鄭古文，唐時猶存，不知閻氏所謂亡於東晉者，指古文逸十六篇而言，非謂馬鄭注本也。又以逸十六篇，歸之張霸，皆考之甚精。又此書眉端有墨批，未知出於誰手，如云：「融專指十六篇無師說，而衞賈之書仍止二十九篇，閻氏本未嘗云溷，奈何譏其矛盾？」「梁武帝所謂古文指梅本，所謂今文指馬鄭本，蓋以梅本爲眞古文，則必反以馬鄭本之二十九篇爲今文（案：原作「人」字），唐人亦然。」「此條徒執新論之四十五卷爲闕舜典一卷，而不悟新論固云五十八篇，則何闕之有，今置此句不辨，奚可哉！」皆頗中其失。然其辨疏證計古文篇數，扣除既亡之武成，又强取僞泰誓以充數者，亦深中其蔽，故西莊嘗更爲論定之也。惟此編動輒指人「妄誕」，詆人「數典忘祖」，語多激憤，故世鮮好之，而大興翁正三（方綱）序其書，猶曲爲呵護，謂閻氏多嫉激語，故梁子亦嫉激以敵之，此非梁子之過，閻氏之過也。（註二三）蓋亦同其聲氣者，置之不論可也。

五、張崇蘭

咸豐元年，張崇蘭撰古文尚書私議三卷（註二四），亦爲古文辯護。按：張崇蘭，字猗谷，江蘇丹徒人，歲貢生，生卒年待考。

張氏謂古文義理精密，隋書、唐正義原委具有明徵，乃據惠定宇古文尚書考分條析之，其閻氏書而惠所不採者，以爲未安，則不再辨。惠氏而下，襲其說而小立異同者，隨所見與之剖析，大旨與梁斯儀（上國）同。名曰私議者，自謂不欲訟言以犯衆怒也。

是書分上中下三篇，上篇以駁惠氏爲主；中篇駁惠氏所採閻氏之語，附錄王西莊、江艮庭說而辨之；下篇駁諸家攻古文成案者，吳才老、朱子、吳草廬、郝仲輿、梅致齋（鷟）、沈果堂、黃梨州、姚姬傳諸儒之說，附錄答問一條，謂自元以來，攻僞古文者皆好名也，而以論舊泰誓終焉。其例皆先引攻僞古文之言，而以「議曰」辨之，大抵謂漢儒劉向班固曾見眞古文，孔傳增多二十五篇與漢志不相違，蓋五十八篇中，同序者同卷，故爲四十六卷也。孔仲遠偶未深思，故落人以口實。又以惠氏所云二十四篇篇名俱在，劉歆、班固、鄭康成皆得引之，其所謂篇名具在者，乃見於正義所斥之僞書，非有他據也。二十五篇散見於他書所引者皆眞，而攻古文者，於合於經傳處則斥其剽竊，不合處則譏其脫漏，進退皆罪，寧有是理乎？其議論率緣此而發，蓋惠氏所攻，一以鄭康成見與不見定其眞僞，故即斷斷以二十四篇之不可信爲辨也。

攻僞古文者，潛邱而後，歷惠王江孫諸家，其論已成定讞，而猗谷所持以辨者，不過以隋志及正義爲依據，夫二書之不可據，四庫提要言之詳矣。觀其自序，謂僅費三十八日而成書，雖曰才敏順勢，而其率爾因襲處，正所不免也。

六、王劼

王西莊尚書後案刊行後，臧鏞堂，茹遜來諸家，已有辨難，咸豐六年，王劼又著尚書後案駁正二卷（註二五）專與西莊立異。按王劼字子任，一字海樓。原名駒，一名暉吉，巴縣人，嘉慶十八年舉人。曾七上春官不第，由咸安宮教習敘知縣。事蹟具巴縣志卷十。

是書分卷上下，卷上條舉二十六則以駁後案，其要者：

㈠舉孔安國書序爲證，謂「增多伏生，則非增多孔壁。增多伏生二十五篇，伏生自爲三十三篇明矣；非增多孔壁之三十三篇，孔壁自爲五十八篇明矣。」駁後案「以泰誓入伏生二十八卷中爲二十九卷，二十九加十六只四十五卷，是篇合而卷又不合；雖借百篇序爲一篇，以合卷數，然五十八篇添入一序，則爲五十九篇，是卷合而篇又不合矣。」

㈡駁後案「分孔壁篇目同於伏生爲眞，增多伏生爲僞，是分一書爲兩書也；以杜林摹擬伏生篇目，加入泰誓、書序，題曰古文尚書者爲安國古文，是合三書爲一書也；採杜林三家注以孔壁爲之經，是通一注於兩書也；因杜林僞書有鄭注，並無注之僞書亦爲眞古文，是牽兩書於一注也。」

㈢謂後案無如鄭注實杜林之僞書，不得不依託孔經，卽不得不竊取孔傳，淩雜不安而云論定。且於播弄篇卷之外更有四謬：「一疑傳記所引有不合者爲失眞：引經者取證義類，不必校對字句，豈必符合！一誣傳記所引之有合者爲綴緝：引經者本經立說，若謂經所從來，何解於引詩、引易、引禮？一刪改史傳以就己說：精嚴之語無枝葉，極辨之詞有曲折。則原文豈可割裂！一舞文騁辨以亂群書也：專斥者或倚輕倚重，泛論者或見全見偏，則巵言豈容假借。善讀書者知此四端之是非，則知後案之是非矣。」

㈣以逸書二十四篇無師說者爲僞書。

㈤謂古人經傳雖各自爲書，「然安國承詔作傳於武帝時，梅仲眞奏上孔傳則於晉元帝時，其間授受流傳，豈必能守原本！初分後合，事理或然。閻若璩謂馬融以前不得有就經爲傳之事實，非通論。後案是之，非也！」卷下附編：辨顧亭林、惠松崖、江良庭、孫淵如諸君之失，末舉焦理堂論孔傳七善作結，深爲孔傳辯護。

考王氏尙書後案出後，仁和茹氏著尙書未定稿，於王氏已有微詞，此書則明目抨擊後案，而同時之張猗谷，及光緒間之洪右臣，皆唱此調，此爲辨僞古文之反響。江叔海評此書云：「其駁後案固有當處，然必以東晉古文尙書爲眞古文，且謂朱子未嘗不信古文，今考朱子語類言『某嘗疑孔安國書是假書，序是魏晉間人作。』又言『東晉後出古文皆文從字順，伏生何以能記其難而易者反忘之。』豈此等語亦可爲信古文之據耶。」

七、邵懿辰（一八一〇—一八六一）

邵懿辰，字位西，仁和人，道光辛丑擧人，考取內閣中書，入直軍機處，其學私淑安溪，師法望溪，說經以大義爲主。事蹟具淸史卷四七九（註二六）。

位西於書經，著有書經通義，尙書傳授同異考。通義宗宋人家法，並以史法說書。傳授同異考一卷，今未見。江叔海嘗見其家刻本，謂是書深信東晉古文尙書爲孔安國家世世子孫相傳，至晉時猶存之古本，孔安國並未獻書，亦未嘗以此授人。又以爲尙書大傳亦出於劉歆僞造，續修四庫提要云：

是書蓋亦深信東晉古文尚書。以史記儒林傳稱孔氏有古文尚書，而安國以今文讀之，因以起其家逸書得十餘篇。謂云得十餘篇，遷從問未盡。故但爲約略之詞，而劉歆遂據此數造僞書十六篇以合之。又以後漢書儒林傳稱自安國以下世傳古文尚書，謂司馬遷雖從安國問古文，不爲受業，故不傳其學。自都尉朝以下傳次，皆王璜塗惲依附劉歆所造。以見僞書之淵源有自。其實安國並未獻書，世多習今文以牟祿利，亦未以古文授人，特世世子孫相傳，故至晉時猶存耳。是直侭東晉古文爲安國子孫世世相傳者。並斥伏生尚書大傳亦出劉歆之手，凡歆之作僞亂眞，其本心皆出於阿莽故也。至八百諸侯白魚赤烏，必戰國雜家已有此說。作僞泰誓者用之，歆亦以入於尚書大傳，無非故爲譸張以惑世，其說殊近武斷。當日歆移太常博士書，意在立古文而已。所謂古文舊書皆藏於秘府。詎歆所能僞造邪，甚至譏近日漢學家攻駁安國古文，反奉劉歆僞撰二十四篇爲眞古文，追恨馬鄭不爲之注，以致歆亡，可謂無是非之心。嘻！其過矣。」觀其此篇，眞僞顚倒，蓋考據非其所長，而又心存衞護古文之故也。

八、洪良品（一八二七—一八九七）

自毛奇齡作古文尚書寃詞，繼之者多家，已見於前，同光間，洪良品右臣著尚書辨惑十八卷、附釋難二卷、析疑一卷、商是一卷，總爲龍岡山人古文尚書四種，有光緒丁亥至戊子鉛字排印本。東方文化事業委員會藏有刻本，今未見，江叔海撰有提要，玆摘要於下：

㈠謂古文不亡於永嘉，陸德明經典釋文序錄云，漢始立歐陽尚書，宣帝後立大小夏侯博士，平帝立古文，永嘉喪亂，衆家之書並滅亡，而古文孔傳始興，立博士。故王鳴盛尚書後案援以爲古文亡於永嘉之據。玆乃斥爲誤會而辨之曰：「序前列歐陽夏侯之學，繼列平帝古文之學，其曰永嘉喪亂，衆書並滅亡，正指歐陽夏侯而言，卽隋志所謂歐陽夏侯三家之學並無是也。蓋是時衆家亡而古文興，故陸歷序之如此。若古文之學並亡，序何以復云古文孔傳始興哉。其序具在，何嘗有古文亡於永嘉之言哉。」大抵爲東晉古文辨護者，皆以梅賾所上止孔傳，決不承認古文亡於永嘉之說。然原書昭著，焉可謂誣。

(二)謂堯舜傳授心法，至宋儒始接之：「是書出較後，而主張最力，然亦不免頭巾氣，如謂微精危一爲傳授道統之言，而論孟書中，初無一語及此，詎孔孟尚無與於堯舜傳授心法，至宋儒始接之乎！」

(三)亦有疑出古文之異者：「抑良品亦有疑晚出古文之誤者。顧炎武日知錄曰『孟子引書曰：王曰無畏寧爾也，非敵百姓也，若崩厥角稽首。今改之曰『罔或無畏，寧執非敵，百姓懍懍，若崩厥角』。後儒雖曲爲之說，不可通矣』。良品辨曰：『此孟子改尚書，非尚書改孟子也。』然又以爲一字異文：勖哉夫子罔或絕句，或與惑通；無畏寧執絕句，執當從孟子作爾，疑是科斗文，而安國誤讀之者；非敵百姓絕句，懍懍若崩厥角絕句。是尤不合，匪特一字之異而已」。

江氏又云：「釋難二卷，蓋係與友朋論難而作。自序稱『竊幸古文無隙，愈攻愈堅』。洵可謂篤於自信矣」。又云：「商是則皆與寶廷論古文尚書之書」（註二七）。謄言則爲洪氏門人薩廉於課士日以孔傳二十五篇文與孔疏二十四篇眞僞辨命題，以屬洪氏評閱，洪氏乃逐卷剖示，又就課題自擬四篇，合而成書。「首篇謂自疑古文者，實緣於誤會孔疏，故欲辨孔書眞僞須先辨孔疏，孔疏之誤，以劉班不見古文，而謂二十四篇卽其十六篇」。「自穎達誤以二十四篇爲劉班不見古文，致後世不見古文之語，因不信此二十四篇爲僞書，而梅閻輩卽乘此隙，遂據班劉所見卽此二十四篇，以爲攻古文切證。但康成雖分泰誓，固云泰誓得自民間，則二十四之非鄭述自見。張霸之徒不以泰誓充數，卽無以符五十八篇總數，更無以符四十六卷總數，而孔壁初出，斷無豫知康成分篇之理。則二十四篇之爲僞造，亦無以自解」。「次篇論鄭注之乖舛。張霸書與緯書混淆，鄭以緯注經，卽以百兩篇注書序」。「三篇論閻惠諸家莫不痛詆孔疏，實乃陽斥而陰宗之」。「四篇則申首篇未盡之意」。（註二八）

九、謝庭蘭

光緒十八年，丹徒謝庭蘭湘谷撰古文尚書辨八卷刋行（註二九）。自序云：「近世諸儒力詆後出之書爲僞，一人倡之，百人群起而私之，至於今未已。夫今之時聖人在上，吾君堯舜之君也，覆育群衆，而舉堯舜禹湯文武周孔之教，模範學者，顧下之人歷詆往聖遺訓以爲能，以上負吾君，此何說也」。是眞欲興文字之獄，以羅織攻古文者也。書今未見。江叔海云：「是書卷一至卷四，皆辨閻百詩尚書考辨。卷七辨王鳴盛尚書後案。卷八辨梅鷟尚書考異。皆少中肯綮」（註三〇）。

後二年，其讀尚書偶見成，凡十卷，其六至十，歷辨毛奇齡、段玉裁、王懋竑、孫星衍、江聲、王念孫、王引之、阮元、焦循、俞樾、戴鈞衡、併及明人袁良貴諸家之說。

湘谷說經，雖辨攻古文者之非，亦不滿於孔傳，故於毛大可戴鈞衡等衞古文者不爲曲袒，足見居

心尙爲平恕也。（註三一）

十、吳光耀

與洪右臣同時而同尊信古文者，有江夏吳光耀。其事蹟不詳，近人王小航云：蓋卽作慈禧太后傳信錄者也。（註三二）

吳氏著古文尙書正辭三十三卷，以古文尙書亡於永嘉之亂，傳之私家者，簡編文字之間，不盡聖人刪定之舊，又雜出四代史臣之手，其情事懸久難斷，則多聞闕疑，愼言其餘可也。乃疑古文者竟乘晚出之隙，爲罔曲偏碎之說以毀經，流風所寖，使人心術壞，世變可悲。因求諸理，考諸秦漢前之典籍，爲晚出古文辯護。

首以陳季立、毛大可之辯，未能深信流源，或自坐繆誤，故本書前五卷爲源流正辭；一二卷述今文源流，三四卷述古文源流，其家法無可考者，列於卷五爲附錄，著錄西漢至晉之傳習尙書者，先有師承家法者，如伏生之傳鼂錯等；次治尙書者，如後漢書劉盆子傳所載劉恭等；次誦詩書者，如東方朔等；次語言文字徵引尙書者，如王粲等；次治四書五經六經七經者，如葛洪神仙傳之王遠等。卷六篇目正辭，卷七至廿八爲晚出二十五篇之正辭，卷二十九至三十二，分別爲：百篇之序正辭、孔序正辭、孔傳正辭、朱子正辭（附辨孔叢子、孔子家語），卷三十三爲序目。其舜典正辭云：「（古文尙書寃詞）不知伏杜書合堯典、舜典爲一篇，無與眞古文事，乃以爲舜典有闕，取五帝本紀爲舜典，不學之過也。」湯誥正辭云：「墨子尙賢篇引湯誓曰：聿求元聖，與之戮力同心以治天下。蓋未讀墨子。」以駁梅鷟「偏考古今帝王無稱伊尹為元聖」之說。武成正辭引論衡語增篇、藝增篇、恢國篇「血浮杵」語，謂浮與漂，僅字之異；又易林訟之部第六訟：「僵屍如麻，流血漂杵」，全用經語。以駁閻氏所謂經文僅「血流杵」，無「漂」字之說。朱子正辭云「小序取篇中要義微發其端，使學者因端以解耳，今求事事賅括，是後世胥吏文書，未可以例古人之文。」此辨朱子所云堯典舜典小序不賅通之說。皆取辨偽古文之語而駁之，而以引閻若璩、王鳴盛之說最多。

此書雖徵引繁富，而贅辭頗多，王小航「評吳光耀辨護古文尚書之書」云：「吳光耀書闢邪有力處，不過十之一二，而無用之徵引，乃至十之八九。」並指其最繆者二端：㈠鄭康成原無二十四篇之說，二十四篇之說始於唐正義，正義語意明明謂為康成身後之人所造，而閻派憑空揑稱為康成所有，吳氏獨指為伏生所藏，毫無根據。至謂二十四册中可取者，僅有辨明孔序之巫蠱，非指戾太子之巫蠱，乃指陳皇后巫蠱一條而已（註三三）。王氏亦衞古文者，而所評若此，則此書之優劣可知矣。江叔海亦評曰：「其源流正辭所列今文家，每曰『宣治歐陽尚書』、『宜治此經』、『宜亦明此經』，類多疑似之辭，未免失之氾濫，惟謂司馬遷偶問古文，非傳古文專家，又史遷時，大小夏侯雖未立博士，然已萌芽民間，況同時尚有張生今文，孔子國今文，安得定史遷所據乃歐陽本，是說誠為有見，而於古文家以應劭風俗通窮通篇「垂訓後昆」用仲虺之誥，易裕為訓，諸葛亮集黃陵廟記「相拉總師」，總師用大禹謨，皆近傳會。」（註三四）語頗中肯。正辭卷六云：「二十五篇其實數，劉歆班固作十六篇者，自著錄家各以意併棄。」遂從二十五篇中，去泰誓三篇，又太甲、說命皆三篇合為一篇，又亡武成一篇，共九篇，故又稱十六篇。謂「有見行世者，卽不復著錄」云云，張蔭麟評曰：「既承認武成此時已亡，何以安國世傳之廿五篇中，却有此篇，豈非自相矛盾？」（註三五）戴靜山先生亦評曰：「不知道這見行世三字是顏師古說的，……假如顏師古不用此三字，而改云伏生所傳二十九篇，則吳氏又將如何說呢？……利用見行世三字，來硬除掉九篇，使二十五篇等於十六篇，眞是匪夷所思。」（註三六）又其敍目稱：「寃詞毛氏及身已刋行，疏證乾隆六十年乙丑其孫始刋行，毛氏已前卒康熙五十五年丙申，故寃詞絕無一語及疏證，蓋其時疏證猶未成，何曾有百計相軋之事？」今考西河「寄閻氏古文尚書寃詞書」明云：「及惠教古文尚書疏證後，始怏怏。」又曰：「因就彼（李恕谷）所辨，而斷以平日所考證，作古文尚書定論四卷，其中微及潛丘，並敝鄉姚立方……」（註三七）。其自言如此，吳氏豈未見之耶。

十一、張諧之

繼洪右臣之後，張敬齋著尚書古文辨惑二十二卷，又目錄二卷，亦衞護僞古文。今史語所藏有光緒三十年爲己精舍刋本。敬齋名諧之，河南靈寶人，此書自序云：「丁酉致仕，就養太原，始得閻氏疏證而讀之，其見理也詖，其取證也詭，其武斷也妄，其臆造也誣……嗣得王氏後案，而攻者增十分之一，得惠氏考，而攻者增百分之一……若黃梨州、姚姬傳，尤決裂聖謨，出人意表。近年康有爲出，謂六經皆劉歆僞書，而閻百詩惑世誣民之禍，於是爲極。……爰舉諸家邪說，逐條辨難。」則其宗旨可明矣。

其書依僞古文二十五篇次序，每篇先引辨僞者之說，如黃梨洲、姚立方、閻百詩、王西莊、姚姬傳、惠定宇等，其下列其辨語，其中於閻氏掊擊最甚。如卷首辨疏證引孟子舍己從人以攻禹謨，而孟子非引書，兩不相涉。又何晏論語集解引孔安國說，與僞古文孔傳不同，此亦辨僞者極大關目，張氏於此，則辨之云：

自秦燔詩書，儒士隱匿。漢興，論語先出，學者稍稍習之。故孔安國之註論語最早。其後魯共王壞孔子宅，於壁中得古文尚書。時科斗書人不能識，孔氏乃以所聞伏生之書考論文義，而尚書始出。蓋在武帝之季世，而孔氏已老矣。惟論語與尚書所見有早晚，故注與傳所解有異同。乃論語孔注之誤，非尚書孔傳之過也。……若泰誓之孔傳，則親見古文書矣。故雖朱子疑爲僞書，而解周親二句，獨得其本義。不能因注與傳之不同，而謬謂泰誓亦成僞書也。夫儒者之傳注，所以解經也，得其解則尊而用之，失其解則棄而不用可也。若因傳注之迴異，而疑經文之爲僞，天下豈有此情理乎？況以論語之誤注，而詬及泰誓之文，得非如酷吏羅織人罪者耶？又因孔注管蔡，欲移經之時，以就誤注，亦所謂非意相干者。吾不意泰誓之誓師，何以在誅管蔡之後也？夫論說之言興滅繼絕也，即樂記所謂武王克殷，而封堯之後於祝，封舜之後於陳，封夏后之後於杞，投殷之後於宋者也。論語之言重食喪祭也，即武成所謂重民五教，惟食喪祭者也。乃孔注則誤以二帝三王之所以治，………亦將移此書於前古乎？夫移此事於前古，何以有祝陳杞宋之可封？即武成一篇，亦當在唐虞夏商之世耶？

近人張蔭麟指此文「於朱子疑爲僞書以下，愈說愈糊塗」，至爲確當。末卷辨及篇數，亦主同序共卷之說。

按：此編與洪右臣書同出光緒間，而論調相似，其學識似更在右臣下。然其辨王西莊武觀即五子之非，辨惠定宇誤以經傳無言六馬者，皆甚確，是亦不乏可取，且可據以考見僞古文者之餘緒焉。

第四節　僞古文尚書之價值

毛氏及其繼起諸家，雖極中其僞古崇經之意，終無補於晚出古文之僞者，以證據確鑿，强詞難奪正理也。其書既出於僞作，故頗有議廢者。據毛氏所稱，明末鄒鏞，清初蔡衍鎤，固無論矣，即理學家姚惜抱，亦云：「吾謂以前儒者，慎重遺經，不敢廢黜，固理當然也。此後則是非大明，顯黜之不爲過，不當列之學官矣」（註三八）。又清史列傳稱莊方耕幼傳太原閻百詩之學，閻氏所闢僞古文信於海內，言官學臣議上言於朝，重寫二十八篇於學官，考官命題，學者諷讀，禁用僞書。方耕方直上書房，獨持異議」（註三九）。則乾隆間亦有議廢古文者。又吳光耀古文尚書正辭云：「今皇上即位之十五年，王編修懿榮請行删本，其議不行」。則光緒間仍有復提此議者。然終清一朝，僞古文終不見黜者，豈非僞古文自有其不可廢之價值存乎！

世信僞古文尚書之價值者，可歸納爲三點：

一、其書多掇輯逸經成文，僞中有眞，具有輯佚之價值

持此說者有朱彝尊竹垞、李紱巨來，及四庫提要等。

㈠朱氏經義考卷七十四，古文尚書下按語云：「是書久頒於學官其言多綴集逸書而成，無大悖理。譬如汾陰漢鼎，雖非黃帝所鑄，或指以爲九牧之金，則亦聽之。且如小戴氏禮王制、月令、緇衣諸篇，明知作者有人參出於漢儒，非禮之舊。顧士子誦習，守而不改。至於易之序卦傳，李清臣、朱翌、王申子皆疑焉，要不得而去也」。

㈡李巨來穆堂初稿書古文尚書寃詞後有云：「然則古文尚書果可廢乎？曰：廢固未可輕言。其所蒐集，固尚書之正文也。聖人之書，寸金碎玉，皆可寶貴。安可以造作之贋本？棄採集之正文。惟知其爲贋，而嘉謨入告等語，實有害於治道者，則存而不論可耳。其所收採正文，固當奉爲齊治均平之本，攻者不必改，而辨者亦無庸辨也」。

㈢四庫總目經部書類序有云：「夫古文之辨，至閻若璩始明，朱彝尊謂是書久頒於學官，其言多輯逸經成文，無悖於理。汾陰漢鼎，良亦善喻。吳澄舉而刪之，非可行之道也。」

又古文尚書寃詞提要云：「梅賾之書行世已久，其文本採掇佚經排比聯貫，故其旨不背於聖人，斷無可廢之理」。

以上三家皆主於攻僞古文者，而所言如此，此與毛氏寃詞卷四所云：「吳澄所云傳記所引，收拾無遺者，此眞聖謨洋洋，嘉言孔璋也。汴宋人多輯格言，世有輯唐人詩爲珍秘者，即千文集字，猶相傳至今。古文總作僞，而聖謨嘉言，會粹一處，則亦不可沬矣」之言相牟。戴靜山先生云：「僞古文能使反對派這樣愛惜，就因爲裏面包含的有眞東西。卽使無所本而爲純僞造的文字，雖不免有害理誤人之語（原註：如閻氏疏證指出泰誓的罪人以族，胤征的玉石俱焚；前面所引李紱指出的嘉謨入告；朱彝尊經義考指出伊訓惟元祀十有二月乙丑之文；姚鼐惜抱九經說指出大背理者有七點，今不悉舉），而好話却也不少，值得保存」。（註四〇）又其書既掇輯逸經成文，則有其輯佚之價值也。

二、書中言心言性論學論政諸語，其旨不悖於倫理

㈠明鄭曉云：「古文中論學論政，精密廣大之處甚多，要非聖賢不能作，故寧存而不廢」（註四一）。

㈡清史列傳卷二十四莊方耕傳云：「閻氏所闢僞古文信於海內，言官學臣議上言於朝，重寫二十八篇於學官，考官命題，學者諷讀，禁用僞書。方耕方直上書房，獨持異議，謂古籍頗藉僞書以存，胄子惟賴習五經以通於治。若大禹謨廢，人心道心之旨、殺不辜寧失不經之誡亡矣；太甲廢，儉德永圖之訓墜矣。……今數言幸而存，皆聖人之眞言也。」

言心言性論學論政之語，宋以來據以立教者，其端皆發自古文。固有其保存之價值。

三、以魏晉人傳注視之，亦足與何晏、杜預等書並存

㈠焦循：上引各家之言，主於僞古文經不可廢，焦里堂則主僞傳不可廢。其尚書補疏序云：「東晉晚出尚書孔傳，至今稍能讀書者，皆知其僞。雖然其增多之二十五篇，僞也。其堯典以下至秦誓二十八篇，固不僞也。則試置其僞作之二十五篇，而專論其不僞之二十八篇。且置其爲假托之孔安國而論其爲魏晉間人之傳，則未嘗不與何晏、杜預、郭璞、范甯等先後同時。晏、預、璞、甯之傳注可存

而論，則此傳亦何不可存而論。故王西莊光祿作後案，力屏其僞，而於馬鄭王注外，仍列孔傳。江艮庭處士作集注音疏，搜錄漢人舊說，而於傳說亦多取之。孫淵如觀察，屏孔傳而掇集馬鄭，然經文二十八篇不能不取諸孔傳之經文」。其下文指孔傳之善有七，並謂「其訓詁章句之間，誠有未善，然三盤五誥諸奧詞，傳皆一一疏通。雖或有規難而辨正之，終不能不用爲藍本。」

其子虎玉，於所著尙書仲孔篇中，亦擧孔傳之勝於馬鄭者十九條，以見孔傳自有勝義。今不述。里堂之論，特見有三：一曰二十八篇之經文，不能不取諸孔傳之經文；二曰孔傳之解經，亦有獨到之處而爲諸儒所採者；三曰置其假托之孔安國而論其爲魏晉間人之傳，亦足與何晏、杜預、郭璞、范甯等傳注並存。

㈡陳澧：其論與焦里堂略同，東塾讀書記卷五云：「焦氏所擧之外，尙頗有之。今不必贅錄。蓋僞孔讀鄭注，於其義未安者，則易之，此其所以不可廢也。若不僞稱孔安國而自爲書，如鄭箋之易毛，則誠善矣」。

惟其自注又云：「僞古文經傳可廢，二十八篇經傳不可廢。」則其所稱善者，二十八篇之傳也。

以上三點，第二點關繫吾國道統思想之根源，故至今日尙有因此而爲古文辨解者（註四二）。第一、三兩點，就學術文化觀點視之，不失爲通達之見。高師仲華曾就論語中闡述尙書大義者，發覺其中若干條皆與古文尙書有關而與今文尙書無涉者，因謂古文尙書縱是晉人僞作，亦非全無根據之言，在中國經典中仍應保有相當價値，不可完全廢棄不讀也（註四三）。夫古文之僞，已無庸再辨，而其不可廢之理，亦甚昭著也。

【附註】

註一：見西河合集卷十八：寄閻潛邱古文尚書寃詞書。

註二：按：毛氏生卒年，各家互有異說，今生年據毛氏自訂年譜，卒年據阮文達集傳錄存，及全榭山所作別傳。淸史稿、淸史列傳作年九十一，國朝先正事略、淸代學者象傳作年八十五，並與此異。

註三：此據全榭山西河別傳，謂：「西河亡命游淮上，得交閻百詩，始聞考索經史之說」。何秋濤亦有此說。

註四：又見淸儒學案卷廿五、淸史稿卷四八七、淸史列傳卷六十八、國朝耆獻類徵卷一百十九、國朝先正事略卷三十二、顏李師承記卷二、文獻徵存錄卷一、淸畫家詩史乙上、淸代學者象傳卷一、國朝名家詩鈔小傳、國朝詩人徵略卷十、國朝書畫家筆錄卷一、國朝畫識卷六、鶴徵錄卷二、己未詞科錄卷三、蕭山毛檢討別傳（全祖望結埼亭集外編卷十二）、毛子傳（施閏山先生學餘文集卷十七）、毛奇齡（阮元硏經室續集卷二集傳錄存）、自爲墓志銘（西河合集卷一〇三）、毛大可自訂年譜、書結埼亭外編蕭山毛檢討別傳後（李慈銘越縵堂文集）。

註五：見沈果堂集卷八，四庫全書珍本第四集，第二—五頁。

註六：見穆堂初稿卷四十五。又周中孚鄭堂讀書記卷九謂：「毛氏古文尚書寃詞，其意不過好與朱子爲難，若朱子無疑僞古文之說，則必與當時諸家有水乳之契矣。」與此說略同。

註　七：見援鶉堂筆記卷三，廣文本。

註　八：見青溪集四，金陵叢書本。

註　九：又見清儒學案卷一九三、皮鹿門年譜（皮名振編，民廿八年商務排印本）。

註一〇：語見四庫提要古文尚書疏證條下，藝文本第二九〇頁。

註一一：見書類二尚書衍疏條下，藝文本第二八七頁。

註一二：又見清儒學案卷十、清史稿卷二七一、清史列傳卷八、國朝耆獻類徵卷五十五、碑傳集卷十六、國朝先正事略卷九、從政觀法錄卷五、漢名臣傳卷四、顏李師承記卷九、國朝學案小識卷一、文獻徵存錄卷一、國朝名臣言行錄卷八、國朝詩人徵略卷八、鶴徵錄卷三、國史列傳卷四、陸清獻年譜（又名陸子年譜，張師載編；又吳光酉編，楊履基訂）、稼書先生年譜定本（吳光酉編、趙魚裳校）、陸清獻公年譜、補遺（吳光酉編，賀瑞麟輯）、陸稼書年譜（陸宸徵編）、陸平湖年譜（一名陸清獻公年譜，許仁沐編）。四川道監察御史陸清獻公事狀（彭紹升二林居集卷十五）、陸清獻公行狀書後（汪師韓上湖分類文編卷上）。

註一三：有學海類編本、昭代叢書道光本、遜敏堂叢書本、懺花盦叢書本、陸子全書本、叢書集成初編本。

註一四：見朱子語類卷七十八總綱。

註一五：又見清儒學案卷六十八、清史稿卷三二一、清史列傳卷七十一、國朝耆獻類徵卷八十二、碑傳集卷三十三、國朝先正事略卷四十一、文獻徵存錄卷五、清代學者象傳卷二、國朝詩人徵略卷二一

十七、禮徵後錄卷一。

註一六：見皇清經解卷三一〇。

註一七：見寶綸堂文鈔卷三；又見清儒學案卷六十八引。

註一八：見續修四庫提要經部第一八六頁，商務本。

註一九：見前書經部第一九五頁。

註二〇：又見清儒學案卷八七、清史稿卷四八七、四八九、清史列傳卷六十八。

註二一：見畲樾茶香室叢鈔卷一，焦竑筆乘所載趙子昂尚書序。

註二二：又見國朝耆獻類徵卷一〇二、碑傳集卷五十七、清代徵獻類編第三六八頁、太常寺卿梁公墓系銘（陳壽祺左海文集卷九）。

註二三：翁序未見，此據清史列傳所引。

註二四：有咸豐辛亥初刊本，光緒丁酉重刊本。

註二五：有咸豐六年巴縣王氏晚晴樓刊本。

註二六：又見清儒學案卷二〇四、清史稿卷四六八、清史列傳卷二十五、續碑傳集卷五一四、曾文正撰邵位西墓誌銘。

註二七：見續修四庫提要經部第二八五頁，商務本。

註二八：以上參前書經部第二八六頁。

註二九：見販書偶記卷一第十五頁（世界本），作「光緒壬辰刊」。

註三〇：見續修四庫提要經部第二六六頁，商務本。

註三一：參前書經部第二六七頁。

註三二：見「表章先正正論」，在水東集下編第一册。

註三三：同上。

註三四：見續修四庫提要經部第二八七頁，商務本。

註三五：見所著「僞古文尚書案之反控與再鞠」（載燕京學報第五期）。

註三六：見所著閻毛古文尚書公案第一六七頁，中華叢書本。

註三七：見西河合集卷十八。

註三八：見尚書說。又尚書辨僞（唐煥著）序，略同。

註三九：見清史列傳卷二十四，第六十九頁。

註四〇：見閻毛古文尚書公案第一七四頁，中華叢書本。

註四一：見經義考卷七十四第八頁引，四部備要本。

註四二：見劉善哉「對閻若璩古文尚書疏證道統的反考證」，載學園五卷四期、九期；王保德「閻若璩尚書古文疏證駁議」，載中華雜誌七卷九—十二期；又「評閻若璩證壁中書出景帝初的無據」，載學園六卷四期；胡秋原「關於古文尚書孔安國傳公案」，載中華雜誌七卷九期。

註四三：見「孔子的書教」一文，原載孔孟月刊四卷一期，今收入高明文集第一五五頁，民國六十七年，黎明文化事業股份有限公司。

第四章　遠祧東漢之古文尚書學

兩漢經學有今古文之分。今古文之所以分，其先由於文字之異，今文者，卽漢代通行之隸書，世所傳熹平石經，及孔廟等處漢碑是也。古文者，卽秦漢以前之古文字，世所傳岐陽石鼓，及說文所載古籀是也。許叔重謂孔子寫定六經，皆用古文（注一）。然則孔氏與伏氏所藏書亦必皆古文，漢初發藏，師生傳授，必改爲通行之文，乃便誦習。故漢立博士十四，皆今文家。顧於時古文未興，未嘗別立今文之名也。漢書藝文志尚書類序云：「古文尚書者，出孔子壁中。武帝末，魯共王壞孔子宅，欲廣其宮，而得古文尚書及禮、記、論語、孝經，凡數十篇，皆古字也。……孔安國者，孔子後也，悉得其書，以考二十九篇，多得十六篇。安國獻之，遭巫蠱事，未立於學官。」史記儒林傳云：「孔氏有古文尚書，而安國以今文讀之。」，乃就尚書之古今文字而言也。至魯齊韓三家詩，公羊春秋，不云今文家也。及劉歆增置古文尚書、毛詩、周官、左氏春秋，旣立學官，必創解說，後漢衞宏、賈逵、馬融又遞相增加，以行於世，遂與今文分鑣背馳。許氏五經異議，有古文尚書說，今文尚書夏侯歐陽說之分，非惟文字不同，解說亦異矣。

劉歆移太常博士書云：「往者博士，書有歐陽，春秋公羊，易則施、孟，然孝宣皇帝復廣立穀梁春秋，梁邱易、大小夏侯尚書，義雖相反，猶並置之」。獨於劉歆請立古文，則立爭不聽，蓋所爭在博士，利祿之塗使然也。惟孝平之際，值王莽柄政，歆與相依，故說得行焉。然所立左氏春秋、毛詩、逸禮、古文尚書諸博士，光武中興，旋復罷之，終漢之世，古文未得立於學官。雖然，後漢賈馬諸儒，精研古學。及鄭康成起青州，兼採今古文以注諸經，尤所謂集漢學之大成者也。惟康成注經，多詳章句訓詁，迹近賈馬，自與前漢經生專明微言大義者不同也。

魏晉以降，說經者但爭鄭、王，今古文之爭遂息。陸氏釋文、孔氏正義，皆雜宗鄭、王，及後漢古文家之說，而前漢十四博士之說亦亡，惟公羊傳之何休注僅存。迨宋程朱遍注群經，而漢唐注疏亦廢。入清則節節復古，乾嘉之際，遂由魏晉六朝而復於東漢。閻百詩已奠定厥基，吳皖諸君繼起發揮，不僅說經主於東漢，而尤在訓詁、考據之講求；至此，漢學遂成清學之主流矣。

本章計分四節：第一節：清代經古文學發達之原因；第二節：乾隆時期諸家；第三節：嘉慶時期諸家；第四節：道光以後諸家。皆以撰有專書者爲主，其單文別說之可採者，亦間取之。

第一節　清代經古文學發達之原因

乾嘉之世，治經之學者由南北朝直溯東漢，家家許鄭，人人賈馬，東漢經古文學遂爛然如日中天矣。推其發達之原因，可分爲學術與政治兩方面之因素：

一、內在之學術因素

㈠爲王學之反動：梁任公與胡適之皆主此說，謂十七世紀中葉以後之學術思想與宋明之學逈異，消極方面之表現爲反玄學，積極方面之表現則爲經學考據。蓋王學至明代末年尙盛，而其末流之弊，乃成「狂禪」，學者多束書不觀，游談無根，以多學而識爲下學，以冥索頓悟爲上學，終至於空疏。有識之士乃起而力矯之，顧亭林與友人論學書，提出「博學於文」、「行己有恥」之旨，又唱「經學卽理學」（註二）、「捨經學無理學」之說。影響所及，學者遂捨空求實，東漢徵實之學自爲學者所樂從。

㈡爲前明考證學之滙流與擴大：學術思想之轉變，非一朝一夕之故。王學之反動，固爲轉變原因之一，然考據之學，明代已不乏其姣者，四庫提要有云：「明之中葉，以博洽著稱者楊愼……次則焦竑，亦喜考證。……惟以智崛起崇禎中，考據精核，逈出其上。風氣既開，國初顧炎武、閻若璩、朱彝尊沿波而起，始一掃懸揣之空談」（註三）。焦里堂亦謂清代漢學起於明季（註四），錢賓四先生推闡清儒考證學之來歷，如顧氏之治古音，閻氏之作疏證，皆承襲明人（註五）。可見清人考據之興，亦滙前明楊、方諸家之流而推衍擴大者也。

㈢爲清代經學復古之結果：清初顧亭林等提倡注疏之學，乃復於唐、六朝之學。自閻百詩攻僞古文尙書後，證明作僞者出於晉人，學者遂重提南北朝鄭王公案，黜王申鄭，經學乃進而復於東漢矣。故論清代漢學之興，顧閻諸君，實功不可沒也。

㈣爲尊德性與道問學兩派相爭之必然歸趨：余英時先生從思想史之綜合觀點立論，謂清學正是在宋朝尊德性與道問學爭執不決之情形下，儒學發展之必然歸趨。卽義理之是非取決於經典。惟此一發展之結果，不僅儒家之智識主義得有實踐之機會，因而從伏流轉變爲主流，且傳統朱陸之爭亦隨之引起根本變化（註六）。所謂義理之是非取決於經典，因而變伏流之考據以爲主流，實亦清代漢學發達之一大關鍵也。

二、外在之政治因素

清廷以異族入主中國，猜忌異甚，屢興文字之獄，羅織株連，爲禍最慘。詩文歷史足以賈禍，經世之學足以招殃，才俊之士遂鑽研經書訓詁，以韜晦自全。章太炎檢論清儒篇云：「清世理學之言，竭而無餘華；多忌，故詩歌文史楛，愚民，故經世先王之志衰。家有智慧，大湊于說經，亦以紓死。而其術近工眇踔善矣。」此言最爲簡要。又乾隆之世，政治安定，社會富足，學者綽有餘裕爲學問而學問，終身以之而不懈，此亦助成漢學發達之一大要素也。

第二節　乾隆時期諸家

乾隆以降，漢學大昌，浙皖兩派，分鑣並驅，咸有建樹。阮氏學海堂經解及王氏南菁書院經解所收者，皆漢學派著作；其主於西漢今文者，別詳第五章；辨僞古文者，已見第二章，玆將主於東漢古文派之著作，擇其要者，分期縷述於本節及以下各節。

乾隆期古文派之重要者，有惠定宇、江艮庭、戴東原、王西莊、李羹堂、賀竹園諸家。

一、惠　棟（一六九七—一七五八）

惠定宇說經純主漢學，其古文尚書考，專辨梅氏僞古文之失，而眞古文之古音古訓則未之及焉，故又撰尚書古義一卷，專收漢儒專門訓詁之學。

是書採尚書眞古文之古音古訓，其要者如尚書之名，取鄭康成書贊之說，並謂尚字爲孔子所加；謂稽古爲同天，亦採鄭說。謂平章百姓之平，鄭作辯，說文云：「釆，辨別也，讀若辨」，古文作𠀤，謂平之古文「釆」相似，孔氏襲古文，誤以𠀤爲平，訓爲平和，失之。謂「鳥獸氄毛」，說文引作「𣯃髦」，云：「𣯃，毛盛也」，古文正作𣯃。毛，古毛字，既夕記云：「馬不齊髦」，鄭注：「今文髦爲毛」，古文尚書皆作髦。謂「弗迓克奔，以役西土」，迓，匡謬正俗引作御，孔安國注云：「商衆能奔來降者，不迎擊之」，孔氏尚書本作御，訓爲迎也，史記及馬融本皆作禦，王肅又讀御爲禦，非也。謂武成「惟一月壬辰旁死魄」，張霸僞武成作霸，說文云：「霸，月始生霸霸然也，承大月二日，承小月三日，从月䨣聲。」古鐘鼎文魄字皆作霸，與說文合，是月魄字作霸，其義始正。如此之類，皆具有本源。

沈懋德跋云：「此卷旁徵遠引，搜羅極富，昔高貴鄉公說稽古同天之義至數萬言，未免多而無益，不及此書遠甚。」四庫提要則云：「書之粤若稽古，用鄭康成之義，實則訓古爲天，經典更無佐證。」故後儒罕從。然清儒說書經之專採漢注者，此蓋第一家，開風氣之先河，其功亦偉矣。

今有昭代叢書本、省吾堂四種本、貸園叢書本、槐廬叢書本、皇清經解本。

二、江　聲（一七二一—一七九九）

江聲字鱷濤，改字叔雲，號艮庭，江蘇吳縣人，詳見清史卷四八〇（註七）。

艮庭年三十五，從惠松崖學，始識晚出古文經之僞，愍漢學之淪亡，傷聖經之晦蝕，於是蒐集漢儒之說，以注二十九篇。漢注不備，則旁考他書，精研故訓以足成之，成尙書集註音疏十二卷。

其書分今文二十九篇爲十卷，並百篇之序一卷、逸文一卷，凡十二卷。經文注疏，皆以古篆書之。篇中蒐羅漢儒馬、鄭之注，參以尙書大傳、及他書之涉及尙書，如說文、爾雅、論衡等以益之。其王肅注及晚出之孔傳，亦擇其不謬於經者用之，如「平在朔易」注引肅曰：「易者謹約蓋藏，循行積聚。」又「禹汝平水土」法引傳曰：「然其所學，偁禹前功以命之。」凡此，皆所以補馬、鄭之所未備，而以己意疏之。其論泰誓，謂今古文皆有，不在二十四篇逸書之數者，以當時列於學官，博士所課，不目之爲逸書也。自東晉別有僞作，而是篇遂爲所奪，以至於亡。又亡篇之遺文散見於他書者，則並其原注採之，其明言某篇者，則各隨其篇第，附厠其間。其無篇名者，則總錄爲「尙書逸文」一卷。後附尙書補誼九條、識誤字一條、續補義五條、及尙書集注音疏前後述（卽敍）共一卷，外篇尙書經師系表一卷。

歷來評此書者甚多，茲擇數家之說分述於下：

㈠臧鏞堂與江叔澐處士書，校此書之誤一條，謂堯典克明俊德下引蔡氏辨名記，乃沿襲舊文之誤，蔡氏者，蔡伯喈月令章句也，蓋蔡氏說月令，引辨名記以證之，蔡氏下當脫一「引」字，未可以辨名記屬之蔡氏。

㈡是書多引說文經子所引書古文本字以改秦隸及開元所改易古字之謬，如集字作「亼」，方字作「匚」，終字作「𠔄」，段茂堂古文尚書撰異序云：「必改從說文，則非漢人之舊，且或取經傳諸子所偁尚書以改尚書，是尚書身無完膚矣。」又謂：「好尚新奇之輩，自唐至今，有集古篆繕寫之尚書」，似亦兼譏此書者。

㈢李式侯越縵堂讀書記云：「自注自疏，古所罕見，江氏蓋用其師惠定宇氏周易述家法……鉅儒著述，皆有本源，不得以井管拘墟輕相訾議也。」（註九）

㈣周信之鄭堂讀書記云：「原本漢儒，推闡考證，雖掇拾散佚，未能備睹專門授受之全，要其引具古義，具有根柢，以視孔氏之疏僞傳，則相去遠矣。惟文字全本說文字體書之，且誤仞讀若之字爲正字，而改易經文，未免泥古而失之。」又云：「艮庭篆寫經文，又依說文改字，所注禹貢僅有古地名，不便學者循誦。」（註一〇）

㈤陳東塾讀書記云：「江氏好改經字，乃惠定宇之派，雖云好古，而適足以爲病也。」又云：「僞孔不通處，蔡傳易之甚有精當者，江艮庭集注多與之同，如爲暗合，則於蔡傳竟不寓目，輕蔑大甚矣，如覽其書取其說而沒其名，則尤不可也。」（註一一）

㈥吳光耀古文尚書正辭云：「江聲寫經，一切易以古字，其實並漢時今古文不能辨，如書旁述僝功，不知作旁述乃今文；書辨于群神，不知作辯乃今文；惟刑之謐哉，不知作謐乃今文。」

㈦王子任尚書後案駁正云：「江艮庭師承惠松崖，沿其妄謬，逞其兒嬉，作尚書集注音疏，乃亦不載孔氏增多伏生二十五篇，於所存孔氏三十二篇，又復任意點竄，更滲入逸湯誓一篇。此書若存，將尚書從此無完本，不惟二十五篇遂廢，三十三篇亦失其眞。」

(八)皮鹿門經學通論云：「疏解全經，在國朝爲最先，有華路藍縷之功，惟今文搜集未全，立說亦有未定（自注：如解曰若稽古兩歧，孫星衍已辨之。）又承東吳惠氏之學，好以古字改經，頗信宋人所傳之古尚書，此其未盡善者。」

(九)馬宗霍中國經學史云：「聲讀棟古文尚書考及閻氏古文疏證，有會於心，所作集注音疏，能補二君之所未及。」

案：諸家評騭之要者，一曰好以古字改經；一曰所引蔡氏辨名記實蔡氏引辨名記之誤；一曰暗用蔡傳而諱所從來；一曰注禹貢而僅有古地名，不便學者誦習。皆中其失。至謂不載增多伏書二十五篇，實其特見，子任之言，意在呵護僞古文，當分別觀之。至其搜羅漢注，多闇惠二君所未備，且在有清一代之漢學家中，率先疏解全經，其後王、段、孫諸家，頗有以取資，則其刱始之功，亦不可沒也。

此書自述謂注成於乾隆三十二年丁亥（一七六七），疏成於乾隆三十八年癸巳（一七七三），上距乾隆二十六年辛巳始作之日，前後歷十三年。今有乾隆五十八年癸丑刋篆字本、乾隆近市居刋本、皇清經解本。

三、戴　震（一七二三—一七七七）

戴震字愼修，一字東原，休寧人。為江愼修高弟，推其師天文算法訓詁音韻之學而加密焉。年三十三入京師，與紀曉嵐、王西莊、錢辛楣諸公相友尚，為漢學皖派宗師。乾隆三十八年以薦充四庫舘纂修官，著有毛鄭詩考正、方言疏證、聲韻表、戴東原集等二十二種，九十六卷，總為戴東原先生全集。詳見清吏卷四八〇（註一二）。

東原著有尚書義考二卷，備採衆說而折中之，意主發明經義。

是書前有義例，稱原定虞夏書四篇、商書五篇、周書十九篇，而以魏晉古文二十五篇及百篇書序附列於後。今觀其書，止成堯典一篇，分為二卷，蓋未完之書也。其書每句之下，先列爾雅，以存古義。於各書所引賈馬鄭注，詳略必載，歐陽大小夏侯之說亦兼及之，蓋漢儒訓詁各有師承，又去古未遠，皆語簡意精，惜散逸甚多，其幸存者，難盡收之，猶不見其多也。至宋以來之說，則僅擇其精者載之。其數義各異者，具列其說，並加案語折衷之。至輾轉相祖襲，則惟載其創說者。或諸家說皆未及，則旁推交通以得其義。其說如：「方割之方，亦讀為旁，溥也；方命，史記作負命，方負一聲之轉。」「异，當從說文訓擧，言且擧之試用，或可，而不可乃退，古人語多省略。」其說五禮，謂唐虞時未分吉凶軍賓嘉，當從鄭說為公侯伯子男朝聘之禮。率群后行之，即所以修明之也。又謂殳斨暨伯與，當從林氏說為三人，朱虎熊羆，當從林氏說為四人。然以從馬鄭說者為多。

東原為漢學宗師，精於天算小學，此書據爾雅諸書及漢儒傳著，由聲音文字以求訓詁，由訓詁以尋義理，網羅宏富，折衷至當，雖吉光片羽，亦彌足珍貴也。

此編成於乾隆四十二年（一七七七），今台灣大學文學院圖書舘藏有舊鈔本，又有聚學軒叢書本、安徽叢書第六期戴東原先生全集本。

四、王鳴盛（一七二二—一七九七）

王鳴盛字鳳喈，一字禮堂，號西莊，晚更號西沚，嘉定人。初從沈文慤（德潛）受詩法，復從惠定宇游，其學專主於漢，著有十七史商榷、蛾術篇、西莊始存稿等。詳見清史卷四八〇（註一三）。西莊於書，撰有尚書後案三十一卷，以尚書注出於魏晉人，已失漢人家法，因撰此書，專宗鄭康成一家之學。若鄭注已佚，則採馬王注補之，又作案以釋鄭義。馬王傳疏與鄭異者，條析其非，折中於鄭氏。名曰後案者，言最後所存之案也。

其書以今傳二十九篇爲眞古文，篇各爲卷，並序爲三十卷。古文自孔子國遞傳至衞敬仲、賈景伯、馬季長、鄭康成、王子雍皆爲之注，惟鄭氏師祖孔學，獨得其眞，因從群書中所引者，搜羅馬鄭王注。至僞孔之傳，爲沖遠等所書者，本有眞古文在內，故亦繫於三家之下，史記及大傳異說，則不採錄。所採之傳注，皆標明所出，又以「案曰」申明鄭義。如「周公居東二年則罪人斯得」，案曰：「鄭以罪人爲周公黨屬，周公出避之後，屬黨爲王所拘執者。鄭以斯時公之心跡未明，王疑方甚，則此事實情理所有，況此時武庚未叛，管蔡未誅，罪人斯得，舍此將何所指乎」！力辨王注及傳以居東爲東征之說，斥其爲謬，其固守鄭說者如此。經文異字，亦作案以辨之，如「徧于群神」，案曰：「徧，史記作辨，徐廣音班。愚謂徧辯同用，徐讀非也。」更援引以證之。又謂東晉所獻之太誓僞而唐人所斥之太誓非僞，故附今文太誓一篇。前有自序及引用書目。附後辨二卷，錄僞古文二十五篇並二孔傳疏於下，歷引群籍以辨證之，詳見「尙書辨」條。

歷來評此書者甚多，茲舉其要者：

㈠臧鏞堂上王鳳喈光祿書，極稱此書之精要，「惟虞書正義所述夏侯等書與鄭氏異者四事，皆倒置之辭，此千慮之一失。」故作「虞書正義釋」一篇以匡其未逮（註一四），惜未見其文。

㈡孫淵如輯古文尙書馬鄭注序，謂此書「博採群籍連綴成文，或頗省改」，蓋有不滿之意。

㈢咸豐間巴縣王子任（劼）作「尙書後案駁正」一書，舉二十六條以駁後案，其要者謂後案「於播弄篇卷之外，更有四謬：一、疑傳記所引有不合者爲失眞：引經者取證義類，不必校對字句，豈必符合。一、誣傳記所引之有合者爲綴緝：引經者本經立說，若謂經所從來，何解於引詩引易引禮。一、删改史記以就己說：精嚴之語無枝葉，極辨之詞有曲折，則原文豈可割裂。一、舞文騁辯以亂群書也：專斥者或倚輕倚重，泛論者或見全見偏，則卮言豈容假借。善讀書者知此四端之是非，則知後案之是非矣。」（註一五）

㈣皮鹿門曰：「王鳴盛後案主鄭氏一家之學，是爲專門之書，專主鄭，故不甚採今文，且間駁伏生，亦未盡善。」（註一六）

㈤梁任公中國近三百年學術史曰：「王西莊蒐羅極博，但於今古文學說分不清楚，好爲調和，轉成矛盾，是其短處。」（註一七）

㈥王小航衞經社稿於此書亦多所駁難，「如疵議武成垂拱句，既謂玉藻頤霤垂拱爲臣敬君之禮，不得用之於天子矣，又謂垂拱二字本於曹參世家「陛下垂拱」，夫陛下非天子耶？且鳴盛不知武帝賢

良策文及董仲舒之對，皆有垂拱無爲句。」（註一八）

㈦江叔海則以其自序稱「就正於有道江聲」，然江氏於金縢篇深不以康成罪人周公之屬黨爲然，後案則仍主鄭說，故譏其「墨守鄭學而不顧文義之安。」（註一九）

案：以上所評，雖中其失，然多支離之詞，且二王心存衞經，皮氏偏主今文，故其說云然。統而觀之，實瑕不掩瑜。其書於馬鄭之說，闡發極明，蓋自吳草廬等分今文古文以後，至此始有定本，於是江艮庭、段茂堂、孫淵如諸書接踵而起，先之者此書也，厥功至偉。（註二〇）故東塾以此書與江、段、孫三家並列，且議刪併爲一家，蓋深有取於是書也。序稱草創於乙丑（乾隆十年，一七四五），成於己亥（乾隆四十四年，一七七九），前後歷三十四年。今有清乾隆四十五年庚子，東吳王氏原刋本（前有自序）、學海堂刋本、皇清經解本。

五、李調元

李調元，字羹堂，號雨村，又號醒園，四川綿州人，乾隆二十八年進士，改翰林院庶吉士，生性愛奇嗜博，以蜀揚雄多識奇字，明楊愼亦有奇字韻之纂，乃博稽載籍，凡字之奇而名不見經者，依類錄之，爲奇字名十二卷。又輯自漢至明蜀人著述罕傳秘籍彙刋之，名曰函海，罷官後家居二十餘年，以著述自娛，蜀中著述之富，費密而後，厥推羹堂云。所著尚有易古文、尚書古字辨異、鄭氏古文尚書證訛等。事蹟具清史列傳卷七十二（註二一）。

考鄭康成徧注群經，自唐五經正義易用王輔嗣，書用孔傳，而二經鄭義遂隱。宋王伯厚輯鄭氏易一卷，古文尚書十一卷，前者經惠定宇增輯爲三卷，德州盧氏爲之梓行。而後者則否，且訛誤甚多，乃參校諸書，互相校正，改誤補脫，成鄭氏古文尚書正訛十一卷，專申鄭氏一家之學。

其書卷一至卷三爲虞夏書、卷四商書、卷五至十周書，卷十一則書序也；其例「皆以王伯厚所輯鄭氏注列於前，而以其所訂正者，小字單行列於各條後。綜其內容，有直正其誤者，如臯陶謨「乃賡載歌」注：「載，始也」，伯厚謂其文出於史記注，此云：「此二節並採書正義，非史記注所引也。」甘誓序下，伯厚引尚書正義「誓戒」至「誓辭之略也」三十二字，此云：「按書正義引此係周禮天官冢宰注，非尚書注，王氏誤採。」有補其脫文者，如「咨汝二十有二人」下，原脫「殳斨伯與」四字，「鄰哉臣哉」下，脫「帝曰臣作朕股肱耳目，動作視聽皆由臣也」數句，皆爲補入。有舉其異文者，如「光被四表」注「與天地合其德」，謂合字詩正義引作齊；「鳥獸毛毨」謂天官司裘注引此經毛作毴。其他補正單詞片字者，不可勝數。

按：鄭氏書注，隋志尚著錄，稱所著二十九篇，其書蓋亡於唐代，幸得伯厚之輯而稍復舊觀，然事屬草創，訛誤仍多，李氏讎校有年，補正甚多，自謂「未敢一字出諸臆說」，然誤者未盡正，脫者亦未盡補也。孫淵如古文尚書馬鄭注序稱：「王應麟撰集古文尚書鄭注本，李君調元曾刊於蜀中，誤以盤庚優賢揚歷爲泰誓文，以粊誓次文侯之命」。所言與今宏業書局景印函海本正同。而續修四庫提要云：「按今本並不如此，不知何所見而妄說也。」豈江氏所見本有異耶！又孔叢伯輯尚書鄭注十卷，亦用王伯厚本，別取經史注疏及水經注諸書而廣之，補正王本甚多，如「僉曰於」、「師錫帝」諸條是也（見鄭氏佚書）。又袁氏鈞有鄭氏尚書注九卷，於每條之下附以考證，辨諸說之同異，二書皆以取資，則其功自不可沒也。其書收於函海中。

可補李本之不足，又是編爲宋以來尚書鄭注最早之專書，王西莊撰後案，孫淵如撰今古文注疏，皆有

六、賀　淇

賀淇字竹園，湖南衡陽人。所著尚書集解二十九卷，專集漢儒馬鄭等說而繹解之。其書釋今文二十八篇，加書序爲二十九卷。所採古注，除馬鄭外，尚及史記、大傳、歐陽、夏侯等說。如釋五玉三帛云：五等之玉，謂桓圭、信圭、躬圭、穀圭、蒲圭，而藉以三色之帛。又「越玉五重陳寶」引馬融曰：越玉，越地所獻玉也。鄭康成曰：陳寶者，方有大事以華國也。繹曰：陳越玉五重以爲寶者，蓋璽也，五重璽玉在牖間。於「舜生三十，徵用二十」，從史記、論衡等說，謂舜年百歲。其說多從馬鄭，不取孔傳。

此編所採皆漢人古注，佳處時見，如解「微子若曰父師少師」云：「父猶傅也，故遷史謂父師大師，卽周之大司成也，少師卽大師正也，以教王子，蓋微子之舊傅也，故以去就之義詢之。鄭君以傅師少師爲箕子比干，恐未然也。夫微子之謀去，當在箕子已奴，比干已死，殷亡不旋踵之時也。」江叔海嘗稱此說之善。又本書不注僞古文，不信孔傳，堪稱有識。然其以大麓在今直隸順德府唐山縣東北之權務山，又以汎泉當九江，則恐未然。今史語所藏有原稿本，原爲誦芬堂所藏，蓋永豐郭羽可（儀霄）舊物也。

第三節　嘉慶時期諸家

一、武　億（一七四五—一七九九）

武億字虛谷，號授堂，偃師人，乾隆四十五年進士，官山東博山知縣。中州人多以理學名家，授堂嗜古研經，獨精漢學，考證經義皆稽之古書傳記，旁徵遠引，著有經讀考異，群經義證等。詳見清史卷四八〇（註二二）。

其群經義證八卷，卷一爲書經，多引漢說以正二孔注疏之失。計有辨孔傳者十六條，如胤子朱啓明，傳謂啓開也，然史記之作開明，實以避景帝諱，安國與太史公同時，無庸舍此不諱，蓋僞傳失檢，自貽其疏也；盤庚「出矢言」，矢卽古誓字，傳訓作正直之言，昧其義矣。辨正義者七條，如書傳皆言堯以唐侯升爲天子，不言封於陶唐，而正義引韋昭云陶唐皆國名，非也；又漢書景帝紀元年詔，言孝文帝除宮刑，而正義謂隋開皇初始除男子宮刑，亦非也。補困學紀聞者二條，如仲虺，困學紀聞原注以商老彭及仲傀，當考；此引漢書古今人表，仲虺所列之次與老彭比接，是仲傀及仲虺，大戴禮虞戴德篇作仲傀，是其證也。其中亦有言句讀者，如謂大誥「弗弔天降割于我家不少延」當讀如多士「弗弔旻天」，以天字絕；召誥「乃復入錫周公曰拜手稽首」當讀如史記夏本紀「九江入錫大龜」，以入錫連文。其餘，如謂「受德」爲紂字，「獻」「儀」聲相近等，凡三十三條。

授堂之學，精於考訂，此編辨僞書者，如謂大禹謨「耄期倦于勤」，說文眊字注：「目少精也，从目毛聲，虞書耄字从此。」而孔氏傳作耄，更依文解爲八十九十曰耄，足見其未見古文。又咸有一德「七世之廟可以觀德」，乃因襲呂氏春秋所引商書「五世之廟可以觀怪」之文。皆甚可取。其訓釋經文者，如以「蒸民乃粒」之粒爲立，詩思文：「立我蒸民」，鄭箋：「立當作粒」，又別本立一作粒，史記易爲「定」，是也，孔傳訓爲「米食曰粒」者失之。又呂刑「苗民弗用靈」，禮記緇衣鄭注引作「苗民弗用命」，靈命二字不同，然古靈字與令同用，微欒鼎「永令靈終」，上令字爲命，下靈字爲令；翼敦銘：「靈終靈始」，據是，苗民弗用靈，古尚書必作令，康成氏引作命，是命令爲一字，令卽靈省文。所見甚確，弗用靈，謂不聽命也。惟其所釋，亦有不盡當者，如盤庚出矢言，乃爲臣庶陳言，孔傳訓爲正直之言，固非，此訓爲誓言，亦不若俞曲園平議訓爲「陳言」者，爲得其義也。然大抵皆醇，亦足爲讀尙書者所參考。書約成於嘉慶四年；有授堂遺書本及皇淸經解續編本。

二、孫星衍（一七五三—一八一八）

孫星衍字伯淵，號淵如，江蘇陽湖人。乾隆五十二年丁未進士，授翰林院編修。生乾隆十八年癸酉，卒嘉慶二十三年戊寅，年六十六。生平博極群書，治經不取宋以後說，通九流之學，於周秦古書貫穿靡遺，尤深於尙書，嘗輯古文尙書馬鄭注十卷，晚歲復成尙書今古文注疏三十卷。所著尙有周易集解十卷、夏小正傳校正三卷、平津舘金石萃編二十卷等近五十種，總二百餘卷。（註二三）詳見淸史卷四八〇（註二四）。

宋王應麟伯厚嘗輯古文尚書鄭注，然事屬草創，誤收及脫漏者甚多。淸李燊堂嘗撰正訛，王西莊又加增補。淵如又取伯厚之書，補其未備，又益以馬注，爲古文尚書馬鄭注十卷，其書卷一至九分載虞夏商周書經文及馬鄭注，卷十爲馬鄭序贊殘文。第中先列經文，次列馬注、鄭注，並分注出處。大抵採自釋文、正義、及史記三家注者爲多，水經注、文選注、周禮疏、詩正義等亦間及之。泰誓篇下引正義所引馬氏書序附之。自序云：「手校定此書，蓋本於王氏應麟之書，證以閻惠兩君之說，參之王光祿鳴盛、江處士聲之著述，又質疑於王侍郎念孫，復有張太史燮、章孝廉宗源助予討論」。故能兼及衆說薈萃成篇。

越縵堂讀書記云：

……其中頗指江艮庭、王禮堂兩家之失，然孫氏喜據他本以改今文，亦往往有未當者，如皋陶謨篇「在治忽」改作「釆政曶」，按鄭注本忽作曶，見史記集解，固可信，在治作釆政，則史記索隱明言是今天，非出古文也。「若若丹朱傲」句上加帖曰二字，「予娶涂山」上加禹曰二字，此固據史記，然司馬氏雖云從孔安國問政，其書則多採伏生今文，此帝曰、禹曰，未必全出古文也。」江叔海亦指其往往有未盡當者，「如三江既入，先引徐堅初學記，後引孔穎達正義，雖皆云鄭注，一言合，一言分，二說實不侔。

然輯尚書馬鄭注者，固以此本爲最完備也。又此編雖據王伯厚本增輯，而全載經文，別標體例，實另爲一書也。今有四川成都刻本及岱南閣叢書本。

至尚書今古文注疏三十卷，則兼取兩漢今古文，各篇刺取 書傳升爲注者五家三科之說：一、司馬遷從孔安國問政，是古文說；二、尚書大傳伏生所傳歐陽高、大夏侯勝、小夏侯建，是今文說；三、馬融、鄭康成雖有異同，多本衞宏、賈逵，是孔壁古文。因合集爲今古文注疏疏之。至先秦諸子所引古書說，及緯書、白虎通等漢魏諸儒今文說，許氏說文所載孔壁古文，注中亦存其異文異字，其說則附於疏中。惟泰誓用史記，參以書大傳，故文字與正義本異。本書意在蒐求放失，故徧採古人傳記之涉於書義者，自漢魏迄隋唐，不取宋以來諸人注。又採近代王西莊、江艮庭、段茂堂諸家書說，暨王懷祖、王伯申、莊葆琛、畢恬谿諸君，亦孔沖遠所謂「質近代之異同，存其是而削繁增簡」者也。

此書出後，其門生周中孚信之嘗評云：

吾師實取三家之書（按：指王氏後案、江氏集注音疏、段氏撰異）而折其衷，定著此書，眞能集尚書之大成。雖上之朝廷，頒之學宮，可也。……所微憾者，堯典僅六十八頁，而必以帝曰欽哉愼徽五典以下，另分爲下卷；臯陶謨僅五十頁，而必以帝曰來禹汝亦昌言以下，另分爲中卷，則仍蹈僞孔分卷之誤矣。惟以帝曰欽哉四字屬下卷，則非通古義者不知也。

又以書序中，拾取逸書之殘篇零句，分附於各序之下，仍從段氏之舊，謂與注疏之體不合云。（註二五）

王子任尚書後案駁正云：「孫淵如作尚書今古文注疏，以帝曰欽哉冠於愼徽五典之上而不注，則更不及段茂堂矣。」又曰：「尚書大傳僞書，非伏生何得爲今文說；史遷從安國問一語乃班史無稽之談：則史記安得爲安國古文說；杜林止三十四篇，亦僞書，題曰古文尚書者，何得爲孔壁古文說。若因以爲五家三科，則安國古文與孔壁古文豈非一科，杜衞賈馬與鄭，伏與歐陽、夏侯豈非一家。」至

謂：「王後案，江音疏而外，此爲尤劣。」（註二六）

江叔海則指其注疏之誤：如臯陶謨「臯陶曰都，亦行有九德」下，注文引鄭康成曰：「連言之，寬謂度量寬宏，柔謂性行和柔⋯」不知此乃正義中孔氏自下之語；呂刑「其審克之」，疏引漢書刑法志曰：「元帝詔曰」，謬以成帝爲元帝，（註二七）皆中其失。

皮鹿門經學通論則稱其於今古文搜羅略備，分析亦明，而有「治尚書當先看孫星衍尚書今古文注疏，陳喬樅今文尚書經說考」之論。王正儒並於光緒十年二月，奏請以此書立學，稱其「不逞私臆，最稱矜愼。所錄古文爲眞古文，所採古注爲眞古注。」（註二八）

以上諸評，皆持平之論，惟王子任主於呵護東晉古文，當分別觀之耳。王、江、段三書，各有所勝，此書實集其大成，故梁任公云：「乾隆中葉的學者，費了不少的勞力著成三部書：淵如算是三家之冠了。他的體例是自爲注而自疏之，注文簡括明顯，疏文才加詳，疏出注文來歷，加以引申，就組織上論，已經壁壘森嚴。他又注意今古文學之不同，雖他的別擇比不上後來陳樸園的精審，但已知兩派不可強同，各還其是，不勉強牽合，留待讀者判斷從違，這是淵如極精愼的地方。」（註二九）屈翼鵬先生亦稱此書：「就伏生所傳經文，益以故書中所引之眞大誓殘文，集漢代今古文家之說以爲注，而爲之疏。就經文言，既已袪僞而存眞，就義訓言，亦遠勝於前人。實今日治尚書者不可不讀之書也。」（註三〇）故此書可當清代尚書之新疏而無愧。本書創始於乾隆五十九年，至嘉慶二十年迄功付刋（一七九四－一八一五），前後歷時二十二年。今有冶城山舘刋本、平津舘叢書本、皇清經解本、四川刋本、光緒廿五年上海點石齋石印經學輯要本、叢書集成初編本、四部備要本、及商務印書舘排印本。

乾嘉間，焦理堂論學極重戴東原，爲揚州派漢學名家。於尚書著有書義叢鈔、尚書補疏、禹貢鄭注釋等。

書義叢鈔四十卷，乃鈔次王西莊後案、江艮庭集注音疏、周晉園義證三家說，益以當世之言足與三家相訂證者，彙集而成。所錄止二十八篇之解，參訂之書包括段氏撰異、說文解字注、惠氏古義、王氏釋詞、阮氏校勘記等四十一家五十七種（註三一），多爲漢學家言。史語所藏有朱絲欄手稿殘本，存卷十三。

三、焦　循（一七六三—一八二〇）

尚書補疏二卷，爲其六經補疏之一，自序稱：「余既錄二十八篇之解爲書義叢鈔，所有私見著爲此編，與叢鈔相表裏云」。又稱孔傳之善有七，若置其假托之孔安國，而以魏晉間人之傳注視之，則當與何晏、杜預、郭璞、范寧之書並存。故其補疏各條，皆先引傳語，而以按語疏之。並多引漢注爲說，如太甲序：「三年復歸于亳，思庸」。傳：「念常道」，是訓庸爲常；補疏則云：「廣雅、方言均以代訓庸，代亦更也；思庸，謂思更改，卽悔過自怨自艾之謂」。此引漢注以訂正孔傳。又盤庚「率籲衆慼」，傳：「籲，和也」；補疏則云：「說文籲讀與籥同，籥，樂之竹管三孔以和衆也。又龢，調也，从龠，禾聲，讀與和同。調和之和卽取義於龠，龠與籥同，傳讀籲爲籥，故訓爲和，謂調和衆人之憂慼也。正義謂籲卽裕，是寬意．未得傳讀，鄭注禮云：籥如笛，三孔，是籥卽龠」。此引說文，鄭注以證傳意，並正孔疏之失者也。而周中孚信之云：「里堂本易學專門，而忽涉獵諸經以爲補疏，竟以馬鄭古義爲不及僞傳，時尚書今古文注初出，里堂蓋未肆業及之耳」（註三二），蓋不滿其推崇孔傳也。此書今收焦氏叢書及皇清經解中。

其禹貢鄭注釋一卷，則專釋班氏及鄭氏之學。阮芸台嘗考浙江原委以證禹貢三江，里堂久客其幕，因撰是編。其例，皆於經文下採諸書所引鄭注之文，低一格書之。次行書其案據之語。如「冀州既載」下，據尚書正義、公羊莊公十年傳疏、及史記集解所引鄭注「載之言事，事謂作徒役也」；「禹知所當治水，又知用徒之數，則書於策以告，帝徵役而治之」；「兩河間曰冀州」；「不書其界者，時帝都之，使若廣大然」等語，案之云：「經典釋文云：載如字；較，載於書也，馬同。鄭韋昭云：『載，事也』。馬同者，同於孔也。鄭與韋昭同以載訓事，鄭下當連名，傳寫失耳」。又班志郡縣下凡載禹貢某山某水在今郡某處，必皆漢時經師遺說，故凡引漢書地理處，則以志居鄭注之前。其於禹貢之鄭注，搜羅殆遍，雖間有疏失，而其有功於鄭學則無疑也。

四、王引之（一七六六—一八三四）

高郵王氏承戴東原之學，爲乾嘉漢學巨擘。其子引之伯申，承其家學，所著經義述聞等，多推本漢人家法，亦爲漢學派重要著作。

王引之，字伯申，號曼卿，江蘇高郵人，石臞先生長子也。幼承庭訓，精訓詁之學。嘉慶四年一甲進士，官至工部尚書。著有經義述聞三十二卷，經傳釋詞十卷，事蹟具清史卷四八〇（註三三）。

王懷祖曰：「訓詁之旨存乎聲音、字之聲同聲近者，經傳往往假借，學者以聲求義，破其假借之字而讀以本字，則渙然冰釋；如其假借之字而強爲之辭，則結鞫爲病矣。」伯申一本義方之訓，於易書詩周官儀禮大小戴記春秋內外傳公羊穀梁爾雅諸經，遇前人傳注之不合者，或述乃父之說，或獨抒己意，成書三十三卷，命曰經義述聞，其卷三至四說尚書，是編皆摘取經中疑難字句，或推其訓詁之本，或溯其假借之源，或述其己見，以正前人之失。其引述乃父之說者則冠以「家大人曰」，獨抒己意者則冠以「引之謹案」以別之。如堯典「光被四表」，戴東原以此句古本必作「橫被四表」，橫被，廣被也，橫轉寫爲桄，脫爲光也。伯申則謂光桄廣古同聲而通用，非轉寫譌脫而爲光也，三字皆有充之義。漢書宣帝紀、蕭望之傳、周易集解載荀爽注、北堂書鈔樂部一引樂緯、後漢書蔡邕傳等，並有「光被四表」之文；又周頌譜曰：「天子之德，光被四表」，詩噫嘻「既昭假爾」箋曰：「謂光被四表格于上下也」，鄭氏傳古文尚書而字亦作光，則光非譌字可知。爾雅：「桄，充也」，孫炎本桄作光；臯陶謨：「帝光天之下」，孔傳曰：「光，充也」，是光正訓充，與橫初無異義也。光與廣亦同聲，周頌敬之傳曰：「光，廣也」，隋蕭吉五行大義引禮含文嘉、藝文類聚樂部引五經通義等所引，皆作「廣被四表」，則光被之光作橫，又作廣，字異而聲義同，無煩是此而非彼也。此外，如「湯湯洪水方割」、「小民方興」、「方興沈酗於酒」、「方行天下」、「方告無辜于上」，謂方字皆讀爲旁，旁之言溥也、徧也，旁方古字通。又「萬邦作乂」、「萊夷作牧」、「雲夢土作乂」，作之言乍也；乍，始也，臯陶謨：「烝民乃粒，萬邦作乂」，作與乃相對成文，可證。凡此之類，卷上五十五條，卷下五十條，其末條「伏生尚書二十九篇說」，謂伏生所傳二十九篇中有泰誓，列舉十二證以正正義及經義考之說。末附某孝廉書，則討論「伏生尚書二十九篇說」者也。

氏爲名父之子，學術淵源有自。本編皆平日讀書所得，日積月累而成，採摭之富，遍及四部；抉擇之精，惟視所當，不拘於一家。其於近儒惠定宇戴東原之說，固引古義以駁正之，卽馬鄭諸儒之說，亦往往藉文字假借之義以辨其非是，實事求是，極具科學精神，不失樸學本色。故凡所解說，後儒多信從之。惟如堯典「咨女二十有二人」，馬不數稷契皋陶，鄭不數四岳，雖立說有異，要不出二十二人之數；而此謂實三十二人，乃傳寫者脫誤，雖言之成理，而別無確證，又「萬邦作乂」、「萊夷作牧」諸作字，與則古通用，甲骨文常見此例，而此釋爲始。然此寥寥，不足舉以爲病也。周氏鄭堂讀書記稱其爲書，有九經古義之精核而更加詳明，有經義雜記之詳明而更加精核，當與潛研堂全集方軌並駕，洵非過譽也。書成於嘉慶二十二年，有嘉慶間盧氏刻本、道光七年重刋本、世界書局影印本。

五、何秋濤（一八二四—一八六二）

何秋濤字願船，福建光澤人，道光二十四年進士，官刑部主事。事蹟具清史卷四八四（註三四）。

其說經主於鄭氏，有周易爻辰申鄭義一卷，於書則有禹貢鄭注略例一卷，均收一鐙精舍甲部稿中。禹貢鄭注略例乃就鄭注之見於義疏及他籍者，摘擧其例，立「援東漢圖籍」、「駁正班志」、「辨正他地理書」、「地理證實」、「地理志疑」、「導山釋義」、「導水釋義」、「改讀正字」、「明書法」、「政令」、「禮制」、「名物」等目，各援義以實之。如考定鄭氏所引地理志爲東漢時書，既異班志，郡縣雖與司馬彪續志合，蓋爲續志所本，而其中仍有不同，則續志尚在其後，又經更改也，其文實賴鄭而僅存矣。其釋三江，亦爲胡氏錐指所重。前有自序，稱王西莊偏執己見，多繆鄭義，江艮庭鮮所發明，孫淵如簡略已甚，咸於地理無裨云云，則是編不特鈎鄭氏之沉，亦可以補王江孫三家之失也。今又收皇清經解續編中。

第四節　道光以後諸家

道光以後，漢學分裂，陽湖諸子主於西漢今文，而宋學亦於此時復興，然主於東漢者仍非罕見，今舉兪曲園、孫籀廎等爲代表。

一、兪　樾（一八二一——一九〇六）

兪樾字蔭甫，號曲園，德清人。道光三十年進士，改庶吉士，授翰林編修。其學以高郵王氏爲宗，發明故訓，是正文字，而務爲廣博。其徒戴望，黃以周等皆負盛名，於同光間，蔚爲東南經師，著述豐富，總爲春在堂全書，都二百五十卷，詳具清史卷四八一（註三五）

兪曲園亦漢學名家，其尚書平議，多言經文假借之理，凡古儒所誤，旁推曲引以推其本義。其生覇死覇考一卷，據漢注以辨其本字本義，並推定其日。其書首列諸詞之出處：康誥曰：「維三月，哉生魄」；僞古文武成者：「惟一月壬辰，旁死魄」；「厥四月，哉生明」；周書世俘曰：「維一月丙午，旁死魄」，「越若來二月，既死魄」，「時四月，既生魄」；又漢書歷律志所引有「既旁生霸」，其餘魄字皆作霸。先辨其字，說文月部霸云：「月始生霸然也，承大月二日，承小月三日，从月䨣聲，周書曰：越生霸」。則霸正字，魄假借字也。次辨其義：康誥哉生魄，釋文引馬融曰：「魄，朏也，謂月三日始生兆朏名魄」，此與說文合。次定其日：謂尚書古義以一日爲既死霸，二日旁死霸，三日哉生霸（亦謂之朏），十五日既生霸，十六日旁生霸，十七日既旁生霸。劉歆三統術異議以朔日爲既死霸，次日旁死霸，望日哉生霸，次日既旁生霸。並謂「劉歆說霸字之義雖與古違，而其所推既死霸，旁死霸、哉生霸、既旁生霸，適與古合」云。

按：說文及漢書歷律志引壁中古文尚書作「霸」，孔安國寫定者則從今文作「魄」。馬季長注康誥，以月三日始生兆朏名曰魄，此古文家說也；白虎通日月篇：「月三日成魄」，此今文家說也，與許、馬古文說同。劉氏暨僞孔傳則持異說，此編雖據古義以辨，然仍不能無惑於劉氏之說，王觀堂云：「近德清俞氏樾作生霸死霸考，援許、國諸儒之說以正劉歆，其論篤矣，然於諸日名，除哉生魄外，尚用歆說。如以既死魄爲一日，旁死魄爲二日，既生魄爲十五日，旁生魄爲十六日，既旁生魄爲二日，既生魄爲十五日，旁生魄爲十六日，既旁生魄爲十七日，此皆與名義不能相符」。因考曶鼎銘，先言六月既望，復言四月既生霸，一器之中，不容有兩種記日法，則既生霸之非望決矣，以既生霸之非望可知既死霸之非朔，而旁死霸之非二日，旁生霸之非十六日，又可決矣。又考之古器物名，而得古之所以名日者凡四：曰初吉、曰既生霸、曰既望、曰既死霸。初吉謂自一日至七八日也，既生霸謂自八九日以至十四五日也，既望謂十五六日以後至二十二三日，既死霸謂二十三日以後至於晦也。又謂「如既生霸爲八日，則旁生霸爲十日，既死霸爲二十三日，則旁死霸爲二十五日」，而「哉生魄之爲二日或三日，自漢已有定說」矣。（註三六）此說最確，足以正曲園之失。此編收入曲園雜纂卷十，約成於同治年間。

二、抉經心室主人

光緒十四年，鴻文書局印行抉經心室主人所編之清儒五經彙解，採清儒之書凡一百四十一家，二百八十七種，自顧炎武日知錄，至戴氏望謫麐堂集，皆依時代先後，條分件繫於各句經文之下。所採以漢學爲宗，其造爲異說，反脣漢儒者，一字不取；其書經彙解五十二卷，所採除江艮庭、王西莊、段茂堂、孫淵如四家外，於吳中惠氏、高郵王氏、嘉定錢氏、江都焦氏，及德清俞氏諸家之書，甄輯較多。漢學家之言，不惟阮文達學海堂經解中所收者多在，卽阮書未收者，如王船山書經稗疏、孫敬軒尚書顧命解，俞曲園達齋書說之類，亦兼及之。皆寫明姓名書名，以便覆案。惟其書之印行，與王氏南菁書院經解同時，至於王書所收者，未及採入。然其所採，除莊劉以下今文學派之外，主於東漢古文之重要尚書著作，已略備於此矣。抉經心室主人之姓名仕履待考，此編有台北鼎文書局影印本。

三、孫詒讓（一八四八——一九〇八）

孫詒讓字仲容，晚號籀廎，瑞安人。同治六年舉人，官刑部主事。少承家學，與父執諸耆碩遊，學承乾嘉，所致力則近於亭林，著有墨子閒詁、溫州經籍志等二十餘種，詳見清史卷四八一（註三七）。

其尚書駢枝（不分卷），多據漢人訓詁以解經文，固爲漢學家法也。自序稱：

> 少治書，於商周命誥，輒苦不能盡通，逮依段、王義例以正其讀，則大致文從字順，乃知昔之增益顚倒以爲釋，而綴纍晦澀仍不可解者，皆不通雅辭之蔽也。頃理董舊册，摭蒙所私定，與昔儒異者得七十餘事，別寫存之，而約舉古文辭之要略以示家塾子弟，俾知雅辭達詁，自有焯然之通例，斯籍文字句讀以進求古經之大義，儻有所津逮哉！

故是書惟散擧經文，而以雅辭達詁釋之，如解堯典「象恭滔天」云：「滔當謟之借字，爾雅釋詁云：『謟本又作滔』，是謟慆滔聲同字通，象恭滔天，亦可謂象恭而不信天！」又謂史記作漫天，當作慢天。此說與孫疏同。於皋陶謨「撻以記之」，謂撻卽舜典之鞭作官刑，扑作敎刑，然與記識事無涉，下文「書用識哉」乃正是記識之事爾，此記疑當爲諅，說文：「諅，誡也」笞撻並是警誡過誤之形，諅記形聲並相近，故經通作記，它篇則多作忌，如康誥、呂刑之敬忌，多方之不忌於凶德，並諅誡之義。此篇獨假用記字，故孔不得其解也。」又解西伯戡黎之「不有康食」，謂饑饉也，「不虞天性」，謂疫癘也，並是天災。皆能獨發神解，間有與他家之說偶合者，如盤庚「修不匿厥指」之修，讀爲攸，語詞也，與曲園平議同；湯誓「綏乃祖乃父」之綏，訓爲告，與摯甫尚書故同，此則智者所慮相符也。又仲容以尚書雅辭，字例有常，每於考校經義時，發凡創例，啓人蒙錮。如：「此經誕字多語辭」（見盤庚中）「弔，淑之古文，此經通例如是。」（見盤庚下）「此經迪多與用由猷通」、「此經率皆語辭」（見西伯戡黎），「凡此經粜字，並當爲匪之叚借」（見大誥）、「凡書云開云啓，皆開導告誨之義」（見梓材），似此各條，皆尚書用字之例，此則王更生博士學之詳矣（註三八）。如此之類，並言之成理，持之有故。書成於光緒末年，有燕京大學刋本。

【附註】

註一：見說文解字敍，藝文本第七六一頁。

註二：文集卷四答李子德書云：「理學之名，自宋人始有之，古之所謂理學者經學也」，「經學卽理學」之論出於此。

註三：見子部雜家類三，方以智通雅條，藝文本第四册第二三八四頁。

註四：里堂謂南宋空衍理學，而漢儒訓詁之學幾廊於廢。明末以來，稍復古學。在前若楊升菴，在後若毛大可云云。見雕菰樓集與某論漢儒品行書。

註五：參見錢著中國近三百年學術史上册第一三五頁，商務本。

註六：參見歷史與思想第一〇六頁，民國六十五年台北聯經出版公司出版。

註七：又見清儒學案卷七十六、清史稿卷四八七、清史列傳卷六十八、國朝耆獻類徵卷四二一、碑傳集卷一三四、國朝先正事略卷三十六、國朝漢學師承記卷二、文獻徵存錄卷五、國朝書畫家筆錄卷三、國朝書人輯略卷八、清代徵獻類編第二七〇類。江聲傳（孫星衍平津舘文稿卷下）。

註　八：見拜經堂文集卷三。

註　九：見該書第一〇九頁，世界書局本。

註一〇：見該書卷九，第廿九頁，世界書局本。

註一一：見卷五第十二頁，中華書局四部備要本。

註一二：又見清儒學案卷七十九、清史稿卷四八七、清史列傳卷六十八、國朝耆獻類徵卷一三一、碑傳集卷五十、國朝先正事略卷三十五、國朝漢學師承記卷五、國朝學案小識卷十四、文獻徵存錄卷八、戴東原年譜（段玉裁編，在戴東原集）、戴先生震傳（錢大昕潛研堂文集卷三九）、戴東原先生墓誌銘（王昶春融堂集卷五五）、戴東原先生墓表（任兆麟有竹居集卷十）、戴東原先生事略狀（凌廷堪校禮堂文集卷三五）、戴東原事略（余廷燦存吾文稿卷四）、戴先生行狀（洪榜初堂遺稿卷一、又湖海文傳卷六十）、戴東原先生傳（梁啓超飲冰室文集卷六十五）、戴東原先生文（洪朴伯初文存卷一）、清代樸學大師列傳卷五、皖志列傳稿卷三、戴東原年譜（民國魏建功編，國學季刊第二卷第一期）。

註一三：又見清儒學案卷七十七、清史稿卷四八七、清史列傳卷六十八、國朝耆獻類徵卷九十二、碑傳集卷四十二、國朝先正事略卷三十四、國朝漢學師承記卷三、國朝學案小識卷十四、文獻徵存錄卷四、清代學者象傳卷三、國朝詩人徵略卷三十五、清代徵獻類編第三七六頁、清代鼎甲錄第一〇六頁、王西莊年譜（民國王文相編，輔仁學誌十五卷一二期合刊）、王鳴盛傳（王昶春融堂集卷六十五）、西沚先生墓志銘（錢大昕潛研堂文集卷四八）。

註一四：見拜經堂文集卷三。

註一五：見該書卷上第八頁。

註一六：見所著經學通論第一册一〇三頁，商務人人文庫本。

註一七：見該書第一八二頁。

註一八：見該書第四十七頁。

註一九：見續修四庫全書提要第一九九頁。

註二〇：此用鄭堂讀書記卷九之語，案：西莊後案始創於乾隆十年，較艮庭音疏早十六年著鞭，而其成書却遲於艮庭六年。

註二一：又見國朝耆獻類徵卷二一二、國朝先正事略卷四十四、清畫家詩史丁下、國朝詩人徵略卷四十。

註二二：又見清儒學案卷一〇四、清史稿卷四八七、清史列傳卷六十八、國朝耆獻類徵卷二四三、碑傳集卷一〇八、國朝先正事略卷二十一、國朝漢學師承記卷四、國朝學案小識卷十四、文獻徵存錄卷七、博山縣知縣武君墓志銘（朱珪知足齋文集卷五）、博山縣知縣武君墓表（姚鼐惜抱軒文後集卷六）、武億傳（孫星衍五松園文稿卷一）、武虛谷傳（法式善存素堂文集卷四）、武虛谷家傳（陳用先太乙舟山集）。

註二三：見蕭一山清代通史所附清代學者著述表第四九三頁。

註二四：又見清儒學案卷一百十、清史稿卷四八七、清史列傳卷六十九、國朝耆獻類徵卷二一三、碑傳集卷八十七、國朝先正事略卷三十五、國朝漢學師承記卷四、文獻徵存錄卷九、清代學者象傳卷三、國朝詩人徵略卷四十八、國朝書畫家筆錄、國朝書人輯略卷六。孫淵如年譜（清張紹南編，藕香零拾本，雲自在龕叢書本）、山東糧道淵如孫君傳（阮元研經室二集卷三）。

註二五：見鄭堂讀書記卷九第廿九頁，世界本。

註二六：見卷下十九頁。

註二七：見續修四庫提要二一五頁。

註二八：事見清史列傳卷六十五王懿榮傳。

註二九：見梁著中國近三百年學術史第一八二頁。

註三〇：見尚書釋義第十六頁，華岡出版部增訂本。

註三一：據焦廷琥所撰先府君事略。

註三二：見鄭堂讀書記卷九第三十頁，世界本。

註三三：又見清儒學案卷一百一、清史稿卷四八七、清史列傳卷三十四、國朝耆獻類徵初編卷七十六、續碑傳集卷十、清史儒學傳稿、國朝先正事略卷十六、清代學者象傳卷四、王壽昌皇清誥授光祿大夫經筵講官工部尚書加二級記錄十次贈祭葬謚文簡伯申府君行狀、龔自珍工部尚書高郵王文簡公墓表銘（定盦續集四）、汪喜孫光祿大夫工部尚書王文簡公行狀、湯金釗作墓誌銘（寸心知室文存六）、劉盼遂高郵王氏父子年譜。

註三四：又見清史稿卷四九〇、清史列傳卷七十三、續碑傳集卷二十、卷七十九等。

註三五：又見清儒學案卷一八三、清史稿卷四八八、續碑傳集卷七十五、國朝書畫家筆錄卷四、國朝書人輯略卷十、清代徵獻類編、俞曲園先生年譜（陳乃乾編）、俞曲園年譜（周雲青編）、翰林院編修俞先生行狀（藝風堂文續集卷二）、俞先生傳（章太炎文錄初編卷二）。

註三六：見觀堂集林卷一：生霸死霸考（王觀堂先生全集第一册）。

註三七：又見清儒學案卷一九二、清史稿卷四八八、碑傳集補卷四十一、孫詒讓年譜（朱芳圃編）、孫籀廎年譜（宋慈袌編）、孫仲容先生年譜（薛鍾斗編）、孫籀公年譜（洪煥春編）、孫徵君年譜（孫延釗編）。孫詒讓傳（章梫一山文存卷五）、孫詒讓傳（章炳麟太炎文錄初編卷二）、費行簡撰近代名人小傳第四十七頁。

註三八：見所撰博士論文「籀廎學記」。

第五章　遠祧西漢之今文尚書學

經有今古文之分，其說已詳前章。漢書儒林傳云：「秦時焚書，伏生壁藏尚書，其後，兵大起，流亡。漢定，伏生求其書，亡數十篇，得二十九篇，以教於齊魯之間（註一）。史記儒林傳云：「文帝時，求能治尚書者，天下無有，聞伏生治之，欲召。時伏生年九十餘，老不能行，於是詔太常，使掌故鼂錯往受之」。伏生所授，必以通行之隸書寫之，是爲今文尚書。傳今文之學者，有歐陽、大小夏侯，皆立於學官。後漢鄭康成注經雖兼採今古文，而傳今文者已少。自唐陸德明著釋文，孔穎達著正義，書用僞孔傳，而西漢今文尚書說遂亡。清代經學，以復古爲解放，乾嘉之際，漢學大昌，然亦止於賈馬許鄭，所謂東漢之經古文學者；嘉道以降，由於學術本身之因，及外在政治之緣，研經之士又由東漢而溯於西漢。蓋自陽湖莊方耕，主以微言大義說經，已啓今文學復興之象。其學雖不顯於世，而其外孫劉申受、宋于庭，並能紹述其學，益以當世龔定盦、魏默深之光大，經今文學之復興，遂告確立。經陳樸園等之蒐輯，西漢經師遺說，亦重顯於世。同光間，王湘綺、皮鹿門諸家繼起，此學遂大盛於時，至清末而不替。

本章計分五節。第一節：經今文學復興之原因。第二節：經今文學復興之肇端—莊方耕及其家學。第三節：經今文學復興之主流。第四節，經今文學之輯佚。第五節：經今文學之箋註及考證諸家。所據材料，則以其撰著之專書為主，而散見於文集之單篇文字亦間及之。

第一節　經今文學復興之原因

自莊方耕主以大義說經，刊落注疏，外孫劉申受、宋于庭承其家學，龔定盦、魏默深相繼發揮，清代之經今文學，遂大昌於時，直至清末而不衰。推溯經今文學復興之原因，蓋有內在之因與外在之緣二者存焉。

一、內在之因

所謂內在之因，為學術本身發展之因素：

㈠為乾嘉考據之學漸生弊端：乾嘉考據學之興起，本為救明學之空疏，然其末流則不免失之於瑣，四庫提要經部總序云：「國初諸家，其學徵實不誣；及其弊也瑣」。梁任公亦云：「考證之學研究方法雖甚精善，其研究範圍卻甚拘迂，就中成績最高者，惟訓詁一科。然經數大師發明略盡，所餘者不過糟粕。其名物一科，考明堂、考燕寢、考弁服、考車制，原物今既不存，聚訟終末由決。典章制度一科，言喪服、言禘祫、言封建、言井田，在古代本世有損益變遷，即群書亦末由折衷通會。夫清學所以能奪明學之席而與之代興者，毋亦曰彼空而我實也。今紛紜於不可究詰之名物制度，則其為空也，與言心言性者相去幾何？……要之，清學以提倡一實字而盛，以不能貫徹一實字而衰。」（註二）此所謂清學，實指考據而言，考據漸衰，主於微言大義之今文學乘運而起，亦勢所必然也。

㈡爲學術本身興衰交替之結果：學術發展亦如其他有機體，發展至一定限度，卽凝滯而腐敗，而衰謝。梁任公藉佛說一切流轉相，例分生、住、異、滅四期，說明學術思想之流轉亦分啓蒙、全盛、蛻分、衰落四期。前派之蛻分卽後派興起之時，乾嘉東漢之學盛極轉衰，則西漢今文之學興焉，此亦物理之常也。

㈢爲清學復古之必然趨勢：梁任公曰：「清學家旣教人以尊古，又教人以善疑。旣尊古矣，則有更古焉者，固在所當尊；旣善疑矣，則當時諸人所共信者，吾曷爲不可疑之」。又曰：「（經學）入清則節節復古。乾嘉以來，家家許鄭，人人賈馬，東漢學爛然如日中天矣。懸崖轉石，非達於地不止，則西漢今文舊案，終必須翻騰一度，勢則然矣」（註三）。

㈣爲輯佚學之助長：清代輯佚之學極盛，如馬國翰、黃奭等，除輯有東漢經注之外，於西漢三家今文尚書說，亦兼及之，至如陳壽祺之輯三家詩，陳喬樅之輯歐陽大小夏侯書說，而前漢經師之學因是以明，其有助於今文學之復興自不待言矣。

二、外在之緣

所謂外在之緣，則爲當時之政治、社會因素。蓋自清道咸以來，內有太平天國之亂，外有鴉片戰爭之敗。梁任公謂「清學之發祥地及根據地本在江浙，咸同之亂，江浙受禍最烈，文獻蕩然，後起者轉徙流離，更無餘裕以自振其業，而一時英拔之志，奮志事功，更不復以學問自重」（注四），乾嘉之學遂告中落。又自道咸以降，文網漸疏，加以歐西文化輸入，治學方法因而改良。學者不滿於古文學之章句訓詁，復昌言經世救國，而借公羊家「三世」「改制」之義以趨於切近時務之言者，於是西漢經今文之學，遂呈復活之象矣。

第二節　經今文學復興之肇端——莊存與及其家學

乾隆間，武進莊存與方耕於六經皆有撰述，深造自得，不斤斤分別漢宋，但期融通聖奧，歸諸至當。其所著春秋正辭，刊落訓詁名物之末，專求其所謂微言大義者，與戴段一派所取塗徑，全然不同。其學雖不顯於世，而家學流傳，薰陶者衆。猶子述祖，外孫劉逢祿、宋翔鳳、門人邵晉涵、孔廣森等皆卓然成家，經今文學因以復興。推其原始，當肇端於方耕也。

一、**莊存與**（一七一九—一七八八）

方耕於書，著有尙書既見三卷、尙書說一卷。前者有乾隆五十八年刋本、道光中寶研堂刋本、學海堂經解本、光緒八年陽湖莊氏刋本。後者今收味經齋遺書中。既見卷一論舜征有苗，謂一征而已，引子夏之言曰：「舜有天下選於衆，擧臯陶，不仁者遠矣」，謂此君子之言信而有徵，苗豈叛服無常哉。次論盤庚之賢。卷二論周公成王事，謂周公未嘗踐阼，成王卽位其年不幼也。書曰：「于後公乃爲詩以貽王，名之曰鴟鴞，王亦未敢誚公」，豈教誨孺子之言乎。夫孺子沖子，家人壽耉相與之常言；予沖人予小子，古天子通言，上下之恒辭，不以長幼而異。鄉飲酒義曰：「六十者坐，五十者立，侍以聽政役」。文王世子記曰：「養老幼于東序，非幼也，五十視六十以上則謂之幼」。則書之訓，絕無可據爲幼不能涖阼之徵。復申孟子「周公兼夷狄、驅猛獸而百姓寧」之言，辨書成王卽政，奄與淮夷叛之說，以為武王既喪，周公居東，商奄叛，三年之喪畢而雷告變。成王迎周公，公於是相成王東征，黜殷、伐管蔡，東伐淮夷，遂踐奄而遷其君。皆成王主之而周公相之，凡三年而天下畢定矣。卷三論舜事，引長息及公明高問答之語，謂堯既得舜而不命之以位，授之以事，仍使處於畎畝之中者，試之以至難也。末論伊尹放大甲，為聖人之達節也。有伊尹之志則可，無伊尹之志則篡也。並謂霍光非伊尹之比，實趙盾之徒。蓋欲立臣道之大防也。

尚書說亦以議論書中史事為主，間或詮說經文。於大禹謨，言人心惟危，謂仁義之心人皆有之，人之所以異於禽獸者惟此心。於多方，謂「多方乃靑、兗、冀三州之諸侯也」。又謂「東征之三年討奄君而歸，四國之事定矣」。謂費誓書序之東郊，卽魯之東郊。其議論大致如此。

李式侯越縵堂讀書記曰：「（尚書既見）無一字辨證其眞僞，亦未嘗闡發其義理，但泛論唐虞三代之事勢，憑私決臆，蔓衍支離，皆於經義毫無涉。…乾隆間說經，斯為最下矣。阮氏學海堂經解，斯為最下矣」。龔定盦撰莊公神道碑亦稱「公是書頗為承學者所詬病」。蓋其學主於微言大義，大抵依經立義，引古匡今，旁推交通，近於致用，故不為乾嘉學者所推許也。阮文達云：「于六經皆能闡抉奧旨，不專為漢宋箋注之學，而獨得先賢微言大義於語言文字之外」（注五），此言蓋得其旨。

方耕之外孫劉逢祿申受、宋翔鳳于庭，紹述其學，於尚書皆有專注。茲分述如後：

二、劉逢祿（一七七六—一八二九）

劉逢祿，字申受，一字申甫，號思誤居士，武進人。嘉慶十九年進士，其學出於舅氏莊述祖珍藝。於春秋獨發神解，著有公羊何氏釋例十卷、何氏解詁箋一卷、答難二卷、發墨守評一卷、左氏春秋考證一卷、箴膏肓評一卷、穀梁廢疾申何二卷。於書著有尚書今古文集解三十卷、書序述聞一卷。皆發揮前漢今文之學。詳具清史卷四八一（註六）。

尚書今古文集解，自序稱所以述舅氏莊先生一家之學，且爲諸子授讀之本。其書專解今文二十九篇（含泰誓），並書序爲三十卷。綜其內容，可分五項：㈠正文字：於經文之下，先審其音訓，別其句讀，詳其衍脫，析其同異，芟蕪存英，所謂「從簡要」也。㈡徵古義：馬、鄭、王注，採自後案，不復注其出典；其差繆過甚，如以夏侯等書轉爲古文之類，悉爲釐正，所謂「嚴家法」也。㈢袪門戶：謂孫疏好古，篤信周公奔楚，揃爪沈河之說；後案祖鄭，雖殛鯀在元圭告成之後，金縢誅官，屬黨與之誣，必曲申其是，遷周孔以就服鄭，皆所不取。而於僞孔傳之善，如顧命篇「夾兩階戺」爲官廉之類，亦所不遺，所謂「廣公義」也。㈣崇正義：六宗四載，三江九江，諸家聚訟，詳載博辨，體同考索。至於因中星而及歲差之西法，說璣衡而詳後世之銅儀，有乖說經，概從薙汰，所謂「懼支蔓」也。㈤述師說：凡述及其外王父莊方耕者曰「莊宗伯云」，述其舅珍藝者，則曰「莊云」，獨下己意者，則以「謹案」別之，其書序說義，亦詳爲引申，附諸其後，以明授受。

其外王父莊方耕，及舅氏珍藝之說，固爲今文家法；其所謂從簡要、嚴家法、廣公益者，亦折中於今文家說。不取馬鄭，亦不信馬鄭所傳逸十六篇，皮鹿門稱其識優於前人。然又評其「從宋人臆說而變亂事實，與伏生之說大背」之處亦往往而有。又云：「既不取馬鄭，則當專宗伏生今文」（注七）。吳光耀古文尚書正辭曰：「尚書今古文集解謂所引書傳皆同東晉古文，蓋爲孔疏改從今本，不顧經典佐證，概謂前人改竄，以便己說」。蓋為古文辯護。今觀全書體例嚴謹，家法亦尚明晰，其別擇雖不若陳喬樅之嚴謹，亦不失為清代今文家說尚書之重要著作也。

書序述聞亦與前書同調。謂馬鄭所述逸書目二十四篇實劉歆所偽造。謂堯典「粵若稽古」四字，非周史所載即孔子所加，乃三統以前之特筆，自白虎通論皋陶稽古而不得其說，馬鄭皆誤屬下帝堯為讀。謂大禹謨、皋陶謨、益稷，即今書一謨三序，非三篇同序也。其言皆禹、皋之言，故以謨歸之，所述兼益稷之功，故復以名繫之。謂史記殷本紀「其後貶帝號號為王」語，乃褚少孫羼入；謂泰誓之「十有一年」，乃武王即位之十一年也。謂詳周公之書，自金縢至亳姑，存者十一篇，金縢者，周公之書之首篇也。居東即東征，周公作鴟鴞之詩，在東土已集之後，書大傳、詩故訓及史記皆同，史不書東征而曰居東，不斥管蔡而曰罪人，緣周公之心而為之諱也。頗據史記、大傳為說，並發揮微言大義。

吳光耀古文尚書正辭評之云：

其左氏春秋考證方謂左氏傳非春秋傳，不得聖人春秋之旨。特晏子春秋、呂氏春秋之類。書序述聞又曰太史公聞春秋於董生，故夏殷紀表皆稱帝而周稱王。褚少孫等不得其說，遂於殷本紀羼入「周後世貶帝號號為王」以為解，由不得春秋之義。……皆信口褒貶如此（注八）。

皮鹿門經學通論云：

劉逢祿書序述聞多述莊先生說，不補舜典，不信逸書，所見甚卓，在江、孫、王諸家之上。而引論語、國語、墨子以補湯誓，以多士、多方為有錯簡而互易之，自謂非敢蹈宋人改經故轍，而明明蹈其故轍矣。……大誓序「惟十有一年」爲武王即位之十一年，不蒙文王受命之年數之，與今文古文皆不合。至於不信周公居攝之說，以孫卿爲誣聖亂經；不取太子孟侯之文，以伏傳爲街談巷議；不用孟津觀兵之義，以馬遷爲齊東野人，橫暴先儒，任意武斷，乃云漢儒誣之於前，宋儒亂之於後，其實莊氏所自矜創獲，皆陰襲宋儒之餘唾，而顯背漢儒之古訓者也。（註九）

江叔海亦辯之曰：

即令尚書大傳、禮明堂位……諸書所載，概不足信，而洛誥周公稽首拜手曰：「朕復子明辟」明是言復還明君之政，若未攝政，何所謂復？

又稱其善者曰：

至論盤庚遷殷，是陽甲之志，故經曰：「丕從厥志」，又曰：「殷降大虐，先王不懷」，先王謂陽甲，則於義甚正。又謂以泰誓今文充學，愈於以世俘爲武成，亦極有見（註一〇）。

以上三家之評，江氏揭其失而揚其善；皮氏亦今文家，而不爲曲埋；吳氏雖篤信僞古文，而所論能確中其弊，足見今文復興之初，其說尚未盡純，匡繆補缺，尚有待於來學者也。

三、宋翔鳳（一七七六——一八六〇）

嘉道間，傳莊方耕今文家學者，除劉逢祿中受外，尚有宋翔鳳于庭。

宋翔鳳，字于庭，江蘇長洲人，嘉慶五年舉人，官湖南新寧縣知縣。其學傳自外王父莊方耕，通訓詁名物，志在西漢家法，主於微言大義。於書著有尚書譜一卷、尚書略說二卷。事蹟具清史卷四八一（注一一）。

其尚書譜，橫列尚書百篇之目，縱列今文、古文二行，並在各篇之下，注明有無，附以說明。其譜用鄭康成書贊三科之條爲說，所列今古文並傳者三十一篇（內盤庚分爲三，顧命分出康王之誥），古文較今文增多者，除逸書十六篇（其中九共分成九篇，實二十四篇）外，又多泰誓三篇。謂據劉歆移太常博士書，以十六篇至天漢後始出，然伏生大傳已引九共逸句及大誓全文，董生亦引大誓，則不出自魯壁也。又謂十六篇者，大抵秦漢之間，諸子所記，往往可傳於經，學者補綴以比二十八篇，足以考究前聞而已，故伏生能引大誓之文，而所傳尚書乃闕是篇也。又周本紀、尚書大傳並載古文大誓，其第一篇爲九年觀兵時事，第二篇爲十一年師渡孟津時事，馬融稱書傳所引五事，及他書引大誓，當是第三篇，馬鄭時殘闕合爲一篇，故經典敍錄稱大誓一篇。伏生所傳無大誓，歐陽生始補入三篇，而歐陽經遂爲三十二篇矣。末謂孔子序周書，自大誓訖畢命，皆書之正經，以世次，以年紀，其末序蔡仲之命、粊誓、呂刑、文侯之命、泰誓五篇者，所以戒後王，制蠻夷，式群侯也，故以五篇別錄焉。

本譜與孫淵如尚書篇目表方法相同，而立說各異。孫氏多據鄭君，此編多據史記及尚書大傳。如謂「帝小辛立，殷復衰，百姓思盤庚，迺作盤庚三篇」。此據史記殷本紀，而序則以爲作於盤庚時，今據屈翼鵬先生考據，謂係殷末人述古之作（注一二）。又成王啓金縢書，史記、大傳皆以爲周公卒後事，史記正義及索隱已疑之，蔡氏集傳以後，從史記說者益少，于庭主於西漢，故其說如此，非的論也。

尚書略說二卷，乃擇重要名物制度而論說之。大抵主匡馬鄭。其釋九族，主歐陽夏侯說，兼外姓有親屬者言之。釋四岳，用漢書百官公卿表之說，謂四方諸侯繫於四方者。其號非一人，其職非一定，其人非一時也。釋太原，謂其地在雍州，當卽漢志安定郡高平縣等處。爲今甘肅平涼府固原等州云。惟據今人芮氏逸夫「九族制與爾雅釋親」（註一三）一文之考據，謂九族者，合父、母、妻、婦、婿五族，及「姑所適之夫及其子」、「姊妹所適之夫及其子」、「從母所適之夫及其子」、「姨所適之夫（亞）及其子」四族言之也，較舊說爲可取。又楊氏筠如尚書覈詁以大原卽詩六月之太原，其地在山西榮河、聞喜之間，與梁、岐、岳皆冀州之地，較此編所謂三地皆不在冀州者爲近理。知今文家說亦不盡確也。

第三節 經今文學復興之主流

一、龔自珍（一七九二—一八四一）

龔自珍，後名鞏祚，字璱人，號定盦，仁和麗正之子也，道光九年進士，官至禮部主事。其學出金壇段氏，後從武進劉氏受公羊春秋，遂大明西京之學。事蹟具清史卷（注一四）。

定盦於書著有泰誓答問、尚書序大義、尚書馬氏家法等。其泰誓答問設論凡二十六事，據劉向父子之說，證古文之本無此篇。今文亦無此篇，今文所採，自出逸書之泰誓解。是篇道光中汪遠孫刻之於浙，前有劉逢祿序，同治初，潘祖蔭又刻入滂喜齋叢書中。其總論漢代今文古文名實曰：

伏生壁中書實古文也，歐陽夏侯之徒以今文讀之，傳諸博士，後世因曰伏生今文家之祖也，此失其名也。孔壁固古文也，孔安國以今文讀之，則與博士何以異，而曰孔安國古文家之祖，此又失其名也。今文古文同出孔子之手，一爲伏生之徒讀之，一爲孔安國讀之。未讀之先，皆古文矣；既讀之後，皆今文矣。惟讀者不同，故其說不同，源一流二，漸至源一流百，此如後世翻譯，一語言也，而兩譯之，三譯之，或至七譯之，譯主不同，則有一本至七本之異。……讀尙書者，不曰以今文讀後而毀棄古文也，故其字仍散見於群書及許氏說文解字之中，可求索也。又讀古文之人必古今字畫識而後能之，此班固所謂曉古今語者，必冠世大師，如伏生、歐陽生、夏侯生、孔安國庶幾當之。（注一五）

此以翻譯爲喻，以明其原無別，甚爲新鮮。其餘各論之要者如：伏生原本二十九篇，非二十八篇，夏侯氏無增篇，歐陽氏無增篇，異序同篇之說非是，班氏不以書序當一篇，書序今古文並有，後得者非泰誓。其論泰誓晚立，與伏生家法無涉，有云：

劉向別錄：武帝末，民間獻泰誓，使博士讚說之數月，皆起傳以教人。劉歆曰：泰誓後得，博士集而讀之。此言功令而外，別增此學，歐陽家法而外，別增此師也。余考書博士有歐陽夏侯之學，歐陽夏侯皆未嘗爲書博士，今向歆言如此，與伏生弟子無涉明矣。……伏生之徵在文帝時，歐陽生親受業於伏生，下距武帝末尙七十年，縱老而見獻書之事，豈復羼補師書，自悔其少年之業之未備邪？抑余考諸外王父段先生之言，董仲舒對策在第七年，終軍上對在第十八年，皆引此文，是泰誓之出頗早，非晚年也。孔氏以爲末年重得之，良是。此類書記自除挾書之律卽萌芽於世。通人往往先見之，或孝武亦先見之，是以民間朝獻，夕付學官，其始皆不曾目爲泰誓。董子同類相動篇引此文，而稱書傳曰，是仲舒不以爲泰誓甚明白，目爲泰誓，在末年重得之時，距二十九篇之定也久矣。

至謂尚書大傳引此文之故，則爲漢儒引書之例。蓋漢儒引易說謂之易。歐陽生、張生當漢初群書四出之年，博摭傳記，何所不引，引此書之文以說泰誓爾。伏生無泰誓而有說泰誓之文，此亦九共、帝俈、說命、高宗之訓、歸禾等篇例也。

觀其所論，專宗伏生、歐陽、大小夏侯及孔安國問故之學，以明西漢微言大義，與魏默深同其旨趣，亦道咸間今文學派之重要著作也。

二、魏　源（一七九四—一八五七）

魏源，字默深，江蘇邵陽人。道光二十四年進士。其說經亦本常州莊氏，直溯西漢。龔自珍定庵、陳澧東塾、何秋濤願船等皆與之善。於詩著有詩古微，攻擊毛傳及大小序，專主齊魯韓三家。於書著有書古微，不僅以閻惠諸君所攻之晚出古文爲僞，卽後漢馬鄭所本之古文尚書，亦以爲臆造無師授。於專主伏生、歐陽、大小夏侯及孔安國問故之學，以發明西漢今古文之微言大義。事蹟具清史卷四八五。（注一六）

書古微十二卷，成於咸豐五年。自序謂其得於經者凡四大端，一曰補亡：據史記、孟子、書大傳徵引者補舜典；據史記及論語徵引者補湯誥；據史記、漢書、書大傳等徵引者補泰誓三篇，在汲冢書未出以前，則孔安國古文書固以克殷篇爲武成無疑，史遷從孔安國問故而知之，故全載於本紀，與漢書律歷志之引世俘爲武成者，各爲一事。故據克殷篇及史記補武成上下篇。又謂書大傳大戰篇所述，賢臣聖主勛謀莊議，上繼臯謨，勝於逸周書，故輯爲牧誓下篇。二曰正譌：如正典謨稽古，而並正殷高宗肜日爲胤嗣而非祭禰（曰若稽古帝堯曰放勳義，高宗肜日發微）；微子所問爲大師疵少師彊，而非父師箕子（微子篇發微）；金縢之弗辟，爲自任而非疑忌（金縢發微上）；梓材爲魯誥而非康誥（周誥發微中）。三曰稽地：如考禹河而謂有千年不決之瀆，稽江漢而謂下游有三江分流入海之口，荊州九江即九穴，在巴陵西，不在巴陵南，有班志所引桑欽古文說可憑，不謂九江，有太史登盧山觀潯陽九江可憑，且彭蠡在江北不在江南。又主漢水即北江，江水由胥溪滙震澤吳松爲中江。又謂雍州黑弱合流潛入青海，自合黎視之謂爲南海，自雍州望之謂之西海。四曰象天：以黃道極爲維斗之極，旋繞乎北極，周建乎四海，終古無歲差，故可爲外璇機，亦可爲太王衡，而非北斗之玉衡。即北斗之三建，亦皆指北方而正子位，以佐璇機之用，此爲其同里友人鄭叔績（漢勛）孝廉所說。自謂「知東晉之僞以返於馬鄭古文本，此齊一變至魯也，知馬鄭古文說之臆造無師授以返於伏生歐陽夏侯及孔安國問故之學，此魯一變至道也。」（例言上）。皆以史記、漢書、書大傳殘本三者爲立說之主要依據。

此書斥馬鄭而扶今文，實本常州莊、劉之緒；補湯誥，則本莊珍藝尚書記；其補舜典、牧誓下、武成，輯湯誓佚文，則莊氏所無。其以馬鄭古文爲臆造無師授，無異否認古文之根本存在，故梁任公云：

魏默深著書古微，提出古文尙書根本曾否存在之問題，是爲閻百詩以後第二重公案，至今未決。」（注一七）

皮氏經學通論則評此書多臆說不可據，如：

周誥分年集證，將大誥至洛誥之文盡竄易其次序，與王柏書疑無以異；以管叔爲嗜酒亡國，則雖宋儒亦未敢爲此無據之言。而於金縢未敢訓公之下，既知必有缺文，又云後半篇不如從馬鄭說。西漢今文，千得豈無一失！東漢古文千失豈無一得！則其經解並無把握，何怪其是末師而非往古乎。

同書又稱：「其不取馬鄭，並不信馬鄭所傳逸十六篇，其識優於前人，惟不取馬鄭古文，則當專宗伏生今文，而其一切武斷改經增經（自注：如魏氏改梓材爲魯誥，且臆增數篇攙入尙書），又多新解（自注：如以管叔爲嗜酒亡國之類）皆不盡善。」皮氏亦主今文之學，其說尙且如此，足見此書立論強斷，有失漢儒務愼之意。江叔海所評與皮氏略同，然謂是書誠非說經正軌，而議論開拓，足以濬發學者心思，故亦有取焉。

附：鄒漢勛（一八〇五—一八五三）

鄒漢勛，字叔績，新化人。咸豐元年擧人，從江忠烈軍殉難廬州，事蹟具淸史卷四八一（註一八）。其學於經史訓詁音韻曆算靡不硏討。嘗言破前人之訓故，必求唐前之訓故方敢用；違箋傳之事證，必求漢前之事證方敢從。其審慎若此。所撰讀書偶識十卷，爲讀群經小學之札記，其卷二說尚書，多據史事以言三代史實及經文之古訓。嘗訪魏默深於高郵，各出所著相參質，太平軍陷江寧，默深畀以遼史及尚書未定稿以歸，蓋深許其所學也。

此書有新化鄒氏斅藝齋遺書本及皇清經解續編本。首據史記索隱引書緯，及白虎通等，謂尚書原有三千餘篇，又書序有今古文，馬、鄭、王所傳爲古文，僅百篇；史記、大傳及書緯所言，張霸所據者，今文也，凡百二篇，史記之大戊、大傳之揜誥，是其篇名也。又謂伏生二十九篇之中有泰誓，歐陽氏所傳三種，皆古泰誓之一篇。以上爲泛論之屬。其論三代之事者甚多，如謂伯禽封魯，以周公尚在，故但稱子而不稱侯，故以通鑑前篇引尚書大傳以梓材爲命伯禽之書之說爲是，尚書無摘書中二字爲篇名者，則「子材」卽伯禽明矣。又謂唐虞之制，三公九卿，三公之序，司馬在前，司空次之，司徒又次之，契爲司徒，而禹讓之者，司徒位次司空也，棄居稷爲司馬，而禹讓之者，未爲司馬公也。初，舜爲司空，舉禹爲上佐，及舜卽眞，禹乃位公也。此亦據尚書大傳文而推者也。其言訓詁者尤多，如以堯典「食哉爲時」之食，讀飭，敕也，時，是也；「五服三就」，謂服斧鉞者就市，服刀者就官，服鋸與鑽笮者就朝。謂「無若丹朱敖」之丹朱，實驩朱之借字，非堯子也。末論呂刑篇中「冠賊」、「鴟義」、「姦宄」、「奪攘」、「矯虔」諸罪罰。皆能別出己見。

觀其所言，多從尚書大傳立說。大傳雖相傳爲伏生所著，然其於經文之外，往往綴拾遺文，推衍旁義，蓋卽緯書之流，用以輔佐經義則可，逕據以說經，則不可也。又皐陶謨疏：「鄭以三德六德皆亂而敬以下之文。」此謂「當作三德六德自亂而敬以上下，自誤爲皆，奪上字，衍文字耳。」其申述其由。今據宋單疏本校之，實非如所改，原本不誤也。雖然此篇所訓，亦頗有勝義，如「五禮有庸」，訓庸爲容，少儀曰：「祭祀之美，齊齊皇皇」，此祭容也；又曰：「言語之美，穆穆皇皇」，又曰：「賓客主恭」此賓容也；又曰：「朝廷之美，濟濟翔翔」，此嘉禮之容也；周官經注曰：「喪紀之容，累累顚顚」，此喪禮之容也；又曰：「軍旅之容，暨暨詻詻」，此軍禮之容也。又「艱食」，馬季長作「根食」，此以經言「播奏庶艱食鮮食」，五穀言播，則艱食卽百穀可知也。此類，皆屬可取，亦爲說經之家所不可廢者也。

第四節　經今文字之輯佚

一、陳壽祺（一七七一—一八二九）

陳壽祺，字恭甫，左海閩縣人，嘉慶四年進士，改庶吉士，授編修。丁父憂，遂不復仕。後嘗爲阮文達延課詁經精舍，一時樸學之士多出門下。事蹟具清史卷四八一（註一九）。

氏以兩漢經師莫先於伏生，莫備於許氏及鄭氏，遂闡明遺書，以尚書大傳自宋以後率多譌漏，因爲大傳定本三卷，敍錄一卷、訂誤一卷，並附錄洪範五行傳論一卷於後，以備一家之學。又撰今文尚書經說考、魯齊韓三家詩遺說考，未竟而卒。病革時，猶勉其子續成之。綜其治學旨趣，亦主於考輯先漢經師佚說者也。

其今文尚書經說考雖未及身而成，而其宏論則載於左海經辨中。計有：今文尚書有序說、今文尚書中有古文、今文三家尚書自有同異，今文尚書亦以訓詁改經、史記用今文尚書、史記採尚書兼用古今文、白虎通義用今文尚書，數文。

今文尚書有序說，列舉十七證以明伏生二十九篇有序，而不含泰誓。今文三家尚書自有同異：如古文「平章百姓」，大傳作「辯章」，史記作「便章」；古文「堣夷」，尚書正義卷二引夏侯等書則作「嵎鐵」，史記夏本紀索隱引今文尚書及帝命驗作「禺鐵」，經典釋文引考靈耀及史記作「禺鐵」，皆今文也。今文尚書亦以訓詁改經：如內之爲入，或之爲有，達之爲通，矜之爲憐，答之爲對之類是也。史記用今文尚書：謂班固雖稱遷書載堯典、禹貢、微子、洪範、金縢諸篇多古文說，然以五篇考之，如五帝紀之載堯典「居郁夷曰柳谷」、「便在伏物」、「黎民始飢」、「五品不訓」、「歸至于祖禰廟」、「五流有度五度三居」，夏本紀之載禹貢「維箘簵楛」、「滎陽既都」，周本紀之載洪範「毋侮鰥寡」，文字皆與今文脗合。史記採尚書兼用古文：謂以史記所採之五篇核之，如「肇十有二州」不作兆，「思曰睿」不作容，「不離于咎」不作麗，「高宗饗國五十五年」不作百年，皆古文之灼然可信者也。白虎通義用今文尚書：謂今傳白虎通義四十三卷及它書所援闕文考之，凡引尚書無稱古文者，逸書則稱尚書逸篇，引尚書大傳近十餘條。又喪服篇解尚書今天動威以彰周公之德，下言禮亦宜之爲周公以王禮葬，與尚書大傳符，然則白虎通引尚書悉用今文家明矣。

凡此，皆足以明其發明今文家經說之大旨。其子樸園承其家學，於歐陽、大小夏侯三家之遺說，蒐採略備，則其喬梓之於西漢今文家經說，功亦偉矣。

二、陳喬樅（一八〇九—一八六九）

陳喬樅，字樸園，左海之子。道光五年舉人，官至撫州知府。事蹟具清史卷四八一（註二〇）。左海晚年嘗以鄭注禮記多所改讀，又魯齊韓三家詩佚文佚義，與毛氏亦多異同。又今文尚書共二十九篇，其傳者有伏生、歐陽氏、大小夏侯氏三家，今除大傳外，餘皆失傳，每欲鈎考成書，未竟而卒。病革時，猶以此事相勖，先生乃搜討群籍，旁徵博引，以成今文尚書經說考三十二卷，敘錄一卷，尚書歐陽夏侯遺說考一卷。皆秉承遺訓，書成於同治元年，有家刻本、小嫏嬛館叢書本、陳氏八種本、皇清經解續編本。

歐陽夏侯遺說考，所採皆諸書引徵具有明文者，至爲審愼。如「以親九族，九族既睦」下云：「今尚書歐陽夏侯說云：「九族乃異姓有親屬者……」此取自許氏五經異義；「宅嵎夷爲宅嵎鐵」則取自尚書正義。全書僅十七條：「以親九族」、「欽若昊天」、「宅嵎鐵」、「曰柳谷」、「肆類于上帝」「禋於六宗」、「女作司徒」、「安民則惠黎民懷之」、「予欲觀古人之象」、「弼成五服至於五千」、「祖考來假群后德讓虞賓在位」、「憂賢揚歷」、「如豺如螭」、「皇極」、「爰始淫爲臏宮劓割脰庶剠」、「墨罰疑赦其罰百率」、及五行配五藏一條。多取鄭康成駁五經異義，及其父五經異義疏證之語，間加按語以闡發其義。

按：歐陽夏侯三家之學，亡於永嘉，後世末由見其本眞。清段茂堂今古文尚書撰異，孫淵如尚書今古文注疏，間輯今古文之異同，然於三家之學及三家師說之異同，又不暇致詳。樸園承其父志，鈎輯佚文而成此編。雖寥寥十數條，亦可藉以概見三家之餘緒矣。

今文尚書經說考，目錄之下有敍錄一卷，誌漢代傳今文尚書諸儒甚詳。正文部分，經字改用今文，其下注明所據之典，間加按斷。三家異文又分別列之，如「光被四表」下，引漢書蕭望之傳：「黃覇于定國等議曰：陛下聖德充塞天地，光被四表。」又中論法象篇：「唐堯之帝，允恭克讓，而光被四表。」又引漢書王褒傳、王莽傳、後漢書馮異傳作「橫被四表」。案語曰：作橫被者當爲歐陽今文，作光被者當爲大小夏侯異文。黃覇從夏侯勝學尚書，故引堯典作光被也。又「平秩東作」，謂鄭君注周禮，用今文尚書作「辨秩」，史記索隱引尚書大傳作「辯秩」，集解引尚書傳作「便秩」，而史記五帝紀作「便程」者，蓋歐陽家之異文也。又謂趙邠卿注孟子，所引皆三家今文尚書，而字作「平」，或三家經文亦有作平者，或後人所改，皆未可定也。故將「辨秩東作」「辯秩東作」「便程東作」「便秩東作」「平秩東作」五條並列。又西伯戡黎，尚書大傳作「𢦏耆」，史記殷本紀作「𢦏飢」徐廣音義曰：「飢，一作阢，又作耆。」此云：「耆、飢、阢，出歐陽夏侯等書，皆今文。」謂古文作「[illegible]」又「𢦏」字通作「龕」亦三家之異文也。於金縢篇，謂史記以居東爲東征，與伏生大傳合，爲今文說；鄭君書注蓋參用古文今文兩家之說而折衷之：以居東二年爲出處東國待罪，以新迎周公爲啓金縢書感悟自新，此皆參用古文家說也；其讀「不辟」之「辟」爲「避」，讀「丕子」之「丕」爲「不」，比皆參用今文家說也。又以今文家不言避居東國事，而疑伏生老耄，容或記憶偶失也。又泰誓雖不在伏生二十八篇之內，然五帝末列於學官，故顏氏漢書注、章懷後漢書注、小司馬史記索隱、李注文選引泰誓，皆冠以今文尚書也，因附入泰誓三篇。又以書序爲伏生所有，故加詳考。

本書自序云：

凡所採摭經史傳注及諸子百家之說，實事以求是，必溯師承；沿流以討源，務隨家法。而參詳考校則亦有取於馬鄭之傳注，爲之旁證而引伸之。前後屢更寒暑而後卒業焉。

可知其用功之勤。然疏失亦有所不免，皮氏經學通論云：

陳氏博採古說，有功今文，惟其書頗似長編，搜羅多而斷制少，又必引鄭君爲將伯，誤執古說爲今文，以致反疑伏生，遺棄初祖。如文王受命，周公避居事，皆詆伏生老耄，記憶不全，亦有未盡善者。（註二一一）

桐城吳氏則評其取江艮庭泰誓說之非，謂：

閣下既信泰誓非眞伏生所傳，而猶取江氏之說，似尚未妥。又謂書序眞孔子作，而以足二十九篇之數，亦仍有可疑者。…竊謂書惟古文有序，今文則伏生於經尙亡數十篇，無緣更存其文。

（註二一二）

江叔海則指其敍錄之誤曰：

如鮑宣，漢書本傳只稱其好學明經；龔舍本傳只稱其以魯詩教授，皆不言傳尙書。黃瓊、黃琬，後漢書本傳亦無受尙書之事；甚至因楊彪少傳家學，而及其子修，因荀爽嘗著尙書正義，而及其子悅、彧，得無濫乎…史記舜本紀載焚廩浚井一事，疑卽取之孟子，喬樅因論衡吉驗篇亦有是言，謂論衡書解篇於書家獨歐陽公孫，是其治歐陽尙書之明證；太史公時，尙書獨有歐陽博士，則史記所載尙書是歐陽氏說，遂以此爲歐陽尙書說，亦近武斷。（註二一三）

其他辨駁尙多，然此篇捃拾宏富，多存今文家說，故其書甫出，曾文正公卽以爲可傳。（注二四）皮氏亦稱：「治尙書者，先取是書與孫氏今古文注疏，悉心研究⋯可不惑於歧途。」（註二五）此雖今文家之言，而其足供後人研究之助，則無疑矣。

陳氏父子於尙書今文學之輯佚，厥功至偉，惟其書未標原書名，且別成體例，實與自撰無異。其專輯歐陽生今文尙書者，有王謨今文尙書說一卷、馬國翰尙書歐陽章句一卷、黃奭尙書章句一卷；又馬國翰有尙書大夏侯章句一卷、尙書小夏侯章句一卷，詳見本編第八章。

第五節　經今文學之箋註及考證諸家

乾隆四十二年，皖派漢學宗師戴東原著尙書義考，備採漢儒之說而折衷之，以發明漢人經義，故歐陽、大小夏侯之說，亦鉅細不遺，其釋義雖主爾雅古義，而其不廢三家之學亦明矣。惜其書僅成二卷，則採輯西漢經說較備者，尙有待於後學也。

嘉慶二十年，孫伯淵著尙書今古文注疏成，已知今古文兩派不可強同，故採尙書大傳伏生所傳歐陽、大小夏侯等今文說，爲三科之一，是其說經，雖以馬鄭爲主，而今文說亦收採略備。故此書嘗爲皮氏鹿門及王氏正儒所稱道（註二六）。

道光十六年，阮伯元著詩書古訓，自序稱：「萬世之學，以孔孟爲宗，孔孟之學，以詩書爲宗，不宗孔孟，必入於異端。孔孟之學所以不雜者，守商周以來詩書古訓以爲據也」。又云：「元錄詩書古訓六卷，乃總論語、孝經、孟子、禮記、大戴記、春秋三傳、爾雅十經」。十經之外，採自傳記子史者，計有白虎通、孔叢子、中論、漢書、史記、尚書大傳、後漢書、獨斷、漢紀、說苑、淮南子、春秋繁露、潛夫論、烈女傳、鹽鐵論、新序、墨子、呂氏春秋、荀子、戰國策、新書、忠經（依引用次序）等，而以採自兩漢書、白虎通、孔叢子、尚書大傳者為多。馬鄭之注則不及焉，史稱其學以發明大義為主者，是也。

自是以降，採輯今文經說以註尚書者，當數王壬秋、皮鹿門二家較純，而吳摯甫專宗史記、王葵園明辨今古文，亦以今文為主，玆並及之。

一、王闓運（一八三二—一九一六）

同光間，王闓運壬秋說尚書，亦偏主今文。

王闓運，字壬秋，湖南湘潭人。咸豐三年舉人。通諸經，尤肆力於文。曾入曾文正公幕，自負奇才，所如多不合，乃退息。丁寶楨總督四川時，聘主尊經書院，歸為長沙思賢精舍、衡州船山書院山長。江西巡撫夏時，延為高等學堂總教習。入民國後，嘗一領史館。事蹟具清史卷四八一（注二七）。

湘綺於書，著有尚書今古文注三十卷、尚書箋三十卷及尚書大傳補注七卷。今古文注三十卷，光緒五年手寫刻於四川，序稱「取孫（按：指孫星衍）撰稍加刋補，益明大傳、史遷之傳，以示學人」。則其偏主大傳、史記之意甚明。（注二八）

尚書箋三十卷，據王代功撰年譜，蓋成於同治十一年九月（注二九），今收王湘綺先生全集中。是書集尚書大傳、史記、歐陽、大小夏侯及馬鄭之說而箋之，每句下先引經文異字，次引史記、馬鄭、大傳等注。箋語引古書者多注明出處，用近人之意者則不注所本。惟於孫疏之誤者則辨之。全書多伸伏而抑鄭。

湘綺原以詞章名家，二十五歲始治今古文尚書，此編蓋折中於伏氏以補孫疏之不足，用意至當，惜其所取，實不無可議者，江叔海曾批評之，如解堯典「象傲」，依史記作「弟傲」；解「欽哉欽哉」作與哉與哉，言當與此九刑；又「江漢朝宗于海」，箋以朝宗為潮淙，謂皆甚謬！並稱：「大抵闓運說經，取法箋注，託體甚高，間有意本前人，亦不言所出，但欲求簡，轉鄰掠美。是亦持平之論，蓋說經非其所長也。

尚書大傳補注，則考求鄭注八十三篇之數，並就前人之所輯，補注之，以申伏氏之學。見第八章。

二、吳汝綸（一八〇四—一九〇三）

桐城吳摯甫以桐城人而受學於曾文正公，為桐城派末期大師；並喜言西學，異乎拘墟守舊者。其尚書讀本乃就蔡傳刊改，已見於第一章，氏雖不以漢學名家，惟其於尚書，實偏主西漢，其「再記寫本尚書後」，謂尚書有今古文，其別由伏孔二家，二家皆出自壁中，皆古文，而皆以今文讀之，歐陽夏侯受學於伏生，不見壁中書，壁中書本古文，以傳朝錯，入中秘，自是今文始盛行，故疑安國與其徒亦用今文，孔氏所由起其家亦用此。二家之異在篇卷多寡而不在古今文也。孔氏古文若廢十六篇不講，而止傳伏生所傳廿八篇，則與朝錯所受書何異？故其所撰尚書故三卷，專採今文二十八篇，所採古今訓詁，一以史記爲斷，不爲馬鄭所囿。蓋以史公問故安國，淵源最古也。按：漢書儒林傳稱遷書所載堯典、禹貢、微子、洪範、金縢諸篇多古文說，段若膺則謂漢人引書皆用見立學官今文之本；遷書多古文說者，特其義則然，而文字悉依今文。陳恭甫雖考核史記此五篇所採，亦有兼用古文者，而綜其全書，仍多本今文。然則吳氏之據史記說書，與今文家之據歐陽夏侯之學，實無以異也。此編收桐城吳先生全書中。

三、皮錫瑞（一八五〇—一九〇八）

善化皮錫瑞鹿門，精研漢訓，其經術原以高密爲宗，其後專治今文家言，塗轍改變。而宏通詳密，多所發明。於閻氏疏證及毛氏寃詞皆嘗辨正。又著經學通論及今文尚書考證，以申前漢今文家言。

其經學通論，大旨謂：治經者一當知經爲孔子所定，二當知漢人所稱孔子作經，必有所據，三當知後漢古文說乃尊周公抑孔子，四當知晉宋以下專宗古文而微言大義不彰，五當知宋元以降不信古文亦有特見，六當知乾嘉以降治今文者尤能窺聖經微旨。執此六義以治經，用漢人存大體玩經文之法，並勉爲漢時通經致用之才，則不致博而寡要，迂而疑經矣」（注三〇）。全書分易、書、詩、三禮、春秋五部分。論書經者三十三條，另爲一卷，依其性質可分爲如下幾類：㈠通論今古文之別；㈡論尚書之篇數；㈢論伏生所傳之今文當信；㈣辨古文之說不可據；㈤辨僞古文之誣；㈥其他。其論通今古文之別，由文字不同，亦由譯語各異。謂漢初以今文立於學官，尚未別標今文之名，但云歐陽尚書、夏侯尚書而已。劉歆立古文尚書以後，始今古別異。又引龔定盦之論，以今古文之別亦由譯語各異，讀古文之人，必古今字盡識而後能之。此班固所謂曉古今語者，必冠世大師如伏生、歐陽生、夏侯生、孔安國庶幾當之，餘子皆不能也。論尚書之篇數，謂伏生傳經二十九篇非二十八篇，當分顧命、康王之誥爲二，不當數書序與泰誓。論伏生所傳之今文當信，謂伏生所傳之今文不僞，治尚書者不可背伏生大傳最初之義。伏傳之後以史記爲最早，史記引書多同今文，不當據爲古文，伏傳史記之後惟白虎通多引今文，兩漢書及漢碑引書亦皆漢時通行之本。論古文之不可據，謂古文說誤以周官解唐虞之制，淆亂唐虞三代之事實，與史記、大傳不合。謂書序有今古文之別，史記所引書序皆今文，可信據；馬鄭僞古文書序未可盡信。其他如論尚書義凡三變：一變於東漢古文，而今文衰歇；再變於王肅僞造古文，而今文盡亡；三變於宋儒之持理臆斷，不知古義之可信，改自古相傳之事實。皆各持所據，蔽所不見，遂至相攻，皆不知專主伏生之故也。

按：尚書大傳相傳爲漢初首傳尚書之伏生所著，鄭康成曾爲之作注，其重要自不待言。又前漢時通行者皆今文，其時近古，且師弟相傳，當甚可信。此編既專主今文，復以史記、大傳爲立說之本。故所言多不可易。如謂尚書之分今古文最先，而又最糾紛難辨；論尚書之有不能解者，當闕疑，不能強爲附會等，皆達論也。惟其以二十九篇爲足，更不必考求逸書，不知將置孟、墨諸書所引者於何地！又以今傳僞孔傳出於王子雍，恐亦非事實，劉申叔尚書源流考中，證知子雍另有僞本（注三一）。又劉知幾稱六經皆史，尚書實唐虞三代之史無疑。今鹿門必以尚書是經非史，亦非的論。此類當分別覲之。

今文尚書考證乃取今文二十九篇，合以書序，共三十卷。仿孫淵如尚書今古文注疏體例，正文用通行本，以小字分注今文。如「鳥獸孶尾」，注云：「今文作鳥獸字微」；「岳曰否德忝帝位」，注云：「今文作嶽曰鄙德忝帝位。史記作鄙，臧琳說今文尚書作啚」是也。至若「於乎」、「烏虖」，不同於「戲」之字，「無逸」、「亡佚」，別傳「毋劮」之文，「邦」、「國」，「恒」、「常」，「維」、「惟」，「乃」、「迺」之別，或由習本刺殊，非關大義者，則各依其本書。綜其大要，約有四端：㈠宗伏生，謂伏生遠有師承，故其說解，皆先引大傳爲說。㈡宗史記，謂馬遷實守歐陽之法，如大麓是林麓，非錄；允子朱爲丹朱，非允國王；盤庚屬小辛時作，比於陳古刺今；多士文兼毋佚，意在兩義互明；成王啓金縢，非因管蔡流言；重耳賜彤弓，乃作文侯之命；秦伯封殽，懲前悔過，乃作秦誓。至謂文王囚羑而後戡耆，箕子未封，先已訪範，雖有小異，無害大同。㈢謂賈馬許鄭之取古文，乃因今文通行，不免譌俗，非其別有定見，故馬鄭之說不同。王肅乃趁隙僞造孔安國傳，遺誤後人，故謂今文若有譌俗，雖不妨參以古文，然古文無說解，不足爲據，仍應用三家今文互參，兼採所長爲是。㈣謂康成博通，多參異議，子雍僞謬，間襲今文，故於二家之取舍，一以與今文異同爲斷。書中採段茂堂尚書今古文撰異及陳樸園今文尚書經說考者甚多，皆以己意折中之。

考自嘉道以降，學者多宗西漢，輕古文而尚今文。陳左海尚書輯校、魏默深書古微、陳樸園今文尚書經說考、歐陽夏侯遺說考等相繼而出，然左海以暢訓爲略說，默深改經增經，多立新解，又兼宋學。樸園捃摭最富，又以鄭注皆今文，時與伏書相背。此書則取其精富，辨其譌舛，可謂後來居上。

王葵園序，稱其「詳密精審，兼諸大儒之長，而去其蔽。後之治今文者，得是編爲前導，可不迷於所往。」然其獨尊伏傳，自謂「不爲北海之佞臣，寧作濟南之肖子」，以致稱馬鄭諸君之崇古文，蓋愛其文字之古也。史遷從孔安國問故，明孔氏嘗爲古文矣，遷書載堯典諸篇多古文說，是古文有說矣。桑君長名傳古文，其文散見地志水經，與今文不同者，皆可決其爲古文說。」是亦治今文者，所當深思者也。此書有光緒二十三年丁酉，師伏堂刋本（前有王先謙序），及民國四十年，台北藝文印書舘景印本。

四、王先謙（一八四二—一九一七）

光緒三十年，王先謙著尙書孔傳參正三十六卷，雖兼明尙書今古、眞僞之辨，而於今文三家之說，分別精當，亦非以東漢之學自局者也。

王先謙，字益吾，號葵園，長沙人。同治四年舉進士，改庶吉士，散舘授編修。曾在江蘇奏設南菁書局，彙刻先哲經注，仿阮文達皇清經解例，刋續經解一千四百三十卷、南菁叢書八集，培植後進，成就甚衆。其學循乾嘉遺軌，趨重考證，著有漢書補注一百卷、後漢書集解一百二十卷、水經注合箋四十卷、荀子集解二十卷、詩三家義集疏二十八卷等。生平事蹟具清史卷四八一（註三二）。

晚書之僞，學者皆能知之，然朝廷仍頒爲功令，家傳童習而不廢，故此書仍用孔氏經傳，參以他書，附諸考證，以明尙書古今、眞僞之辨。序例後有「書序百篇異同表」，取僞古文孔傳、馬鄭古文、史記大傳今文、伏生二十九篇、歐陽大小夏侯二十九篇，校其異同。全書之例，先列經文，次列爲孔傳、再列參證之語。皆先辨明該句爲今文，爲古文，或今古文同，如云：「曰若稽古帝堯，今文與古文同」，「欽明文思安安，古文也，今文作欽明文塞晏晏」，其下復引今古文之出典，並集衆說而參正之。卷三十三以下釋書序，並附各篇佚文，而以僞孔安國序殿焉。其書自史、漢、論衡、白虎通諸書，迄於熹平石經，凡可以闡發三家經文者，採獲略備，兼輯馬鄭傳注，旁徵諸家義訓，間下以己意，使今古文說炳焉著明。

此書參稽衆本，分別清晰，使讀者一覽而今古、眞僞之別立辨，衆家之說洞悉，故皮鹿門經學通論稱其詳明精確，最爲善本。江叔海則指其說禹貢，仍遵阮元三江圖考之說，以浙江當南江，未免千慮一失（註三三）。王觀堂亦評其「網羅衆說，無所折衷，亦頗以繁博爲病。」（註三四）今觀其書，於今古文家之說，兼收並取，所釋亦頗有勝義，如大誥「反鄙我周邦」，云鄙之義當爲圖，此與金文合（金文鄙圖同字，但作「啚」）；梓材「既勤敷菑」云「敷，布治之也」，義頗可取，其於經今文學之功，亦自不可沒矣。

又四川廖季平尚書今文二十九卷，又名弘道篇，分書與尚書中候爲二，以帝典訖微子爲尚書義，金縢訖泰誓爲中候義。又以漢師以書二十八篇象列宿，史記儒林傳謂伏生二十九篇，王充論衡謂天之北斗，是古本二十九篇法斗，以爲列宿之綱，不宜以晚出泰誓之傳說當之，因取堯典乃命羲和至鳥獸氄毛一段，別題皇矣篇以冠其首。篇中雖以皇帝王伯爲標目，然其凡例則云書中帝王年號如傀儡登場，不過裝飾儀表，借以立名，堯舜禹湯文武周公成康，不知有是人否，故學說之皇帝王伯，皆如六書假借之例。荒經蔑古，莫此爲甚。廖氏學出湘綺，以今文學名家，所著新學僞經考、孔子改制考，名著一時，故附識於此。其書收六譯叢書中。

【附　註】

註　一：史記儒林傳及漢書藝文志所載略同。

註　二：見梁氏清代學術概論第五十一頁，中華書局本。

註　三：同註二。

註　四：見註二第五十二頁。

註　五：見「莊方耕宗伯經說序」，刻入味經齋遺書卷首，而阮氏研經室集未之收。

註　六：又見清儒學案卷七十五、清史稿卷四八八、清史列傳卷六十九、國朝耆獻類徵卷一四八、四二〇、續碑傳集卷七十二、國朝先正事略卷十七、卷三十五、漢學師承記卷四、禮部劉君傳（李兆洛養一齋文集卷十四）、故禮部儀制司主事劉先生行狀（戴望謫麐堂遺集卷一）。

註　七：見皮氏經學通論第一〇四頁，商務人人文庫本。

註　八：見該書卷卅三第四六頁，光緒十九年刋本。

註　九：見皮氏經學通論第九八頁，商務人人文庫本。

註一〇：見續修四庫提要第二二九頁，商務本。

註一一：又見清儒學案卷七十五、清史稿卷四八八、清史列傳卷六十九。

註一二：見尚書釋義第四十二頁，華岡叢書本。

註一三：見史語所集刊二十二期第二〇九—二三一頁。

註一四：又見清儒學案卷一五八、清史稿卷四九一、清史列傳卷七十三、碑傳集補卷四十九。

註一五：以上參見該書第二十四條。

註一六：又見清儒學案卷一六一、清史稿卷四九一、清史列傳卷六十九、碑傳集補卷二十四、國朝先正事略卷四十四、清代學者象傳卷一邵陽魏先生傳（顧雲盋山文錄卷五）。

註一七：見梁氏中國近三百年學術史第一八二頁，中華書局本。

註一八：又見清儒學案卷一六七、清史稿卷四八八、清史列傳卷六十九、續碑傳集卷七十四、國朝先正事略卷三十六、中興將帥別傳卷三下。

註一九：又見清儒學案卷一三〇、清史稿卷四八八、清史列傳卷六十九、碑傳集卷五十一、左海文集九自傳、小石渠閣文集四林昌彝撰傳、衎石齋記事續稿八錢泰吉撰別傳。

註二〇：又見清儒學案卷一三〇、清史稿卷四八八、清史列傳卷六十九、續碑傳集卷七十四、吳守禮編陳樸園先生年譜、睹棋莊集卷七謝章鋌撰左海後人樸園陳先生墓誌銘。

註二一：見該書第一〇四頁。

註二二：見「答陳樸園論尚書手札」，（台北藝文本桐城吳先生全書文集卷一）

註二三：見續修四庫提要經部第三四七頁。

註二四：見「曾滌生手札」（桐城吳先生全集文集卷一）

註二五：見經學通論第一〇四頁，商務人人文庫本。

註二六：皮說見所著經學通論第一〇四頁；王說見清史列傳卷六十五王懿榮傳。

註二七：又見清史稿卷四八八、王湘綺年譜（王代功編王湘綺全集本）、湘綺樓日記、近代名人小傳（費行簡編）。

註二八：其書今未見，說見續修四庫提要經部二七五頁。江叔海撰提要。

註二九：按王湘綺年譜，同治十一年九月下云：「作今古文尚書箋成」。

註三〇：參經學通論序。

註三一：見尚書源流考，劉申叔遺書第四十一頁。

註三二：又見清儒學案卷一九〇、清史稿卷四八八、碑傳集補卷七、王先謙自訂年譜（一名王祭酒年譜）、葵園公年譜節鈔（王祖陶編）。

註三三：見續修四庫提要經部第二八〇頁。

註三四：見尚書駁詁序。

第六章　漢宋兼宗之尚書學

清初諸儒治經，取漢唐注疏及宋元明人之說，擇善而從，而啓漢宋兼採之風氣。乾嘉之際，宋學漸寖。而道光以後，宋學復興，博通之士，又調劑漢宋，不欲以一端自局者。就尚書一經而言，自清初以至末葉，此派著述，不絕如縷，是爲漢宋兼宗之尚書學。

第一節　漢宋兼宗之起因

清初諸家說經，雖守宋學之門戶，然多採漢人訓詁。道咸以降，通方之士，亦多不偏漢宋，直至清季，流風未沫，究其原由，約可歸納爲三點：

一、前明遺老力主徵實之學

明承宋人之學，主於義理，惟姚江學派之末流，空談性命，束書不觀，相爭口舌之間，重蹈清談之覆轍。清初諸君子，眷戀故國，悲此淪胥，故力矯明人空疏之弊，思振民族人心於既亡。顧亭林、顏習齋，首闢空談之誤，倡經世實用之道。江鄭堂漢學師承記云：「炎武留心經世之術，……酌古通今，旁推互證，不爲空談，期於致用」（註一）。顏習齋曰：「必有事焉，學之要也，心有事則存，身有事則修，家之齊，國之治，皆有事也。無事則治與道俱廢」（註二）。而黃梨洲等爲學，亦以六經爲根底，以爲經世之方。全榭山梨洲先生神道碑云：「公謂明人講學，襲語錄之糟粕，不以六經爲根柢，束書而從事於遊談。故受業者必先窮經，經術所以經世，方不爲迂儒之學，故兼令讀書史」（註三）。

考錢穆齋初學集卷七十九與卓去病論經學書云：「六經之學，淵源於兩漢，大備於唐宋之初。其固而失通，繁而寡要，誠亦有之，然其訓故皆原本先民，而微言大義，去聖賢之門猶未遠也。學者治經，必以漢人爲宗主，漢不足，求之於唐，唐不足，求之於宋，唐宋皆不足，然後求之近代，庶幾聖賢之門仞可窺，儒先之鈐鍵可得」。又卷廿八新刻十三經注疏序云：「世謂之講道，漢儒謂之講經，而今聖人之經，卽聖人之道也，離經而講道，……儒林與道學分，而古今傳注箋解義疏之學轉相轉述者，無復遺種」（註四）。此言卽亭林「經學卽理學」之說，而當時王船山書經稗疏，朱長孺尚書埤傳等，皆以宋學爲本，並有取於漢訓，未始非立意於徵實之故也。

二、宋學派之影響

漢學方興之際，桐城方望溪已別樹一幟，專求經義，好爲宋人之學。謂宋五子之前，其窮理之學未有如五子者，推其緒而廣之，乃稍有所得，其背而馳者，皆妄鑿牆桓而殖蓬蒿，學之蠹也（註五）。姚惜抱亦攻漢學而主於宋。其後方東樹植之，作漢學商兌，亦痛詆漢學之失，謂「漢學諸人，言言有據，字字有考，只向紙上與古人爭訓詁形聲，傳注駁雜，援據群籍證佐數百千條，反之身己心行，推之民人家國，了無益處。…然則雖實事求是，而乃虛之至者也」（注六）。又曰：「近代爲漢學者，其蔽益甚，其識益陋。其所挾惟其漢儒破碎穿鑿謬說，揚其波而鼓其流。…畢世治經，無一言幾於道，無一念及於用，以爲經之事盡於此耳矣，經之義盡於此耳矣」（註七）。故於江鄭堂師承記及阮芸台經解，均致抨擊，謂「江氏作漢學師承記，阮氏集經解，於諸家著述，凡不關小學，不純用漢學古訓者概不著錄。…徒以門戶之私，與宋儒爲難，非徒不爲公論，抑豈能求眞得是」（註八）。商兌之外，又著書林揚觶，亦爲掎摭時痛而發，皆足爲漢學之箴砭。又儀衞軒文集卷一有辨道論一篇，謂「考證漢學，…以文害辭，以辭害意，棄心而任目，刓敝精神而無益於世用。…使其人稍有所悟而反乎己，則必翻然厭之矣」。宋學諸儒之於尙書，雖少專門著作，然影響所及，陳蘭甫起於粵，倡朱鄭同歸之學，此非苟爲調和者可比也。

三、漢宋之學原有其相通之處

學分漢宋，以考據與義理分途，陸子謂「六經註我」，朱子主「泛覽博觀」，皆取其在聖賢道上討得分曉，並乏「爲讀書而讀書」之意。由是以言，則宋學確乎爲義理之學，與乾嘉考據之學，涇渭分明。然朱子四書集注，亦頗言考據，故江鄭堂作漢學師承記，爲漢宋分疆，而同時龔定庵即遺書商榷，謂漢學之名有十未安，其肯綮之言爲：「若以漢與宋爲對峙，尤非大方之言；漢人何嘗不談性道？五也。宋人何嘗不談名物訓詁？不足概服宋儒之心，六也。近有一類人，以名物訓詁爲盡聖人之道，經師收之，人師擯之，不忍深論，以誣漢人，漢人不受，七也」（註九）。此所謂「漢人何嘗不言性道」與「宋人何嘗不談名物訓詁」，實係持平之見。可見漢宋之學原有其相通之處，僅各有偏擅而已，後有兼取其長者，實學術進步之現象也。

四、調和於漢宋兩端

乾嘉間，焦里堂論學極重戴東原，惟亦兼治宋明理學者言，嘗詆漢學者執一而不通之弊。而歙縣凌次仲，亦論漢學之失，與胡敬仲書有云：「浮慕之者，襲其名而忘其實，得其似而遺其眞。讀易未終，卽謂王韓可廢；誦詩未竟，卽以毛鄭爲宗；左氏之句讀未分，已言服虔勝杜預；尙書之篇次未悉，已云梅賾僞古文。……不知學術之源流，而但以譏彈宋儒爲能事，所謂天下不見學術之異，其弊將有不可勝言者。……矯其弊，毅然而持之者誰乎！」（註一〇）是其有志於矯正時弊者也。

實則漢宋之學各有其弊，亦各有其長，紀文達嘗言漢儒說經以訓詁專門，宋儒說經以義理相尙，二者原不可偏廢，梁章鉅退庵隨筆（卷十四）亦謂治經者不拘漢學宋學，總以有益身心，有裨實用爲主，否則漢學無益，卽宋學亦屬空談；說經者期於古聖賢立言之旨，愈闡而愈明，方於學者有用。其言最爲通達。然其時漢學方昌，非一二人之力所能改變風氣。道咸以後，正値鴉片戰爭及洪楊之亂，樸學考據亦盛極趨衰，風氣將變之候。陳蘭甫生當其時，適爲過渡之人物，自述謂「中年讀朱子書，讀諸經注疏子史，日有課程」。其論漢學之失，有云：「百年以來講經學者，訓釋甚精，考釋甚博，而絕不發明義理，以警覺世人。其所訓釋考據，又皆世人所不能解，故經學之書汗牛充棟，而世人絕不聞經書義理，此世道所以衰亂也」。又曰：「今人只講訓詁考據，而不求其義理，遂至於終年讀許多書，而做人辦事全無長進，此眞與不讀書者等耳。此風氣急宜挽回」（註一一一）。故其所著漢儒通義及東塾讀書記，皆漢宋兼採，蓋以調和漢宋之間而兼取其長也。

清初諸家，惟實是務，故其治經，取漢唐注疏及宋元明人之說，擇善而從，而啓漢宋兼宗之一派。而在諸公當日，不過實事求是，非必欲自成一家也，此皮鹿門論之矣（註一一二）。桐城派諸家於當時漢學之失，已能鑿鑿言之，方植之所言，雖不免肆意謾罵，然亦多中漢學之弊。宋學淵源記序，載紅豆山房半農人手書楹帖云：「六經尊服鄭，百行法程朱」，是當日已伏漢宋兼宗之因矣。逮道咸以降，喪亂頻仍，典籍淪亡，民生日凋，江浙之地，受害尤烈，漢學已不復當日之盛，故常州派趨於今文之學，而陳蘭甫等則兼主漢宋，此皆時會使然也。

第二節　康雍時期諸家

清初八十年間，治理學猶頗守程朱陸王，而黃梨洲、顧亭林、王船山諸儒則合經學理學爲一，諸大師著述談說，往往深入漢宋。由後人論之，爲漢宋兼採一派，而在諸公當日，不過實事求是，非必欲自成一家也，昔皮鹿門嘗論及之。梁任公亦謂當時諸儒，不過「相忘於道術而已」，其言是也。其關於尚書之著述者，今舉朱鶴齡長孺尚書埤傳及王頊齡等奉敕撰定之書經傳說彙纂爲代表，以見一斑。

一、朱鶴齡（一六〇六－一六八三）

朱長孺所撰尚書埤傳及禹貢長箋，多本宋人之說而兼取漢唐注疏以裨益之。埤傳凡例云：「漢唐二孔去古未遠，名物度數之學多得其眞。蔡氏訓釋義理，迥出注疏之上，然稽古却疏。又一事而前後異解往往有之。今備加剖析，取注疏爲主，參以諸儒之說」。又云：「唐宋以來諸名家文集中，其論說有與書義相證發者，多節鈔之，以備觀覽。仲默所解天文歷律得之家傳，其粹義精言又多得之朱子。今人盡讀蔡傳，蔡傳實未易讀也，今於其難解處，特詮釋一二」。禹貢長箋凡例云：「此書正註多用二孔氏傳疏、蔡氏集傳，及大全。諸儒之說，其與本義相發明者，雖別解亦收，或入圈外注」。又云：「漢人去古未遠，山川地域皆以孔傳班志及桑欽水經爲據，酈道元註多從節錄，蓋水道既明，則地形亦曉，夾漈所謂今之地理以水爲主也」。則其漢宋兼採，具有明文。

如書經考異「平章百姓」下云：「平，史記作便，後漢書班固云作辨，注引鄭玄云：別也」。「九族」下云：「孔傳：高祖至玄孫之親；蔡傳：兼五服異姓言。愚按：喪小記云：親親以三爲五，以五爲九。」夾注云：「鄭氏注：上親父，下親子，三也；以父親祖，以祖親孫，五也；以祖親高祖，以孫親玄孫，九也」。此類爲漢人之說。又如「治梁及岐」，取王伯厚之說，謂在河東，不從注疏之解作屬在雍州。於沂水，取金履祥吉甫之言，謂一出兗州泗水縣尼丘山過魯城南入泗者，曾點浴沂之沂也；一出沂州新泰縣艾山西南入泗者，此禹貢之沂也，而魯之沂與徐之沂截然分明。於「禹錫玄圭」，取蔡傳，謂水土既平，禹以玄圭爲贄，而告成功于舜也。此則宋人之說也。

其書頗見別裁，於昔之誤說者則是正之，於蔡傳之難解者則詮釋之，於經文之難通者則句讀之，亦不偏主一家，頗見是非之公心。惟如從古注以高祖至玄孫為九族，是為九代矣。又「天棐忱辭」，朱子謂棐合作匪，云天不可信，此義甚了。而集傳訓棐為輔，其義轉晦，此則曲為詮說。至於三江故道，左袒郭璞，殊嫌失考。多士、多方，併錄王柏更定之本，尤失於輕信。此類，當分別觀之也。

二、王頊齡等

康熙末年，命儒臣王頊齡等纂輯書經傳說彙纂，至雍正八年告成，薈萃漢唐宋元明諸家之說，參考折中，於地理山川亦援今據古，衆說悉備，清初帝王本主於宋學，而欽定之書，亦漢宋兼採，則其時之風會可知也。

據其書卷首所載引用書目姓氏，秦為孔氏鮒、呂不韋二家，漢為孔氏臧、伏氏勝等二十一家，魏為孔氏衍、高堂氏隆等四家，吳為韋氏昭、陸氏璣二家，晉為杜氏預、皇甫謐等三家，宋為范氏曄一家，梁為劉氏勰一家，後魏為酈氏道元一家，隋為王氏通、闞氏朗二家，唐為陸氏德明等十二家，後晉為劉氏昫一家，宋為邢氏昺等一百十家，元為許氏衡等二十九家，明為朱氏升等八十六家。尚書地理，則全引蔣西谷地理今釋之說。凡秦漢以來二百七十餘家，清學以魏至唐統於漢，元明統於宋，則此書眞可謂漢宋兼採者矣。

此書有四庫全書本、四庫全書薈要本，今收四庫全書珍本第八集中。

第三節　乾嘉時期諸家

乾嘉爲漢學盛世，而沈果堂、汪雙池等說書，則主漢宋兼宗。

一、沈　彤（一六八八—一七五二）

沈彤字冠雲，號果堂，吳江人。從何義門游，方望溪絕重之，惠定宇、沈椒園、李巨來等皆與之交，其學不偏主漢宋，撰有儀禮小疏、春秋左傳小疏、果堂集等。詳具淸史卷四八〇（註一三）。其尚書小疏一卷，乃就尚書中名物訓詁，擇條而釋，不專主一家。如九族之說，孔傳以「上至高祖，下至玄孫」釋之；蔡傳則謂「五服異姓之親亦在其中」；此謂「蔡傳較孔尤備，但五服異姓四字當改爲異姓有服乃無弊」。又「海物惟錯」，從蔡得解錯爲治玉石之具；此採宋人之說者也。又堯典七政，蔡傳以日月五星當之，大傳以爲春、夏、秋、多、天文、地理、人道；此則調和其說，以歲、月、日、春、夏、秋、多解之。至謂「成賦中邦」之成賦，當屬上「咸則三壤」爲句，則本漢鄭高密之說也。惜其所解僅堯典至禹貢二十七條，蓋未完之書也。約撰於乾隆十七年，今收果堂全集及皇淸經解中。

又果堂集五有古文尚書考序一篇，書古文尚書寃詞後二篇，知其不信後出古文。此編雖寥寥數則，亦可見其說尚書之大旨也。

二、汪　紱（一六九二—一七五九）

汪雙池所撰書經詮義十二卷、首二卷，篤信蔡傳而有所補訂，已見第一章。其所補訂者，多有取自漢人之說者，如說秦誓，謂穆公自茅津濟，封殽尸而還，及夫殽尸之封，乃親見暴尸之慘而惻然動念，始深悔前此始禍之非，而作此誓，此從李謙齋、金仁山等，本史記爲說也。其釋禹貢「織皮崑崙，析枝渠搜，西戎卽敘」則云：「西戎尤遠而附於雍州之西南裔，然亦聲教被之，故卽有功敘而以織皮貢。崑崙、析枝、渠搜皆西戎之國，而西戎來貢者實不止此三國，故又總之以西戎也。曰卽敘者，異於丕敘也。又按蘇氏之說亦通，但織皮之以篚則未可知也，要以蔡傳本說爲正」；其於康誥、酒誥、梓材三篇，本朱子之說，謂皆武王誥康叔之詞。

史稱雙池博極兩漢六代諸儒義疏，而一以宋五子之學爲歸，故其學，於漢宋之間，不左右袒也。

第四節　道光以後諸家

道咸以後，當今文學派方張之際，又有兼採漢宋者，如朱駿聲豐芑本爲許學專門，精研群經古義，固爲漢學大家，然其所著尚書古注便讀，亦兼採宋人之說。又山陽丁晏儉卿，於詩撰有毛鄭詩釋，於禮撰有三禮釋注；於易撰有周易述傳，則主程傳。嘗謂漢人正其詁，詁正而義以顯；宋儒析其理，理明而詁以精，二者不可偏廢。自此以降，說尚書不偏漢宋者漸夥，玆舉其著者數家，以觀當時尚書學之概貌。

一、雷學淇（一七四〇—一八二九）

雷學淇，字介菴，一字瞻叔，號竹卿，順天通州人。嘉慶十九年進士，官山西和順、貴州永從知縣，著有雷氏所著書七種，共七十二卷，詳具清史卷四八一（註一四）。

介菴有經說十卷，其中書說一卷，皆以傳注一義爲主，參酌漢宋衆說以折衷於是。如編前所列儀器說，則申王魯齊及黃氏鎭成之說；編中釋四岳，則謂方岳之長，左傳謂之太嶽、國語謂之四伯，山海經有南嶽西嶽，是其證矣。計有帝繫說、史記律書與堯時天象合、禹貢本義、三正本義、夏都考、伐殷年月考、金縢本義、多方多士召誥洛誥說等三十五條目，自謂解經者當取證於經，以史記傳注爲輔，頗具見地。其說多能推源述流，具有根本，非徒發空論者可比也。書約成於道光九年，今收畿輔叢書中。

二、黃式三（一七八九—一八六二）

黃式三，字薇香，定海人，歲貢生。於學不立門戶，博綜群籍，尤長三禮，謹守漢學而兼綜朱子。其子以周，孫家岱，皆傳其學，蔚爲東南經師。生平事蹟具清史卷四八一（注一五）。

道光十九年，黃氏著尚書啓幪五卷成。是書提綱略目，主於簡易。以江艮庭尚書集注音疏，王西莊尚書後案，段若膺古文尚書撰異，孫伯淵尚書今古文注疏爲藍本，但擇今文二十八篇，不注泰誓。

如解禹貢，一本漢書地理志。解康誥「哉生魄」，既引馬說，謂月三日始生兆朏名曰魄；又引劉歆說，以生霸爲望。解四岳，謂卽四時之官，主方岳之事；謂五典卽五教也；謂才德過千人曰俊，百人曰乂，此則鄭君之說也。又湯誓「時日曷喪」下，引江曰此民之辭也；盤庚「惟涉河以民遷」下，引王曰洹水南有殷墟，河亶甲所居；金縢「茲攸俟能念予一人」下，引段曰，茲攸俟卽上俟爾命之俟；「予仁若考能」下，引孫曰：仁若考能言仁順巧能也；又康誥「惟時怙…乃大命文王」下曰：「江王段說我西土惟時怙句，冒聞上帝句，冒猶上進也，孫疏引王伯申說，惟時怙冒句，怙，大也，冒懋兒也…」。此則江王段孫之說也。至如釋陽鳥，從林之奇說作地名，釋多士「惟天下不畀允罔亂弼我」，引薛氏古文訓云天不與信誣罔而怙亂者。此則宋人之說也，雖寥寥數條，亦見其不摒宋人之學也。有光緒十四年黃氏家塾刊本。

三、丁　晏（一七九四—一八七五）

丁儉卿尚書餘論一卷，專主閻、惠之說，以攻僞古文，其考據之學，固爲漢人之家法，其禹貢集釋，亦本漢人之說，其蔡傳附釋一卷，則專主宋人蔡氏之學，而於未安處，附加辨正，餘論及附釋二書已見前述。其禹貢集釋三卷、附禹貢蔡傳正誤一卷、禹貢錐指正誤一卷，自序稱：

胡東樵能知古人而不能信，好古學，錐指一書，踵謬沿譌，悖古文而逞臆見，後之學者將何所取正焉。夫釋禹貢者，莫善於司馬子長，班孟堅、桑君長三家，酈注擇精語詳，補水經所未及，明此數家，於禹貢思過半矣。漢鄭君注勵有存者，許君說文亦有古文說，皆卓然古學。舍此而欲通禹貢，譬猶杭絕流斷港而欲至於海也」。……余既爲之正誤，以匡東樵之失，復采獲古文，甄錄舊說，砭俗訂譌，斷以己意。故所採均以漢人爲主。其中凡舊說不敢從者，皆於每條附釋之，如注「三江」，郭璞以岷江、松江、浙江當之，韋昭以松江、錢塘江、浦陽江當之，此謂「禹治水時，浙江並未施功，安得以此爲禹貢之三江？」而不阿附阮元浙江圖考之說。禹貢蔡傳正誤作於同治二年，則爲晚年因蔡傳附釋而改作者也。尋其爲學之跡，實屬漢宋兼宗者也。

四、陳　澧（一八一〇—一八八二）

東塾之學，長於聲律切韻。嘗謂漢儒言義理，無異宋儒，宋儒輕蔑漢儒者非也；近儒尊漢儒而不講義理，亦非也。著漢儒通義及讀書記等，多採鄭康成及朱子遺說。

其讀書記卷五說尚書，記其讀尚書之心得，於前此說尚書之未嘗於義者，頗辨其是非。如駁閻百詩引孟子趙岐注，以舜典之文亡失，孟子諸所言舜事皆堯典，乃臆度之語；又謂王肅注禹貢「三百里蠻」，云：「蠻，慢也，禮儀簡慢」。而孔傳云：「以文德蠻來之」，孔疏云：「鄭云蠻者，聽從其俗，羈縻其人耳，故云蠻，蠻之言緡也」。又洪範「農用八政」，傳云：「農，厚也，厚用之政乃成」，孔疏云：「鄭云農讀爲醲，則農是醲意，故爲厚也。」此皆傳與鄭說同，而與王肅說不同，則孔傳似非王肅作也。至其說禹貢黑水，謂卽今之怒江。漢地至今瀾滄江而上，怒江非漢時中國地，故鄭注謂今中國無黑水，漢書地理志亦不志黑水，惟益州郡滇池下云有黑水祠，以望祀之耳」。又云：「

漢書地理志有功於禹貢者多矣，而說南江爲最」。此皆主於漢人之學者。然又亟稱蔡傳，蓋重其說義精當也。並論取江、王、段、孫四家之書刪合爲一書。謂「取尚書大傳及馬鄭王注、僞孔傳與史記之採尚書者，爾雅、說文、釋名、廣雅之釋尚書文字名物者，漢人書之引尚書而說其義者，採擇會聚而爲集解；孔疏、蔡傳以下至江王段孫及諸家說尚書之語，採擇融貫而爲義疏」。是其漢宋兼宗之意明矣。

五、姚永樸

姚永樸，字仲實，安徽桐城人。與弟永概，同志馬通白（其昶），並爲桐城後勁。氏著有尚書誼略二十八卷、敍錄一卷。是書僅釋今文二十八篇，不偏漢宋。敍云：

束髮讀書，有爲之說者必觀，觀而契於心，必手錄焉，間亦附下己意，如是者十餘年。辛丑客粵東，乃取要刪之，取名尚書誼略。

知其書成於光緒二十七年也。今收集虛草堂叢書中。

是書於盤庚篇不分爲三，顧命不分康王之誥，僅換行以識別之，蓋尊序。費誓舊傳在文侯之命後，鄭康成則以爲居呂刑之前，蓋以時代先後爲次也，故從鄭說。所採諸家之說，以方望溪、姚惜抱、戴存莊、吳摯甫、馬通白者爲多，皆桐城人也。其說篇旨，以書序、史記爲主，其於康誥前四十八字，謂「首之以周公初作基，作洛，終之以周公咸勤、乃洪大誥治，殆即六篇之總序。」不疑其爲錯簡。於酒誥，則疑有脫句。其解禹貢「厥賦貞」，連「作十有三載乃同」句，引馬通白曰：「衣貞作，猶言力作」，引徐文貞曰：「乃同者，同田亦爲第六也」，則冀州獨缺賦矣。惟文侯之命，謂「左傳載命仇辭云與鄭夾輔周室，無廢王命，此篇無之，明所命者爲重耳。」論者謂其證甚確，爲前人所未發。末附敍錄一卷，論尚書大誼、體例、删訂、授受源流、書序、古文尚書、孔傳等。所引諸家（書）之說，有尚書大傳、賈誼新書、淮南子、春秋繁露、史記、漢書、論衡、史通、韓愈、司馬光、程子、張子、朱子、楊時、蔡沈集傳、董鼎等，不分漢宋。前有纂輯凡例及自序，稱尚書有六厄：一厄於秦火，再厄於漢之門戶，三厄於晉之贋作，四厄於唐之改字，五厄於宋元之武斷，六厄於清儒之強經就傳。頗爲中肯。

此書之弊亦頗有之，江叔海評其解釐降二女，引申鑒尚主之制非古，及道書治天下有本，身之謂也，治天下有則，家之謂也，不免失之於泛：釋三江既入，九江孔殷，意主調停，近於騎牆；釋「我舊云刻子」引馬融「刻猶責也」，則語氣不貫矣。

六、簡朝亮（一八五一——一九三三）

光緒年間注尚書而兼取漢宋者，以簡竹居爲大家。簡朝亮字竹居，廣東順德人。嘗從朱九江（次琦）學，與康南海同門。著有尚書集注述疏、孝經集注述疏、論語集注補正述疏等，事蹟具清儒學案卷一七一。

其尚書集注述疏三十五卷，成於光緒二十九年正月，至三十三年十二月校刊畢，上距草創之日，歷時十五年。其序稱今之爲尚書者，其誣有三：東晉僞古文，其誣一也；書序孔子作，其誣二也；執漢學之失，其誣三也。因「體朱子之意，求漢學之是，以明孔子之書。辯序而察之，使僞古文不得託於序也」。則其旨可知矣。

是書凡尙書經二十九卷（含大誓），逸文三卷、卷首一卷、附卷末上下，都爲三十五卷。卷首釋尙書大名，詳今古文之傳。其於大誓一篇，謂本伏生今文所有，故馬鄭皆嘗注之，而東晉僞古文，乃因馬氏之疑，別採諸書所引者，而目爲大誓，孔疏採之，其篇遂亡。故採逸文十四條以存其略，以備二十九篇之數，謂二十九篇皆古文經爲今文所有之篇也。其辨僞古文之誣，有云：「大禹謨言舜以帝位讓禹，禹以舜之帝位讓皋陶，是以帝位等臣位也，是誣也；……僞大禹謨，言益贊于禹者，欲禹感苗民，乃以舜感瞽瞍爲辭，而曰『至諴感神，矧之有苗』，是益爲舜臣，而斥天子之父，以爲有苗之不若也。」其辨書序，以爲伏生今文無書序，書序亦非孔子所作，乃是周秦間人所作，此本朱子爲說也。更指出僞古文因序之疏而益其誣者數端，以證其說。至漢學如馬鄭，無不從序者，而序有失焉，故漢學之失，有因序而爲誣者矣：如君奭曰：「在家不知」，在家者，退老也，此周公留召公在國以知事，據經而明也；而序曰：「召公爲保，周公爲師，相成王爲左右，召公不悅，周公作君奭。」謂之不誣，不可也，而馬鄭皆從之。又謂大誥稱王若曰者，此周公奉成王命而東征也，鄭氏曰：「王，周公也，周公居攝，命大事則權稱王也」，鄭釋之誣，因康誥序爲之也，今江氏、王氏、孫氏，於此皆從鄭焉，此從漢學之失而不辨者也。謂必去此三誣而書教可明。經文皆分段而釋，凡要義於注識之，異文異說，於疏存之。徵引則取其義之著者；義同，則取其言之文者，若徵引之字彼此不同，則以可通者明之。疏後間附有圖，如「召誥位成圖」、「洛誥定宅圖」是也。卷末上爲書序辨，卷末下爲所附之僞古文及逸文，皆注明其所襲。其答問尙書者一百十一條，張子沂編爲一卷，附於全書之末焉有光緒三十三年廣州刻本及民國六十一年台北鼎文書局影印本。

【附　註】

註　一：見該書卷八第六頁，廣文書局本。
註　二：見李塨谷著習齋年譜卷上。
註　三：見結埼亭集卷十一。
註　四：見四部叢刊本第八四六及二九四頁。
註　五：見「再與劉拙修著」。四部叢刊本方望溪先生全集卷六、九十四頁。
註　六：見漢學商兌卷中之上第十六頁，廣文書局。
註　七：見漢學商兌重序。
註　八：見前書卷上第二十一頁。
註　九：見龔自珍全集「與江子屏牋」，王佩諍校本，中華書局，下册第三四七頁。
註一〇：見校禮堂文集卷二十三。
註一一：此爲東塾遺稿鈔本中之語，未見，此據錢賓四中國近三百年學術史下册第六〇三頁所引。
註一二：見皮氏經學歷史第二八七頁，藝文本。
註一三：又見清儒學案卷六十一、清史稿卷四八七、清史列傳卷六十八、國朝耆獻類徵卷四〇九、碑傳集卷一三三、國朝先正事略卷三三、漢學師承記卷二、國朝學案小識卷十二、文獻徵存錄卷四、國朝詩人徵略卷二十五、鶴徵後錄卷九、沈果堂君墓誌銘（惠棟松崖文鈔卷二）、沈果堂君墓版銘（念祖望結埼亭集卷二十）。

註一四：又見清儒學案卷一九五、清史稿卷四八八、清史列傳卷六十九、續碑傳集卷七十四、大清畿輔先哲傳卷七十四等。

註一五：又見清儒學案卷一五三、清史稿卷四八八、清史列傳卷六十九、續碑傳集卷七十三、黃先生傳（譚獻復堂文集卷二）、先考明經公言行略（黃以周儆季文鈔卷五）、定海黃先生別傳（施補華澤雅堂文集卷五）、知非子傳（黃式三儆居雜著卷四）。

第七章　書序及其他單篇之研究

四庫提要日講書經解義條云：「尙書一經，漢以來所聚訟者，莫過洪範之五行；宋以來所聚訟者，莫過禹貢之山川；明以來所聚訟者，莫過今文古文之眞僞」。凡此諸端，至淸皆一一重加討論。今古文眞僞之辨，爲淸代尙書學之第一大公案，已見於第二三章，禹貢洪範二者，則以研究禹貢者爲多，其他各篇之研究，亦不乏其人。

又書序向爲說尙書篇旨之依據，宋儒始疑其依託，其文究爲伏生所傳或出自壁中，淸儒爭論者亦多。本章卽就書序、禹貢、洪範及其他各篇，分節而述，以明淸代學者對以上諸問題研究之成績。

第一節　書序

史記孔子世家有「序書傳」之語，故孔穎達正義稱馬融、鄭康成皆曰書序孔子作。宋朱子始疑之，蔡傳因之，如康誥、君奭諸篇，皆不用序說。按：論衡正說篇云：「至孔安國書出，方知有百篇之目」。故戴東原古今文尙書辨謂「序爲伏生所無」，王西莊尙書後案亦謂「百篇之序亦從屋壁中得」，惟陳壽祺著今文尙書有序說，謂序爲伏生所傳；王先謙氏，雖不以伏生二十九篇包括書序，然亦謂今文自有序，與古文不同；崔茂才吾亦廬稿則斷言書序「決非孔子所作也」。是書序問題，在清代尚書學中，亦一大課題也。

一、任兆麟

任兆麟，字文田，號心齋，震澤人。太學生，幼承家訓，又從彭二林、錢竹汀、褚鶴侶諸先生游，博覽群籍，阮芸台聘爲二子師。事蹟具清史列傳卷六十八（註一）。

其書序一卷，乃就序文稍加注釋。如虞夏書下注云：「鄭康成、王子雍尚書首卷題曰虞夏書，二家皆傳古文者。考伏生大傳亦題曰虞夏傳，楊子雲曰：虞夏之書渾渾爾，商書灝灝爾，周書噩噩爾，知今本分虞夏爲二者，後人爲之耳」。大禹謨、皋陶謨、益稷下云：「史記：帝舜朝，禹、皋陶相與語帝前，皋陶述其謀。楊子雲曰：皋陶爲帝謀，竊意二典、禹謨皆其所作，故孟子稱爲見知也。又云泰誓原作大誓，衞包定今文，始改作泰。又云禹貢爲謨體，胤征爲誓體，皆甚簡略。然其兼明異文異字，且於禹貢、胤征、洪範、梓材、多士、君奭等篇，皆注明體制，亦可爲讀尚書者之一助也。書約成於乾隆五十二年，有乾隆五十三年映雪草堂刊本、嘉慶十五年遂古堂刊本。

二、馬邦學

馬邦學號臥廬，魚臺人，嘉慶十年進士，任曹州府教授。博極群書，壯遊江南，歷舘蕭宿諸州縣及官曹郡，從學者益衆。著有周易、尚書、毛詩、春秋三傳考略、竹書紀年古文，說文、毛詩及兩漢魏晉字聲考略、子星房星翼。詳見山東通志卷百七十二。

其書序略舉（不分卷）大旨以書序非周秦故書，亦非安國家之舊籍。舉史記、漢書、墨子、左傳、國語等書之關於書序者，以考定百篇書序之非古。如左傳定公四年有「命以唐誥而封于夏虛」之語，與康誥並舉，而今書序無康誥。又史記殷本紀言伊陟贊言于巫咸，巫咸治王家有成，作咸乂、作太戊，帝大戊贊伊陟于廟，言弗臣，伊陟讓，作原命。今書序無太戊。史記本安國爲說，是安國家書序有太戊，後世集錄書序無太戊也，是今書序非孔安國家舊籍也。又尚書孔序凡百篇，正義引尚書緯云孔子取可以爲世法者百二十篇，以百二篇爲尚書，十八篇爲中候，張霸僞造百二篇者，因緯之數也，是書序亦非西漢舊有矣。又伏生大傳歸禾稱成王之時有三苗貫桑葉而生，同爲一穗，民得而獻諸王，王貢之文王之廟，與史記「王餽周公于兵所」不合，伏生居史遷之前，蓋本周秦舊說，而序同史記，亦知序說非古也。其論雖未必盡當，而言之鑿鑿，亦足成一家之說也。書約成於嘉、道之間，今史語所藏有傳鈔本。

三、胡秉虔（？—一八六二）

胡秉虔字伯敬，號春喬，績溪人。嘉慶四年進士，卒於道光六年丙戌（一八六二）。通訓詁聲音之學，於說文用力尤深，著說文管見三卷、古韻論三卷等。詳見清史卷四八一（註二一）。

伯敬於詩書序皆有錄，列序說於前，採注疏附後，而以己意論斷之。其論斷之語皆冠以「錄曰」二二字，故名序錄。

其尚書序錄一卷，各篇先列序文，次列僞孔傳文，而以陸德明釋文及孔沖遠正義附釋於下。次引衆說以論斷之，是爲錄。如胤征序云：「羲和湎淫，廢時亂日，胤往征之，作胤征。」錄曰：「據書序胤往征之，則胤不當爲國名，故史記夏本紀集解引鄭君尚書注爲人名。顧命胤之舞衣，鄭注亦云古人之名。傳因後出書曰胤侯，又曰胤后，故以爲胤國之君耳。然而地之所在無可考也。」篇中頗引閻潛邱、王西莊、江艮庭之言，如咸有一德序，謂禮記緇衣兩引此篇，三復其文，卽可知是成湯時書矣，僞孔傳別造一篇作伊尹告太甲語，而以次太甲後，甚妄！此據江氏說矣；於武成序，謂其篇亡於建武之際，建武以前，劉向歆父子校理秘書，其篇固具在也。此據王氏爲說；至謂泰誓當作於秦穆公素服郊次，鄉師而哭之日，若封殽尸而還，將覇西戎，則志業遂矣，豈復作痛悔之辭哉！則據潛邱爲說也。書約成於道光六年，有滂喜齋叢書本及叢書集成初編本。

四、劉逢祿（一七七六—一八二九）

劉逢祿申甫著書序述聞一卷，共四十二條，不述僞古文二十五篇，謂馬鄭所述逸書二十四篇，亦劉歆僞造。謂堯典「粵若稽古」四字，非周史所載卽孔子所加，乃三統以前之特筆。謂大禹、臯陶、益稷，卽今書一讀二序，非三篇同序。謂史記殷本紀「其後世貶帝號號爲王」語，乃褚少孫羼入。謂周公之書，自金縢至亳姑，存者十一篇，金縢卽周公之書之首篇。謂居東卽東征，書大傳、詩故訓及史記皆同；史不書東征而曰居東，不斥管蔡而曰罪人，緣周公之心而爲之諱也。按：申甫主於今文之學，故其說多伸伏抑鄭，蓋各尊所聞，學者當分別觀之也。書收皇清經解續編中。

書。

五、馬徵慶（一八二二－一八九三）

馬徵慶，字鐘山，號淡園居士，懷寧人。著有毛詩鄭譜疏證等十六種，共三十卷，總爲馬鐘山遺書。

其尚書篇誼正蒙，乃就書序參以史記、漢書，及汲冢紀年等，以申明尚書各篇之義。全書四卷：卷一虞夏書、卷二商書、卷三四周書。皆首列書序，加以案斷，次釋篇中重要字句；逸篇之序，則以小字別之。其說別有舜典、棄稷二篇，乃本諸閻百詩。謂三監乃管、蔡、霍三叔，所以監武庚，非監殷民也，康叔亦以其時封衞，亦與殷監。左傳定四年祝鮀謂萇宏曰：成王選建明德，以藩屛周，命以康誥而封以殷墟。非謂康叔封衞始此也。斥作序者誤會其意，遂以武王始封之康誥爲成王益封之康誥耳。又謂成王時，另有伯禽之語、康誥、唐誥三篇，並佚。斥史記、詩譜爲誤執序文之舊說。此則宋胡五峯、吳才老、朱子等略皆言之矣。至謂周公留洛凡七年而薨，爲不可據；謂無逸非周公絕筆；謂成王政、將蒲姑、多方三篇，當在召誥之前，皆據汲冢紀年爲說。其書除考辨篇義外，亦偶釋經文，以助讀者瞭解經義，用意頗善。惟過信汲冢書，致以戡耆、戡黎爲兩事，不知作耆、作黎，實經籍之異文，是其所論，亦有所偏也。書成於光緒十九年，今收馬鐘山遺書中。

六、鄭杲（一八五二－一九〇〇）

鄭杲，字東父，即墨人。先世籍直隸遷安，父鳴岡，官即墨知縣，有惠政，卒後貧不能歸，士民懷其德，家遂居焉。舉光緒己卯（五年）鄉試第一，庚辰（六年）成進士，授刑部主事。性至孝，母喪後，歸，主講濟南濼源書院。其學亦循乾嘉樸學，兼亦潛心宋人義理，爲郝蘭皋、王貫山之後繼。遺稿刊行者有春秋說二卷、論書序大傳一卷、書張尚書之洞勸學編後一卷、筆記一卷、文集四卷、雜著一卷。詳見清史卷四八一（註三）。

其書序大傳一書，謂書序原在伏生二十九篇之中，亦出於壁間。自昔相傳曰孔子作，宋以前無間言，蓋相承與書同爲經，無容置疑。其信有六：出於孔壁，一也；出於師傳，二也；與傳似違而實合，三也；今學與古學歧異，而序則無歧異，四也；東晉孔傳出，絀大傳而不敢絀序，五也；自昔相承尊序爲經，至北宋南渡，人無間言，六也。惜當日子長不能心知序意，至鄭君不能說，遂遭人冷落也。謂大傳爲書經之眞傳，本無古今之別，子長以至馬鄭，皆承大傳者也。又謂書序當擬諸禮經之記，禮記既尊之爲經，則書序亦當尊爲經，而以大傳爲傳，以與諸經傳記相證明，則書其有明之一日矣。又謂伏生獨傳二十九篇，或是兩本，一亡一存，或此二十九篇熟讀能記，而其數十篇不在熟讀之內，故亡。皆臆測之言，旁無明證。大抵議論多而考據少，然其崇信書序、大傳，以爲足以翼經義，則非過論也。書約成於光緒二十六年，有集虛草堂叢書本。

七、王詠霓

王詠霓，字子裳，浙江黃巖人。舉人，官江西知府。其書序考異，以書序非孔子作，孔壁所出十六篇之名，亦不可信。雜引諸經傳注疏史志各家之論，以證其異。開首謂孔子序書百篇，伏生所授祇二十八，孔壁古文得多十六篇，猶缺其半，何以伏生所授，絕無一篇出于其外。至謂以書序爲孔子作，始于馬鄭，引孔穎達正義爲證，按書序爲孔子作，見於史記漢書，正義曰，此序鄭元馬融王肅並云孔子所作，蓋謂三君亦以爲是云爾，非始之也。又引顧亭林說謂有夏書無虞書，而左傳文十八年引愼徽五典云云，明稱虞書，則以爲後人所改，或劉歆所竄，說文亦多引虞書，又以許君爲東漢時人，信口翻覆，何所不可。又引孟子二十有八載，放勳乃殂落，而謂之堯典，謂序之別爲舜典者非。書無刊板年月，約在光緒間。

又文集中單篇之作，有盧見曾雅雨堂文集之尙書大序辨、陳壽祺左海文集之今文尙書有序說、俞正燮癸巳類稿及張穆𣶒齋文集之允征序義，汪之昌青學齋集之湯誓序說、詩序書序孰爲可信說，莊述祖珍藝宧文鈔之盤庚不序陽甲之廟義、泰誓序說、武成序說、洪範序說、旅獒序說、旅巢命序說、金縢序說、大誥序說、微子之命序說、召誥序說、洛誥序說、多士序說、成王政序說、多方序說、立政序說、畢命序說、分器序說等文。

另有宋翔鳳于庭，著尙書譜一卷，李榮陛厚岡，著尙書考六卷及尙書篇第一卷、附書經補篇一卷，專論尙書篇第，亦與書序有關，並識於此。

宋氏之尙書譜列虞夏書二十篇、商書四十篇、周書四十篇，此用鄭康成書贊三科之條爲說也。譜中所列，今古文並傳者三十一篇（內盤庚分爲三，顧命分出康王之誥），古文較今文多者，除增多之十六篇（其中九共分成九篇，實二十四篇）外，又多泰誓三篇。謂據劉歆移太常博士書，似十六篇至天漢後始出，然伏生大傳已引九共逸句及大誓全文，董生亦引大誓，則不出自魯壁也。又謂十六篇者，大抵秦漢之間，諸子所記，往往可傳於經，學者補綴以比二十八篇，足以考究前聞而已，故伏生能引大誓之文，而所傳尚書乃闕是篇也。又周本紀、尚書大傳並載古文大誓，其第一篇爲九年觀兵時事，第二篇爲十一年師度孟津時事，馬融稱書傳所引五事，及他書引大誓，當是第三篇，馬鄭時殘闕合爲一篇，故經典敍錄稱大誓一篇。伏生所傳無大誓，歐陽生始補入三篇，而歐陽經遂爲三十二篇矣。末謂孔子序周書，自大誓訖畢命，皆書之正經，以世次，以年紀，其末序蔡仲之命、粊誓、呂刑、文侯之命、秦誓五篇者，所以戒後王，制蠻夷，式群侯也，故以五篇別錄焉。書約成於咸豐十年，有浮溪精舍本及皇清經解續編本。

李榮陛，字奠基，江西萬載人，乾隆二十八年進士，官湖南永興縣知縣，以母憂歸。起官雲南，權知雲州，嘗陟蒼山，游洱海，訪六詔遺跡，榻蒙氏鐘銘而返。又權知恩樂縣，補官呈貢。致仕後，延主大理書院。著有周易篇第、易考、尚書篇第、尚書考、厚岡文集、詩集等。詳見清史列傳卷六十八。

其尚書考，所論皆尚書本經之要題，如謂百篇書序非孔子作，觀成王伐殷之大誥，辭存而序亡，梓材合兩闕篇而正目並佚，康誥、酒誥冒錯簡而以爲作於周公，考其前後次第，凡伏氏傳書有誤，序不能詳正，反從而緣飾之，其爲學伏生之徒所輯，無可疑者。故謂夫子刪書之說爲不足據。此皆關係於書序者也。有嘉慶二十年刋厚岡全集本，及道光刋本。

至其尚書篇第除訂正經文句讀、訛敓外，又以伏書周書篇次多誤：成王之金縢大誥列武王康誥前，一誤也。以周公後大誥序足成王大誥，二誤也。併武王召公兩闕篇爲梓材，三誤也。列多方於多士無逸後，四誤也。故重新排定爲：一牧誓，二洪範，三康誥，四酒誥（謂「王曰封」爲闕篇之文），五金縢，六君奭，七大誥，八多方，九召誥，十梓材（謂梓材闕篇，今梓材之文爲武王、召公兩闕篇，又以「惟三月哉生魄」至「大誥治」爲後大誥序），十一多士，十二洛誥，十三無逸，十四立政，十五顧命…，謂非如此，則足啓周公稱王及商奄再叛之謬云。又別出晚出二十五篇經文，爲書經補篇一卷。

昔金仁山疑召誥「甲子朝周公用書命庶殷」卽多士篇之文，王柏亦疑多方在多士之前，皆勇於疑經，然皆不若厚岡之甚也，其所謂「武王、召公兩闕篇」，「後大誥序」者，不知果何據耶！故後之說書者罕從焉。至其嚴分魏晉古文於別篇，猶爲篤信今文者也。

第二節　禹貢

禹貢一篇，向爲言地理者所重，宋元以來，聚訟尤多，如毛晃之禹貢指南、程大昌之禹貢論、傅寅之禹貢說斷，皆其著者也。清以來說禹貢者，不下八九十家，而以胡渭禹貢錐指最善，至蔣廷錫尙書地理今釋，則摘取尙書各篇之山原、川澤、州郡等名，釋以今地，考證精審，故欽定書經彙纂，全取其說。本節所述，分說解全篇之屬，考證山水州郡之屬、圖譜之屬、考辨舊義之屬四部分，皆以獨立成書者爲主，單篇之文，亦間及之。

一、說解全篇之屬

康熙十三年，曹爾成撰禹貢正義三卷。爾成字得忍，無錫人。是書據蔡氏集傳，亦間出己意，如以黟江爲錢塘江源，太末江爲錢塘西源，併錢塘江爲揚之三江，皆於古無據，四庫列爲存目，今史語所有其書。

其後，朱鶴齡撰有禹貢長箋十二卷，收四庫全書中。是書前列二十五圖，自禹貢全圖以及導山導水，皆依次隨文詮釋。旁引曲證，剖析條理，亦多所創獲。

稍後，胡渭著禹貢錐指二十卷，略例圖一卷。首列圖一卷，計四十七圖。其書備採歷代義疏及方志輿圖，於九州分域、山水脈絡、古今同異之故，一一討論詳明。四庫提要推爲宋以來說禹貢之冠。故後來節錄其書以成篇者多有之，如汪獻玗禹貢錐指節要即其著者也；至如晏斯盛禹貢解，則全取錐指而變其體例者也。惟疏漏亦所不免，故姚燮有胡氏禹貢錐指勘補十二卷，丁晏有禹貢錐指正誤一卷之作，而徐文靖作禹貢會箋，亦多所駁正。今有四庫全書本及皇清經解本。

吳荃撰禹貢正解一卷，則爲擧業之書，有康熙二十九年深柳堂刊本。

康熙三十七年，周天階撰禹貢纂注一卷刋行。天階字象台，江蘇長州人。其門人吳一蜚序，稱彙集諸家刪繁摘要，惟多未確。

又晏斯盛撰禹貢解八卷，全取錐指而變其體例，四庫列爲存目。斯盛字一齋，新喻人，康熙辛丑進士，官至湖北巡撫。又楊陸榮撰有禹貢臆參二卷。陸榮字采南，青浦人。其書於經文之下詳載蔡傳，而並錄地理今釋以糾其誤，亦時附己說。四庫總目存目二作無卷數，楊潭西先生遺書所載則作二卷。又華玉諄撰禹貢約義（無卷數）；玉諄字師道，號澹園，金匱人。其論三江，主鄭康成說，以漢水爲北江，彭蠡爲南江，而岷江居中；論九江，則以洞庭當之，書今未見，此據四庫提要存目二所載。又王澍撰禹貢會箋十二卷；澍字若林，一字靈舟，金壇人，康熙壬辰進士，歷官給事中，事蹟具清史卷五〇二。江蘇國學書目載同治慈谿何氏重刊本，今未見。

乾隆初，胡宗緒撰禹貢備遺增注二卷、首一卷、或問一卷。宗緒字襲參，桐城人，雍正庚戌進士，官國子監司業。是書乃就明人胡瓚禹貢備遺，援據他書以爲補注，且間訂蔡傳之誤。刋於乾隆二年，又有乾隆四年萬卷樓重刋本。乾隆三年，又成禹貢說一卷，蓋爲增注而作也，書中所舉，多係得之親歷，且詁以後世之名，取其易解也。

後六年，夏之芳撰禹貢彙覽四卷。之芳字筠莊，號荔園，高郵人，雍正元年進士，官至河南道御史。其說以欽定書經傳說彙纂爲主，有乾隆十年積翠軒精刋本。

又徐文靖撰禹貢會箋十二卷、圖一卷、四庫全書著錄。文靖字位山，當塗人，雍正癸卯舉人，乾隆十七年薦舉經學，特授翰林院檢討。其書首列禹貢山水總目，以水經所載爲主，附論於下；次爲圖一卷，計十八幅。其說皆先引蔡傳而續爲之箋，博據諸書，斷以己意，如汾水西入河，非東入河，徒駭即河之經流，非別有一經流；九江在潯陽，非洞庭，皆不爲蔡傳所囿。提要總評其書云：「文靖生渭之後，因渭所已言，而更推尋所未至，故較之渭書，益爲精密，蓋繼事者易爲功也。惟信山海經竹書紀年太過，是則僻於好古，不究眞僞之失耳」（註四）。今有志寧堂刋徐位山六種本。又孫喬年撰禹貢釋詁一卷，有乾隆庚午自序云：「少讀蔡傳，不愜於心，因集諸家之明白坦易，並數十年沈潛反復，有得於心者著爲釋詁，惟於前人之誤者，亦未訂正。道光乙酉，其孫仝嚴始爲刋行。又李邵璜撰禹貢通解一卷，乃循蔡傳而發揮，其不從傳者則謂之辨異。見四庫提要存目二。又崔樹周撰禹貢便讀一卷，乾隆辛卯海昌沈維基刋，見販書偶記。

嘉慶間，方溶撰禹貢分箋，販書偶記載有嘉慶己卯銀花藤舘刋本作七卷，續修四庫提要所載自刻本作三卷。方溶字蓉浦，浙江海鹽人，歲貢生。是書節錄錐指而詳於南北水道。江叔海謂「是編提綱挈領，意欲約而且該，首列圖式，其數凡十」，又稱其說頗爲精審云。（註五）又闕涵著禹貢指掌一卷。涵字東臯，仁和人，諸生。其書於正義及蔡傳之外，兼採宋元以來諸家之言而貫串之，有嘉慶刋本。芮日松撰禹貢今釋二卷；日松字次喬，安徽當塗人。其書乃就禹貢釋以當時之名，蓋蔣廷錫今釋成於康熙時，其後州郡又間有改隸也。有道光戊子刻本，又收安徽叢書中。尤逢辰撰禹貢示掌一卷；逢辰之靄庭，江蘇元和人。其書節錄錐指，刪長篇爲小册。書成於嘉慶乙丑，至道光甲午始刋行。

道光間，蔡世鉞撰禹貢讀二卷；世鉞字邵源，號石坪，江西玉山人，史語所藏有此書。張鉞撰禹貢新參二卷，販書偶記載有道光己亥刋本，今未見。鄭大邦撰禹貢易解一卷；大邦字水仙，江西玉山人。其說多承蔣廷錫尚書地理今釋，蓋課塾之本也。有道光丙午梅花書屋刋木活字本。

咸豐間，侯楨撰禹貢古今通注釋六卷；楨字子勤，江蘇金匱人，道光二十六年舉人。是書大旨宗鄭氏，有咸豐辛亥刋本及光緒間重刋本。丁晏撰禹貢集釋三卷，其說以史記、漢書、水經注，及鄭康成、許叔重爲主，已見第四章。其書末附禹貢蔡傳正誤一卷及禹貢錐指正誤一卷，今收頤志齋叢書中。其詳見後。汪獻玗撰禹貢錐指節要一卷；獻玗字彥石，江蘇元和人，是書節取錐指而易以簡易之文，以便蒙誦，於錐指之誤爲徐文靖等所駁者，亦未改正。有咸豐癸丑恩暉堂精刊及同治九年群玉齋刊木活字本，又收南通王藻著書第三十四册。魏源撰禹貢說二卷；成於書古微之前，其說多採入書古微中。惟貢賦五篇及釋江漢朝宗於海爲書古微所不取，書中多駁鄭說。譚澐撰有禹貢章句四卷，附圖說一卷，譚澐字號未詳，湖南湘潭人。其說皆參考諸家，推表山川，而以取自錐指者爲多。書成於咸豐己未，今收味義根齋全書中。咸豐十年，劉崇慶撰禹貢集註一卷刊行；崇慶字德徵，原籍河南，以順天籍中咸豐乙卯擧人，官魯山敎諭。是書題曰集註，所集何家概未標明，於地理亦往往沿舊解之誤。末附九州賦等歌十五首，蓋亦爲課蒙而設也。童顏舒撰禹貢通釋十三卷；顏舒字霽山，陝西洋縣人，道光擧人。是書首禹貢總考，次山川總考，次九州分考，次賦貢總考，次山川附論，次理財附論，而以問答彙存終焉。書成於咸豐十年，刋於民國十二年。余宗英撰禹貢輯注一卷；宗英字伯熊，婺源人。其說以蔡傳爲主，亦間正蔡傳之誤。有一經堂刋本。

同治九年，姚彥渠撰禹貢正詮四卷刋行；彥渠字漑若，號巽園，浙江歸安人。是編自序有云：聊正諸家之說，以詮明經旨。俞曲園序，稱其說渭汭不從蔡傳以汭爲水名，於陽鳥不從林之奇說爲地名，卓然不爲曲記所惑，惟說夾石碣石，謂夾卽陝字，此則刺取之偶疏也。楊峴序，亦稱其駁徐文靖會箋，甚有精當者。

光緒間，此類著述亦多。如徐鹿苹撰有增訂禹貢注讀一卷；首錄隨山濬山圖考、九州考、禽星分野圖考圖說、九州田賦等數指掌圖等，皆鈔襲他書而成。有光緒四年刋本。袁自超撰禹貢翼傳便蒙一卷；自超字崧生，江蘇上元人。其說多與蔡傳立異，而又不便違功令，故云翼傳；自跋云：義取其確，辭不欲煩，蓋爲便蒙計也。有光緒五年刊本。吳昔巢撰禹貢選註一卷，昔巢，浙江海鹽人。是書循文敷義，不重考證地理，間援他書以駁蔡傳。書刊於光緒八年。倪文尉撰禹貢說一卷，文尉字豹岑，安徽望江人。其說彭蠡、雲夢、三江、九江、敷淺原東陵五條，皆歷引前人之說而斷以己意，今收皇清經解續編中。沈練撰禹貢因一卷；練字清渠，江蘇溧陽人，道光辛巳舉人，官安徽績溪訓導。是篇皆因於舊說，刪潤而成。有光緒十八年俞曲園序刊本。李愼儒撰禹貢易知編十二卷；愼儒字鴻軒，江蘇丹徒人。其說以蔡傳爲主，蔡傳之誤者，亦多駁正，有光緒二十五年刑本。洪兆雲撰禹貢滙解六卷、考辨略一卷；兆雲字虞卿，湖北黃岡人，洪良品從父也。其書大要以九州次序，合尙書禹貢句彙推，至與禹貢不合者，別其類曰考辨略。有光緒十八年刊本。朱鎭撰禹貢正解一卷、圖表一卷；朱鎭，江蘇華亭人。是篇注釋多本前人，有數說互異者，擇一而從，以便初學。有光緒三十年知止軒刊本。楊守敬撰禹貢本義一卷；守敬字惺吾，宜都人；其地理之學至爲精博。是書以今證古，明乎分合變遷之故，並廣徵群言，斷以己意。其中數條並得之親歷目驗，於晚清說禹貢諸家，最爲不苟云。有光緒三十二年鄂城刊本。

宣統三年，閻賚森禹貢今注一卷刊行，是書於禹貢山川，全釋以今地，末附則壤成賦圖、九州貢物表。

此外，續修四庫提要載有禹貢古今義案二卷，不著撰人，清史列傳卷六十六惲鶴生傳載所著有禹貢解一卷，又顧觀光有禹貢讀本一卷，今皆未見。

二、考證山水州郡之屬

禹貢以山水地域爲主，故有專論山水州郡以成書者，以今所知，約有二十餘家，今總述於此：

清初，孫承澤有九州山水考三卷，取禹貢所載山水分類相從，立正導、雜見之名，中多附論時事，不脫明人說書習氣，四庫列之存目。湯奕端有禹貢方域考一卷；奕端號玉峯，南豐人，官福建鹽場大使。是書專疏禹貢方域界址，附江河入海紀、河源記等數篇於後，自序謂删撮禹貢錐指而爲之，故卷首自稱曰纂輯，明爲渭書之節本云，四庫亦列之於存目中。

吳楚椿有古河考一卷，作者仕履不詳。是書凡考十篇，附論二篇，圖一篇，大旨主天津爲大河入海故道。有乾隆二十七年刊本。李崇禮有章水經流考一卷；崇禮字建中，江西宜黃人，乾隆庚子進士，官瑞州教授。是書推闡鄭康成、蘇子瞻之說，以章水當三江之南江，援山海經贛水出聶都山，東流注于江，入彭澤西，是爲章水經流。有乾隆間初刊本。又收遜敏堂叢書、璜川吳氏經學叢書中。

程瑤田有禹貢三江考三卷；瑤田字易疇，安徽歙縣人（一七二五－一八一四）。其門人洪𣿅序云：「三江必分三條水也，故凡言某江爲北，某江爲中，某江爲西者，皆非禹貢經文之三江；據禹貢經文考之，明有三水納彭蠡中，納三出三，決不以其溷爲一流而疑其所出者非所納之三也」。則其大旨可知也。全書二十條，力破二千年來諸家之說。今收皇淸經解及安徽叢書第二期通藝錄中。

李榮陛厚岡有禹貢山川考二卷、黑水考證四卷，收豫章叢書中。山川考說碣石河源最詳，又謂汝水有二，周之汝，與漢合流；漢以來之汝，別入於淮者也。其黑水考證，則主唐末樊綽蠻書以駁胡氏黑水他徙之說。又孫馮翼有二渠九河圖考一卷；馮翼字鳳卿，直隸承德人。其書以大河與漯川爲二渠；以篤馬、馬頰、徒駭、大史、覆釜、胡穌、簡絜、鉤盤、鬲、迎，爲九河，與爾雅不合。有嘉慶間問經堂刊本。洪符孫有禹貢地名集說二卷；符孫字幼懷，江蘇陽湖人，洪亮吉之子也。其書專釋禹貢地名，頗正先人之失，然亦有未當者，江叔海作是書提要，嘗指其誤（注六）。

張履元有禹貢水道析疑二卷；履元字穌齋，安徽涇縣人，歲貢生，嘗官吳縣訓導。是書以孔蔡二傳爲主，參以錐指，刪繁去蕪，簡而得要。有道光五年刊本。又續修四庫提要載有徐養原黑水考一卷，謂是書以雍梁二州之黑水，實一非二。有原稿本，今未見。養原字新田，浙江德清人（一七五八—一八二五）。又安化陶澍（一七七八—一八三九）撰黑水考一卷，今收小方壺齋輿地叢鈔中。

同治間，張先振撰禹貢水道便覽一卷；先振字以厚，湖北漢陽人。其書略於山而詳於水，於諸水源流派別，言之甚詳，並及治水之法。有同治六年張氏家塾刊本。

光緒間，方堃撰禹貢水道考異十卷、首一卷；方堃字冉亭，湖南巴陵人，嘉慶十三年舉人。是書分南條水道考異五卷、北條水道考異五卷，據稱南條多主目驗。篇中並泛論治河之策。有光緒三年刻本。張亨嘉撰九河故道考一卷；亨嘉字燮鈞，福建侯官人，光緒癸未進士，官至學部左侍郎。是書主許商、孔穎達之說，謂九河以徒駭最北，鬲津最南。有光緒八年東河節署刊本。桂文燦撰禹貢川澤考二卷；文燦字子白，廣東南海人（一八四九—一八八六），道光二十九年舉人。是書以康熙、乾隆地圖及齊召南水道提綱爲據，參以其師東塾先生漢書地理水道圖說，復考群說而成。今收桂氏經學叢書中。鄭士範撰漆沮通考一卷；士範字治亭，陝西鳳翔人。是書徧徵地志，考二水之所在，分爲六篇，首漆水、次洛水、次故城、次山屬、次附錄。有光緒乙未周正誼堂刋本。劉寶書撰大崎卽大別說一卷；寶書字楚靑，湖北江陵人。是書據左傳定公四年柏擧之戰，謂大崎卽大別，引水經注，洪亮吉諸說爲證，末附著者游大崎山記。有光緒二十二年刋本。楊守敬於禹貢本義外，又撰三亳考一卷，其書據皇甫謐舊說，謂殷有三亳：穀塾爲南亳，卽湯都；蒙爲北亳，卽湯受命之地；偃師爲西亳，卽盤庚所徙。有光緒寫刋本。曾廉撰禹貢九州今地考二卷；曾廉字伯偶，光緒時人。是書考禹貢水道，以今證古，州各爲篇；先擧源流變遷，次分列今地，甚有條理。有光緒三十二年刋本。又淥江榮錫勳撰禹貢九江三江考，主宋人胡氏旦（字周甫）及朱子之說，以洞庭爲禹貢九江；主張守節史記正義及朱子之說，以松江、婁江、東江爲三江。

至於專論川澤之單篇論文，有蔣湘南、汪士鐸九河旣導解，分見七經樓文鈔及汪梅村先生集；汪之昌九河考，見靑學齋集；朱鶴齡禹貢三江辨，見愚菴小集；楊椿三江論，見孟鄰堂文鈔；李紱三江考，見穆堂初稿；趙一淸答禹貢三江震澤問，見東潛文稿；程廷作禹貢南江辨，見靑溪集；管世銘彭蠡三江說，見韞山堂文集；洪榜亦有彭蠡三江說，見湖海文傳；錢塘三江辯，見溉亭述古錄及湖海文傳。許宗彥、蕭穆，並有禹貢三江說，分見鑑止水齋集及敬孚類稿；張澍、張海珊並有三江考，分見養素堂文集及小安樂窩文集；汪士鐸、胡薇元並有三江說，分見汪梅村先生集及玉津閣文略；而吳汝綸答張廉卿書及再復張廉卿書，亦皆論三江之文也，見桐城吳先生文集。又惲敬大雲山房文稿初集、張澍素養堂文集、鄒漢勛斅藝齋文存、汪士鐸汪梅村先生文集、胡元玉璧沼集皆有九江考。莊有可慕良雜著則有九江辨。至考證黑水者，有李紱穆堂初稿，沈丙瑩、黃以周（見詁經精舍三集）之黑水考；俞正燮癸巳類稿之黑水解，及陳澧東塾集之黑水說等。

專論山原州郡者，則有胡虔善新城伯子文集之九州、秦瀛小峴山人續文集之九州說，畢亨九水山房文存之禹貢兗州地理考，汪士鐸汪梅村先生集之禹貢揚州疆域考，張宗泰質疑删存之梁州在殷周九服之外考，阮元研經室集之禹貢東陵考，楊椿孟鄰堂文鈔之導山論等。

此類著作，尚多有之，雖單篇短文，亦足有可觀者，如俞正燮黑水解，謂禹貢三言黑水，雍州及導川之黑水，一也，梁州黑水又一也。又謂導水之黑水，非雍梁言界之黑水，皆鑿鑿有據，亦足備後人之採擇也。

三、圖譜之屬

禹貢之有圖，自晉裴秀始，惜已久佚，後之言禹貢者，大率有圖，而莫詳於胡氏錐指，然其書實以釋說爲主，圖譜爲副；亦有以圖譜爲主，釋說爲副者，如王澍禹貢譜、楊懋建禹貢新圖說等是也。

王澍禹貢會箋，已見前述，其禹貢譜皆先列經文於前，而列圖於後；州爲二圖，一言疆界，一言貢道，導山導水及山川田賦亦各有圖，圖凡四十，大抵皆本蔡傳而參以諸家之說。四庫列爲存目，史語所藏有康熙四十六年刊本，作王澍、金詢同撰。馬世良撰禹貢圖說不分卷，世良，廣東石門人。序稱繪錐指原圖，摘系其說於各圖之後，間附按語，以疏通之。然其書間引史志及諸家說爲證，圖後亦未系其說。有乾隆端溪書院刊本。又馬俊良有禹貢圖說一卷、附節讀一卷、販書偶記載有乾隆五十四年端溪書院精刊本，續修四庫全書提要載禹貢註節讀一卷，謂其書節取錐指，及尚書地理今釋四條而成。至圖說一卷，蓋係世良所爲者也。

又販書偶記著錄趙庭策禹貢全圖考正一卷，嘉慶庚辰集益堂刋本；孫彤二渠九河圖考一卷，註：約嘉慶間承德孫氏刋（註七）；今未見。

陳宗誼撰胡氏禹貢圖考正一卷；宗誼字孝宮，廣東番禺人，東塾之子也。是書雖名考正，於胡氏不施駁詰，胡氏與鄭注、漢志不合者，俱仍之。其說嶓冢、三江、黑水，則本諸乃翁。原附於東塾叢書後，故王先謙刻經解續編，誤題爲澧也。又周之翰撰禹貢圖說四卷；之翰字翙廷，湖北廣濟人，諸生。是書不依經文，專說地理，各州之山水，皆證實在今某省某縣；衆說有異者，則闕而不舉。篇中有說無圖，亦與書名不符。有同治四年鐵筆齋精刋本。楊懋建撰禹貢新圖說二卷；懋建字掌生，廣東嘉應人，道光舉人。販書偶記著錄同治六年碧瓏瓏館刋本（註八），今未見，續修四庫提要稱篇首有陳東塾序，謂此書之旨，欲使學者因禹貢一篇而通知古今，惜往往無關經史。其圖三十八篇亦未付刋，全書於經義亦甚疏云（註九）。

四、考辨舊義之屬

說禹貢者，類宗漢書地理志、鄭康成注、蔡氏傳及胡氏禹貢錐指，然地理志非專爲禹貢而設，鄭蔡胡氏之注，義或未顯，或偶有訛誤，故清儒有專事考辨舊義者，如焦循禹貢鄭注釋、孫馮翼禹貢地理古注考等，是其類也。

焦里堂之書專申鄭氏之學，已見第四章。孫馮翼禹貢地理古注一卷，備列古注，惟僅於「菏」下載說文菏澤水在山陽湖陵南，…按云：「此非菏澤」；「九江」下載地理志廬江郡尋陽，…按云：「九江曰鄱水，曰脩水，曰餘水，曰豫水、曰盱水、曰蜀水、曰彭水，並湖漢水爲九，皆入江也」。餘皆不著一語。今收問經堂叢書中。朱爲弼禹貢孔正義引地理志考證一卷，手稿本在朱菽堂家藏稿中，今未見。王筠禹貢正字一卷，則正唐以來臆改經字之陋。筠字菉友，號貫山，山東安邱人（一七八四—一八五四）。其書以漢書地理志爲主，兼採他書，以復於古，如謂雍沮會同，字當作雝，隸字作雍，晉人改作灉者非也。氏深於小學，所言頗爲確當。今收王菉友九種中。而丁儉卿亦有禹貢蔡傳正誤一卷，附於禹貢集釋後，其書多據史漢及水經注以正前人之失，頗爲不苟。至何秋濤禹貢鄭注略例，乃就鄭注之見於群籍者，檃括其例，立「援東漢圖」、「駁正班志」等目，各援義以實之，已見第四章。清朝續文獻通考經籍考著劉毓崧禹貢舊疏考證一卷，蓋其尚書舊疏考證別出單行者也。又成蓉鏡有禹貢班義述三卷、附漢糜水入尚龍谿考一卷；成蓉鏡又名孺，字芙卿，江蘇寶應人（一八一六—一八八三），諸生。是書全據地理志，以推班氏專門之學。有光緒庚辰刊本，又收皇清經解續編中。

此外，台州經籍志卷二載有張淦禹貢條辨（無卷數）、王舟瑤鄭注禹貢引地理志釋一卷，今未見。

第三節　洪範及其他各篇

洪範者，大法也；本篇所記者，乃周武王克殷後，訪於箕子，箕子所陳之大法也。四庫提要謂漢以來聚訟者莫過於洪範之五行（註十），然隋唐志所錄，僅劉向之洪範五行傳論十一卷；宋明之間爲四庫所著錄者，有胡瑗洪範口義二卷、趙善湘洪範統一一卷，黃道周洪範明義四卷，及賀成大古洪範一卷、胡一中定正洪範二卷、吳世忠書傳洪範考疑一卷等數種。而王荆國、曾子固、蘇明允之書皆未著錄。至於清人之撰作，以今所知，則不下十種，又關於其他各篇之撰作，亦有十數種之多，而單篇論文，尚不與焉。

一、洪　範

清初，孫承澤有洪範經傳集義一卷，見大清畿輔書徵；李光地有洪範說二卷，自序謂康熙庚辰（三十九年）曾刻於保定署中，旣而覺其詞句漫漶，又九疇目中分別禹箕，亦未審當，嘗欲增刪，依文訓釋而未果。其說與眞西山衍義多同，而於洛書、九疇之解則爲西山所未發。今收李文貞公全集及榕村全書中。又李光型有洪範解，今未見。

胡渭禹貢錐指久爲言考據者所推崇，其洪範正論五卷，亦一軌於理，掃除漢儒之附會及宋儒之變亂；以禹之治水，本於九疇，謂以洪範爲體，禹貢爲用，互相推闡，其義乃彰，收四庫全書中。

乾隆十一年，潘士權著洪範注補五卷。士權字龍庵，湖南黔陽人，附貢生，見清史列傳卷六十九。其書前二卷，闡蔡氏傳，外篇三卷，則皆自撰，合著龜卜筮五行卦氣聲音律呂交互言之。又吳鼎著洪範集注一卷，見清史列傳卷六十八；趙宗欽著洪範續稿，見台州經籍志，注曰今佚，台詩三錄則作洪範續傳，今均未見。

王西莊洪範後案二卷，卽尚書後案中之卷十二也，惟一係初稿，一係定本，略前詳後。然論河圖洛書至三千餘言，定本無之，又定本於孔傳每加僞字，稿本亦無之。今收西莊始存稿中（註一一）。又呂調陽有洪範原數一卷。調陽四川彭縣人。是書謂洛書自伏羲時已有之，八卦五行二圖，又皆禹所祖述云，皆罕所發明。今存觀象廬叢書中。又舒俊鯤有洪範圖說，今未見。

至於單篇之論文：程廷祚青溪集有洪範論二篇，管同因寄軒文初集有答孫淵如觀察書論洪範一篇，陳壽祺及孫禮煜皆有洪範十有三祀解，見左海經辨及詁經精舍四集，唐仲冕陶山文錄有洪範九疇說，徐乾學澹園文集有洪範五行論，黃式三儆居經說有釋五行配屬、釋味二篇，詁經精舍五集有丁午農用八政解，莊述祖珍藝宧文鈔有洪範九五福解，孫星衍平津舘文稿有容作聖論。又陳玉樹有洪範五福無貴賤義，楊振鎬有曲直作酸解，胡元玉有維辟玉食解，黃以周有釋六氣五徵，張錫恭有一極備一極無說。其釋經文字句者尚多有之。

二、其他各篇

說堯典者，有曾釗虞書命羲和章解一卷、劉紹清堯典管窺（不分卷），說舜典者有毛奇齡舜典補亡一卷、徐時棟舜典補亡駁義。

曾釗字敬修，一字冕士，廣東南海人（一八二一—一八四五），道光五年拔貢生，官合浦縣教諭。是書大旨以羲和一章實曆學之主，其言曆象日月星辰，卽後世恒星七政，其言測中星以定分至，卽後世歲差之說所本也。因剌取古義爲之注並疏。今收嶺南遺書及叢書集成初編中。毛西河舜典補亡，以月正元日以下，乃舜典之文，而闕其前半篇，遂摭史記以補之。今收西河合集、叢書集成初篇，及藝海珠塵中。西河之補舜典，以史記與古經混而爲一，故徐時棟有駁議之作也。

說皋陶謨者，有惲敬大雲山房十二章圖說二卷，其書據虞書十二章爲十二分圖，並爲總圖，又據周至明史志，爲歷代十二章圖，圖系以說，詳行等之分，訂沿革之制。今收咫進齋叢書中。

盛百二尙書釋天六卷，則釋尙典、舜典、胤征、洪範諸篇之天象者也。百二字秦川，浙江秀水人，乾隆丙子舉人，官至山東淄川縣知縣。見清史稿卷六十八（註一二）。其論置閏，仍主以餘日置閏月於其間。其論日蝕，謂聖人無往不敬，至於日月之變尤加修省，其卽迅雷風烈必變之意，皆頗守舊。有乾隆十八年秀水李氏精刊本、乾隆三十九年濟寧劉氏刊本、盛氏重訂本，及皇清經解本。

考逸湯誓者，有徐時棟尙書逸湯誓考六卷、附校勘記一卷。謂今湯誓爲伐桀之文，今所見周秦人所引有禱旱之詞，如荀子大異篇，與墨子兼愛下篇所引上下句相呼應，又論語堯曰篇有「朕躬有罪，無以萬方，萬方有罪，罪在朕躬」之文，又國語周語上篇引作「一人有罪，無以萬方，萬方有罪，在余一人」，又尸子綽子篇，呂氏順民篇皆引之，明爲湯誓逸文，應別爲一篇。其校勘記則王蛻所撰。今收煙嶼樓集中，又有同治十一年城西草堂刊本。其後，葉廉鍔有逸湯誓考校勘記之作，廉鍔字勤諏，江蘇當湖人，舉人。其書一卷，乃讀徐時棟逸湯誓考而作，有指其字之誤者，如懷作壞；韻之誤者，如畏叶壞；援引之誤者，如泰誓爲大明；又有補證者，如引逸周書，引窮愁志等是也。有宣統刊篋存草本。

說周誥者，有章謙存尙書周誥考辨二卷。謙存原名天育，字犀臺，安徽銅陵人，嘉慶初舉孝廉方正，官寶山訓導。其書爲召誥雒誥而作，以宋朱熹呂祖謙屢致疑辨，而晦亂已久，迄無定論，乃反復尋繹，以伏傳及鄭注證之。以伏傳四年建侯衞，鄭注居攝四年未作新邑之解，謂經文凡曰大邑皆指王都，凡曰新邑皆指下都云。有道光十年強恕齋四賸稿本。又李銳有召誥日名考一卷；李銳字尙之，江蘇元和人，諸生。是編以尙書召誥篇惟二月既望，越六日乙未。鄭注曰：是時周公居攝五年，二月三月，當爲一月二月，不云正月考，蓋待治定制禮，乃正言正月故也。孔傳則曰周公攝政七年二月十五日望，于望後六日，二十一日。此據緯侯入蔀數推算，證一月十六日庚寅爲既望，越六日二十一爲乙未，二月則否，以明鄭注之確焉。原有光緒間思賢講舍刋本，又收李氏遺書中。

至於文集中之單篇論文，有楊椿孟鄰堂文鈔之堯典諸篇異同考、孫葆田校經室文集之堯典說、姚華弗堂類稿之疑堯典；張穆㐆齋文集之舜典王肅注考；潘德輿養一齋集之讀大禹謨；俞正燮癸巳類稿之五子之歌古文義、張澍養素堂文集之胤征論；王棻柔橋文鈔之書伊訓後，楊椿之盤庚考、吳汝綸桐城吳先生文集之讀盤庚；趙一清東潛文稿之西伯戡黎說、全祖望鮚埼亭集之戡黎說答東潛、馬國翰玉函山房文集之西伯戡黎解、王棻之西伯既戡黎解；楊椿之泰誓考、莊述祖珍藝宧文鈔之書校定太誓三篇後，陳壽祺左海經辨之今文尙書大誓後得說；又徐養原周聯奎在詁經精舍文集皆有今古文尙書增大誓說，張錫恭茹荼軒文集有泰誓論；朱彝尊曝書亭集有讀武成篇書後，楊椿有武成考，方苞望溪文集有讀大誥、微子之命序說；惲敬大雲山房文稿初集有康誥考、顧廣譽悔過齋文集有康誥解；孫葆田有君奭說，朱彝尊曝書亭集有讀蔡仲之命篇書後；程廷祚有周官論；汪琬堯峯文鈔有書顧命說、戴震東原集有書顧命後，凌廷堪校禮堂文集有讀顧命、惲敬大雲山房文稿初集有顧命辨、嚴可均鐵橋漫稿有書尚書顧命後，孫葆田有顧命說，方苞有讀君牙冏命呂刑文侯之命費誓秦誓，余慶長湖海文傳有君牙冏命呂刑論；兪正燮有呂刑義；楊椿有文侯之命論、秦誓論。其專說經文單句者尚多有之。

【附　註】

註　一：又見清儒學案卷五十三、國朝耆獻類徵卷四二〇、國朝先正事略卷三十五、國朝漢學師承記卷六、文獻徵存錄卷九。

註　二：又見清儒學案卷九十三、清史稿卷四八八、清史列傳卷六十九、碑傳集補卷四十、胡春喬先生遺書記（兪樾賓萌集卷五）。

註　三：又見清儒學案卷一九四、清史稿卷四八八、續碑傳集卷七十五、大清畿輔先哲傳卷十五、鄭東父傳（馬其昶抱潤軒文集卷十一）。

註　四：見四庫全書總目第二九七頁，藝文本。

註　五：見續修四庫提要經部第三二一頁，商務本。

註　六：見前書第二三九頁。

註　七：見販書偶記卷一第十七頁，世界本。

註　八：同註七。

註　九：見該書經部第二五三頁。

註一〇：見四庫全書總目經部尚書類序。

註一一：西莊始存稿卷十九、二十。

註一二：又見清儒學案卷二〇一。

第八章　清代輯佚與校勘尚書之成績

書籍遞嬗散佚，好學之士，每讀前代著錄，按索不獲，深致慨惜，於是乎有輯佚之學。鄭漁仲所謂「古書雖亡而不亡」者，卽恃此道也。世皆以爲輯佚之業，自宋王伯厚輯三家詩始，葉德輝則謂愼漢公所藏相鶴經爲此業之權輿。

梁任公謂清儒「輯佚之學，本起於漢學家之治經。惠定宇不喜王韓易注而從事漢易，於是有易漢學八卷之作，從唐李鼎祚周易集解中刺取孟、京、干、鄭、荀、虞諸家舊注分家疏解。後又擴充爲九經古義十六卷，將諸經漢人佚注益加網羅。惠氏弟子余仲林蕭客用其師法，輯古經解鈎沉三十卷，所收益富。此實輯佚之嚆矢」（註一）。而戴東原撰尙書義考二卷（僅堯典一篇）亦採輯歐陽、大小夏侯及賈馬鄭注。然此類皆未嘗別標所輯原書名，體例仍近自著。

乾隆三十八年，朱笥河筠奏請將永樂大典擇取繕寫，各自爲書。四庫舘臣先後從永樂大典中輯出三百七十五種，四千九百二十六卷，其中，宋人之尙書著述十一種。諸儒踵事蒐求，益有可觀。如馬國翰玉函山房輯佚書，王仁俊玉函山房輯佚書續編、經籍佚文，王謨漢魏遺書鈔，黃奭漢學堂叢書，黃氏逸書考、高密遺書，袁鈞鄭氏佚書，孔廣林通德堂遺書所見錄，王紹蘭蕭山王氏十萬卷樓輯佚七種，盧見曾雅雨堂叢書，孫之騄晴川八識等，皆有尙書輯本。

校勘之業，或謂仿自正考父校訂商頌（註二），或謂仿自孔子（註三），要之，其始於周代則無疑也。逮漢劉子政父子，其法大備。蓋古籍流傳既久，或漫漶殘缺，或傳鈔錯誤，或經人妄改，致一句不明，意或難通，一字訛敓，義或兩歧。非經校勘，不能識其原文而明其本意。清儒於此，最爲特擅，名家如林，如錢遵王曾、何義門焯等，皆用力甚勤；乾嘉以後，首推盧抱經文弨、顧澗蘋廣圻、黃蕘圃丕烈；次則盧雅雨見曾、吳兎牀騫、鮑以文廷博、陸存齋心源、繆小山荃孫等，皆一時之雋。其校勘尚書之經注者，亦頗不少，如段若膺玉裁之辨別今古文字異同，盧文弨、阮芸台之校勘注疏，皆其著者也。

本章分輯佚及校勘兩節，擇其成書者分類述介，以明清代輯佚校勘之業，在尚書學方面之成就。

第一節　輯佚

清儒之輯尚書古義者，除惠戴二君外，如江良庭、王西莊、孫淵如三家之書，大部分功夫皆在輯馬鄭之註，惟孫氏除尚書馬鄭注之外，皆僅作說經之資料，不標原書名。又陳樸園歐陽夏侯遺說考雖標明原書，以其見於前章，今亦不述。

本節分古文、今文、其他各家之書說，尚書大傳及緯書四部分。

一、古文尚書說

漢書藝文志著錄「尚書古文經四十六卷」，班氏自注：「爲五十七篇」。王先謙說之云：「云四十四卷者，據藝文志：『孔安國所得壁中古文，以考伏生二十九篇（王氏原注：云伏生二十九篇，則是無太誓者。），得多十六篇（王氏原注：據此，篇爲一卷），共四十五卷』。釋文云：『馬鄭之徒，百篇之序總爲一卷』。以一加四十五，是四十六卷也。馬鄭序總一卷，蓋本孔壁之舊；陸德明但見馬鄭本如此，故據以爲言也」（註四）。云「爲五十七篇」者，據王氏之說，謂鄭於歐陽夏侯本所分出盤庚二篇外，又於顧命中分出康王之誥，又泰誓分爲三篇，爲三十四篇；更增益穎達所謂之僞書二十四篇，爲五十八篇。班作漢書時，武成已亡，故爲五十七篇也。

而河間獻王及杜林亦有古文尚書。屈翼鵬先生云：「河間獻王亦有古文尚書（原注：見景十三王傳），惟未聞傳人。又扶風杜林，於西州得漆書古文尚書一卷，後漢書儒林傳謂：『林同郡賈逵爲之作訓，馬融作傳，鄭玄注解』。按：漆書古文尚書僅一卷，至多不過二三篇。而賈馬鄭皆傳孔安國之古文尚書者，其傳注訓解，皆安國之本（原注：賈馬鄭且不爲多出之十五篇作注），謂爲杜林漆書作訓解者，誤也」（註五）。

清人於漢代傳古文諸家之訓解，輯佚殆遍。輯古文經者，有馬國翰「古文尚書三卷」，見玉函山房輯佚書中。馬國翰，字竹吾，山東歷城人，所輯玉函山房輯佚書，分經史子集四篇，周秦至隋唐佚書八百餘種。

是編所採，自說文外，大率以郭忠恕汗簡、及日本山井鼎之考文補遺古文考爲據。按古文尚書亡佚已久，宋齊舊本及徐、李等音，學者已不之信，郭忠恕及山井鼎等所採，恐亦非古文之原貌也。

輯桑欽者，有王紹蘭「漢桑欽古文尚書說」，收蕭山王氏十萬卷樓輯佚七種中。王紹蘭字畹馨，號南陔，蕭山人（一七六〇—一八三五）。事蹟具清史稿卷三六五（註六）。按：漢書儒林傳：孔安國從伏生授書，復得孔壁所藏十六篇，以授都尉朝，五傳而至桑欽。此編漢志不著錄，隋唐志亦未載，惟姚振宗漢書藝文志拾補，錄有「古文尚書桑氏說」，則在王氏輯佚之後也。

輯漆書古文及杜林訓故者，有王紹蘭「漆書古文尚書逸文考一卷、附杜林訓故逸文」。按：杜林字伯山，扶風茂陵人，於西州得古文尚書，傳東海衞宏及濟南徐巡。其篇數不詳。王氏所輯，亦收蕭山王氏十萬卷樓輯佚七種中。

輯衞宏者，有王仁俊「古文尚書訓旨一卷」，或作「書古文訓旨」。王仁俊字扞鄭，吳縣人（一八六六—一九一三）。按：後漢書儒林傳，衞宏從杜林受古文尚書，爲作訓旨。其書漢志未著錄，隋唐志亦不載，蓋其佚也久矣。

王仁俊又輯有賈逵「古文尚書訓一卷」、「書古文訓一卷」及「尚書古文同異一卷」。考後漢書儒林列傳云：「扶風杜林傳古文尚書，林同郡賈逵爲之作訓，馬融作傳，鄭玄注解，由是古文尚書遂顯於世」。賈氏之訓久佚，王氏所輯，收玉函山房輯佚書續編中。

輯馬融者，有馬國翰「尚書馬氏傳四卷」，收玉函山房輯佚書中。考隋書經籍志有馬融注尚書十一卷，唐書藝文志馬融傳十卷，書久佚。竹吾從釋文、正義、史記集解、北堂書鈔、太平御覽等採輯，分爲三卷。正義謂馬鄭之徒，百篇之序爲一篇，隋志較唐志多一卷者，卽書序也。更別輯合爲四卷。後漢書儒林傳，稱扶風杜林傳古文尚書，同郡賈逵爲之作訓，馬融作傳，是融固治古文學，而所注則止今文二十九篇。又序謂太誓後得，案其文似若淺陋，以「火自上復于下，至于王屋，流爲鵰，五至以穀俱來」，疑語神怪，雖江艮庭尚書集注音疏，極辨其非，孫淵如尚書今古文注疏從其說，仍列泰誓一篇，而論者或以違於馬義譏之，蓋所見各有不同也。

又有王謨輯「尚書注一卷」，收魏晉遺書鈔中。謨字仁圃，一字汝上，金谿人。纂輯漢魏遺書至九十六種。

按：後漢書儒林傳稱，杜林所傳乃漆書古文一卷，得之西州者，非孔安國古文也。清儒王西莊專攻孔傳，采馬鄭王三家注，爲尚書後案。其中則以僞泰誓一篇。按經典釋文敍錄云：「漢宣帝本始中，河內女子得泰誓一篇，獻之，與伏生所誦，合三十篇，漢世行之」。然泰誓年月不與序相應，又不與左傳國語孟子衆書所引泰誓同。馬鄭王肅諸儒皆疑之，而王、孫二氏則仍取之。仁圃舍鄭王，而單輯馬注，抄出釋文二百九條、正義十四條、史記集解一百十條，都爲一卷。

輯鄭玄者較多，有李調元「鄭氏古文尚書十一卷」，今收函海中，作「鄭氏古文尚書證訛」。乃就宋王伯厚輯本加以補充、校正。卷一至三爲虞夏書，卷四商書，卷五至十周書，卷十一則書序也。其詳已具第四章。

又有孔廣林「尚書鄭注十卷」，見學津討源第二集及鄭學彙函、通德遺書所見錄。廣林字叢伯，山東曲阜人，官太常博士。書首有廣林自序、及張海鵬後序。自序言鄭注三禮，皆每篇爲卷，故目錄云：凡著三體七十二篇。則此注蓋亦以篇分不以卷分，史志所云，書注九卷不知何人所定，亦不考如何別卷，輒以己意分之：典謨一卷、夏書一卷、商書一卷、大誓至鴻範爲一卷，武王書也。金縢至梓材爲一卷，周公初居攝書也。召誥至立政爲一卷，周公作洛復政書也。顧命康王之誥爲一卷，成康之際也。粊誓以下爲一卷，書序爲一卷，以合九卷之數。而以書贊一卷附後，凡十卷。是書用王應麟本別取經疏史注水經注諸書蒐綴而廣之，補「僉曰於」、「師錫帝」，至「簡恤爾都」等四十餘條。至王氏原有各條，補其缺文者尤多。又王氏原誤者，如「內于大麓」句下引「麓者錄也」三十八字，「栗而寬」九句下引「寬謂度量寬宏」百一十九字，俱非鄭注。金縢序引「凡藏秘書藏之于匱，必以金緘其表，乃納策于金縢之匱中」，注也，而置之于序。李調元所未盡糾正者，廣林皆不蹈其失，惟「度西曰昧谷」註下，忽厠以「寅餞納日」四字，乃下一條之題也。「女子時」下缺「觀厥刑于二女」六字，當是寫刋時之偶誤。此書張海鵬學津討原中總目題王應麟撰，誤也。

又有袁鈞「尚書注九卷」，收鄭氏佚書中。按：袁氏字秉國，一字陶軒，號西廬。乾隆拔貢，嘉慶初舉孝廉方正，後主稽山書院。深於康成一家之學，輯有鄭氏佚書。是書每條引書下，多附考證，辨諸說之同異也。所輯視孔廣林爲備，有在經疏爲孔氏所未及引者，有在他書爲孔氏所未及採者，有諸書不言鄭注，而證爲實係鄭注者。如宅嵎鐵一條，寅賓出日一條，申命義叔宅南交一條，平秩南訛致敬一條，帝曰疇咨若時登庸一條，曰虞舜一條，協時月正日一條，四罪而天下咸服一條，惟明克允一條，教胄子一條，州十有二師一條，厥土惟白壤一條，厥貢惟金三品一條，雲土夢作乂一條，厥土青黎一條，予誓告汝一條，盤庚遷于殷一條，殷降大虐一條，初一日五行一條，巫咸乂王家一條，割申勸寧王之德一條，惟呂命一條。其同條而文增於孔氏者尤多，皆搜自經疏及群書者，如九族既睦等是也。至流共工于幽州一條，可徵者惟幽州北裔四字，此臆補「崇山南裔三危西裔羽山東裔」十二字，蓋據鄭呂刑注：「顓頊代少昊誅九黎，分流其子孫，居於西裔者爲三苗」之文，是以三危爲西裔。鄭志答趙商云，繇故居東裔，是以羽山爲東裔，北西東皆與馬同，知南必同馬，故借錄馬注。天明威自我民明威條，詩疏引說明威訓，而有空方十一，此據上文「天之所謂聰明有德者由民也」，臆補「所謂明威有罪者亦由民也」十一字。嶧陽孤桐條，臆補「孤特也嶧山之陽特生之桐中爲琴瑟」十五字，以出夏官山師疏，與青州岱畎並擧，定爲鄭注。今予其敷優賢揚歷條，臆補「歷試也謂揚其所歷試」九字。據魏都賦管寧傳二注並引不稱鄭，但據正義云鄭注尚書，篇與夏侯等同，而經字多異。夏侯等書，心腹腎腸，曰優賢揚。是鄭本不同也，劉淵林既引鄭本必用鄭訓。此諸條皆甚的，所謂得悟解於無文字處者也。考太誓篇尤詳而核，惟臯陶謨寬而栗條下，引「寬謂度量寬宏」百一十九字，此正義文也，而作鄭注，與王厚齋同，豈別有所證耶。

袁氏又有「尚書略說注一卷」，徵引諸條具注出處，間附考證。下有袁堯年案語，蓋校補之語也。然與陳壽祺本全同，惟略有移易耳。按略說一卷，諸家多附於大傳之後，至舊唐志所著錄尚書暢訓三卷，伏勝注，蓋別一書也。袁氏以爲卽尚書略說，似嫌無據。

又王仁俊有「書贊一卷」，收玉函山房輯佚書續編中。黃奭亦有「尚書古文注」一卷，在黃氏逸書考中，亦從各類書、釋文、各經注疏、史記三家注等錄出。

至於兼輯馬鄭二家者，則有孫星衍「古文尚書馬鄭注」。先是宋王伯厚輯有古文尚書鄭注，清王西莊又加增補，然伯厚不採馬注，鄭注亦不備，經文亦有誤置。西莊則連綴成文，或頗省改。此編則全載經文，馬鄭兼收，以補二王之不足。全書十卷，附篇目表一卷及逸文二卷，已見於第四章。

輯王肅者，有馬國翰「尚書王氏注二卷」，收玉函山房輯佚書中。按：魏志王肅傳云：「肅善賈馬之學，而不好鄭氏，采會同異爲尚書解」。隋書經籍志尚書十一卷，王肅注，尚書駁義五卷，王肅撰。舊唐書經籍志尚書十卷、王肅注，尚書答問三卷、王肅注，尚書釋駁五卷、王肅撰，唐書藝文志，王肅注十卷，又釋駁五卷，王肅孔安國問答三卷，今並佚。竹吾輯爲二卷，所注亦今文二十九篇，與馬鄭本同。肅以不好鄭氏，淸代諸儒，崇尚鄭學，故詆之不遺餘力，謂尚書孔傳爲肅僞撰，雖衆口同聲，然猶未敢輒定。而丁晏尚書餘論始斷然言之。其實王氏之注尚書，蓋與馬鄭大同，僞孔傳雖多從王，而亦有舍王用鄭者：如「有能奮庸熙帝之載」，孔傳：「載，事也」。王注：「載，成也」；「五服三就」，孔傳：「行刑當就三處：大罪於原野，大夫於朝，士於市」，王注：「三就：原野也，朝市也，甸師氏也」。凡此，皆王注與孔傳異，孔傳苟出於王氏，何又捨王而取鄭乎！

又王仁俊有「書王氏注一卷」，收玉函山房輯佚書續編中。

二、今文尚書說

今文二十九篇，乃伏生所傳，今仍具在，實今本尚書中之眞正出自先秦者也。史記儒林傳云：伏生，濟南人也。孝文帝時，欲求能治尚書者，天下無有。乃聞伏生能治，欲召之；是時伏生年九十餘，老不能行，於是乃詔太常使掌故朝錯往受之。秦時燒書，伏生壁藏之。其後兵大起流亡。漢定，伏生求其書，亡數十篇，獨得二十九篇，卽以教於齊魯之間。學者由是頗能言尚書。諸山東大師，無不涉尚書以教矣。

此事朝錯傳亦載之，漢書儒林傳復襲用其說。伏生所藏，爲何種文字所書，今雖難知，而朝錯受書時，寫以隸書，則可以斷言者，故稱今文也。

此二十九篇，據王先謙尚書孔傳參正（序例）說爲：

> 此一篇爲一卷也。……堯典一、臯陶謨二、禹貢三、甘誓四、湯誓五、盤庚六、高宗肜日七、西伯戡黎八、微子九、埋誓十、鴻範十一、大誥十二、金縢十三、康誥十四、酒誥十五、梓材十六、召誥十七、雒誥十八、多士十九、無佚二十、君奭二十一、多方二十二、立政二十三、顧命二十四、康王之誥二十五、粊誓二十六、甫刑二十七、文侯之命二十八、秦誓二十九。

按傳伏生之學者如歐陽生、大小夏侯，皆以顧命合康王之誥爲一篇，而王氏析爲二者，乃據史記周本紀「作顧命、作康誥」之語，則隋志所謂伏生口傳二十八篇，加河內女子所得泰誓爲二十九篇者，乃合康誥於顧命之故也，皆不數書序言之。陳樸園今文尚書經說考則去泰誓而幷書序數之，恐非是也。

清儒輯今文尚書者，除孫伯淵、陳樸園外，尚有多家：馬國翰有「今文尚書一卷」，收玉函山房輯佚書中，又有光緒九年長沙嫏嬛舘刋本及光緒十年章邱李氏刋本。考漢志有「經二十九篇」，班氏自注：「大小夏侯二家，歐陽經三十二卷」。師古曰：「此二十九卷，伏生傳授者」。隋志不著錄，蓋唐時已與梅賾本合而爲一矣。此編所輯，多取史記之文。按漢書儒林傳云：「司馬遷亦從安國問故，遷書載堯典、禹貢、洪範、微子、金縢諸篇多古文說」，然則五篇之外多今文說可知，馬氏之取於史記，固其宜矣。然其所採，尚多未備，方之段、孫二氏，猶未逮也。

輯歐陽生者，有馬國翰「尚書歐陽章句一卷」，收玉函山房輯佚書中。按：漢書藝文志有歐陽章句三十一卷、歐陽說義二篇，其書亡於晉永嘉之亂，故隋唐志皆不著錄。伏生所傳二十九篇，歐陽分盤庚爲三，並序爲三十二卷，西漢人不爲序作解詁，故章句只三十一卷也。歐陽遺說，後儒多與大小夏侯相混，難以區別，故是編於傳其學者如平當、楊賜等引書，並皆輯入。觀其所輯，雖不及後來之陳樸園，然視黃奭之所輯，所勝猶多矣。

黃奭輯有「尚書章句一卷」，收漢學堂叢書中，另有道光及光緒間刋本。所輯自堯典「以親九族」至呂刑「假我一日」計二十餘條，各條下注明出處，如「欽若昊天」條據周禮疏引異義尚書歐陽說，其中數條引異義今尚書夏侯歐陽說者，蓋兩家同文也。黃奭字右原，江蘇甘泉人。事蹟具清史列傳卷六十九。

又王謨輯有「歐陽尚書說一卷」，收漢魏遺書鈔中。此編據諸書所輯者，計書正義一條、左傳疏一條、周禮疏二條、禮記書二條、史記注七條、三國志注一條、北堂書鈔一條、文選注一條、困學記聞三條、石經四條，爲一卷。但其中惟以親九族一條、欽若昊天一條、肆類于上帝一條、禋于六宗一條、弼成五服至于五千一條、王曰封惟曰若圭璧一條、玆惟三公一條、假我一日一條、肝木也心火也脾土也肺金也腎水也一條，顯標歐陽氏說，餘都泛指今文尚書，而宅嵎鐵一條則但稱夏侯等書，皆兼收並蓄，是其抉別尚未精純也。

輯大夏侯者，有馬國翰「尚書大夏侯章句一卷」，收玉函山房輯佚書中。按：漢書儒林傳云：「夏侯勝，其先夏侯都尉，從濟南張生受尚書，以傳族子始昌，始昌傳勝，勝傳從兄子建，建又事歐陽高，由是尚書有大小夏侯之學」。經典釋文序錄云：「勝從始昌受尚書及洪範五行傳，說災異，又事同郡簡卿，卿者兒寬門人。又從歐陽氏問，爲學精熟，所問非一師，善說禮服。受詔撰尚書論語說，號爲大夏侯氏學。」漢志有大小夏侯章句各二十九卷、大小夏侯解故二十九篇，是章句各分，而解故不分也。今並佚。是編所收多係三家說，頗難分辨。

竹吾又輯有「尚書小夏侯一卷」。按漢書儒林傳云：「勝從父子建，字長卿，自師事勝及歐陽高，左右採獲，又從五經諸儒問與尚書相出入者，牽引以次章句，具文飾說，勝非之曰：建所謂章句小儒，破碎大道。建亦非勝爲學疏略，難以應敵。建卒自顓門名經」。是勝建雖一家，而立說各異。惜藝文志所載章句、解故，並久失傳，他書所引，又每渾稱歐陽夏侯說，是否三家一致，已難分辨。惟後漢書祭祀志，劉昭補注，引歐陽和伯夏侯建曰：「六宗，上不謂天，下不謂地，傍不謂四方，在六者之間，助陰陽變化者也。」此眞建說，至爲確鑿。是編亦已輯入，第誤作章懷太子注耳。此外採漢書李尋傳迷經義三條，較爲可信。蓋以儒林傳稱張山拊事小夏侯建，爲博士，授同縣李尋，故此雖非原文，實有師授，其爲小夏侯之佚說，當無疑也。

兼輯歐陽、大小夏侯三家者，有陳喬樅「歐陽夏侯遺說考」，已見第五章。

三、其他各家之書說

輯張霸百兩篇者有王謨、黃奭二家，王仁俊則輯有漢明帝及晉范寧之解。此外，如晉徐邈、李顒，隋顧彪、劉炫、劉焯之書，皆有輯本。

王謨輯「百兩篇一卷」，收漢魏遺書鈔中。按：漢書儒林傳云：「世所傳百兩篇者，出東萊張霸，分析合二十九篇，以爲數十。又採左氏傳、書敘爲作首尾，凡百二篇，篇或數簡，文意淺陋。成帝時，求能古文者，霸以能爲百兩徵，以中書校之，非是。霸辭受父，父有弟子尉氏樊並。時大中大夫平當，侍御史周敞，勸上從之。後樊並謀反，迺黜其書」。又論衡正說篇云：「至孝成皇帝時，徵爲古文尚書學，東海張霸按百篇之序，空造百兩之篇，獻之成帝。帝出秘百篇校之，皆不相應。於是下霸於吏，吏白霸罪當至死，成帝高其才而不誅，亦惜其文而不滅，故百兩之篇，傳之世間」。所記略異。按顧炎武日知錄云：「漢時尚書，今文與古文爲二，而孔氏古文與張霸之書，又自分而爲二。霸書卽所謂百兩篇也，但如後人諸所指目，張霸僞書，亦以意擬之耳。如今文泰誓，已出於武宣之世，在張霸之前，而說者幷以入張霸僞書，非也。惟論衡感類篇所引百兩文乃是眞本，以其時書獨傳世，充及見之也」。讀輯是卷抄出玉海數條，僞泰誓二條，而以論衡所引百兩篇文弁於首簡。

黃奭所輯「尚書百兩篇一卷」，收黃氏逸書考中。

王仁俊又輯有「書賈氏義一卷」，漢賈誼撰；「五家要說章句一卷」，漢明帝撰；「書范氏集解一卷」，晉范寧撰。收玉函山房輯佚書續編中。

馬國翰則輯有范寧所撰「古文尚書舜典一卷」，收玉函山房輯佚書中。按：隋書經籍志有古文尚書舜典一卷，下云：「晉豫章太守范寧注。梁有尚書十卷，范寧注、亡」。舊唐書經籍志有十卷、孔安國傳、范寧注。唐書藝文志，亦有范寧注十卷，是隋亡而唐復出，今則並佚。此編從梁劉昭續漢志注，唐釋玄應一切經音義，宋李昉等太平御覽諸書，輯得十二節。觀其所注，馬鄭兼採，如注柴、注五禮，用馬氏義；注六宗、五玉，則用鄭義。至其注「十有二州」，則兼採馬鄭。蓋尚書非其所長，故殊少發明也。

輯徐邈者，有馬國翰「古文尚書音一卷」，收玉函山房輯佚書中。按：隋志載古文尚書音一卷，徐邈撰。又云：「梁有尚書音五卷，孔安國，鄭玄、李軌、徐邈等撰」。當是後人集四家音，合爲五卷，梁代尚存，至隋則三家佚而邈獨存也。按邈爲東晉人，其時孔傳已行，故其書有胤征太甲說命諸篇。所學諸家之音，有孔王同者，有鄭王同者，又有單孔單鄭者，又間及馬本，而不註所本者居多。其書佚於唐後，竹吾從陸氏釋文，參之集韻、六經正誤等書，輯成一卷。並謂其書音從鄭氏者多，其不明言鄭者，亦可推見云云」。

輯李顒者，有王仁俊「尚書集注一卷」，收玉函山房輯佚書續編中。

輯顧彪者有三家。馬國翰有「尚書顧氏疏一卷」，收玉函山房輯佚書中。按：隋志有「今文尚書音一卷」，注：秘書學士顧彪撰。又「尚書疏二十卷」、「尚書文外義一卷」，皆顧彪撰。舊唐志則作「尚書文外義三十卷」，新唐志又作「古文音義五卷」、「文外義五卷」，名既乖異，卷亦參差。原書久佚，此編據孔氏書正義採入。其書疏衍孔傳而時參用鄭康成說；首列尚書序一條，次則堯典至顧命三十二條而已。其中有注「正義引費氏顧氏等」、「正義載此文下云顧氏與小劉同」、「正義引大劉及顧氏」、「正義引鄭玄云顧氏所解亦同於鄭」者，蓋其說相同也。

王謨輯「古文尚書疏一卷」，收漢魏遺書鈔中。按北史本傳：「顧彪字仲文，餘杭人。明尚書春秋，煬帝時爲秘書學士，撰古文尚書二十卷行於世」。又孔氏正義云：「古文，近至隋初始流河朔。其爲正義者，蔡大寶，巢猗，費彪，顧彪，劉焯，劉炫」。今蔡費二劉書俱不傳，惟正義頗引顧說，謨從抄出四十六條，爲一卷。

黃奭所輯者爲「尙書義疏一卷」，收漢學堂叢書中。其書先孔氏傳，次義疏，共四十餘條，皆不注明所出。

馬國翰又輯有劉焯「尙書劉氏義疏一卷」及劉炫「尙書述義一卷」，並收玉函山房輯佚書中。按：北史儒林傳敍稱焯著五經述義二十卷，隋志載尙書義疏七卷，不著撰人名氏，兩唐志載尙書義疏二十卷，今並佚。正義序稱：「（古文）近至隋初始流河朔，其爲正義者，……諸公旨趣多或因循，帖釋注文，義皆淺略。惟劉焯、劉炫最爲詳雅；然焯乃織綜經文，穿鑿孔穴，詭其新見，異彼前儒，非險而更爲險，無義而更生義。……」此編從正義輯出，未必原書精華，然竹吾序云：「存此遺編，功力具見」，固可爲考古義疏者之一助也。

又北史儒林傳敍稱炫著尙書述義二十卷，行於世。隋志亦載之，注云：「國子助教劉炫撰」。兩唐志並同，今佚。尙書正義序云：「炫嫌焯之煩雜，就而刪焉，雖復微稍省要，又好改張前義，義更太略，辭又過華。雖爲文筆之善，乃非開奬之路。義既無義，文又非文，欲使後生若爲領袖，此乃炫之失，未爲得也」，詆之未免太過。此編從正義中錄出七條，亦可見炫注之一斑矣。

考王西莊尙書後案云：「此經疏（按指尙書正義）名雖繫孔穎達，其實皆取之顧彪、劉焯、劉炫三人」（註七），實則其名爲正義所沒而不見輯出者，猶不知凡幾也。

此外，輯晉人著作者，尙有王謨之「禹貢九州制地圖論一卷」（裴秀撰），及「尙書地說一卷」，並收重訂漢唐地理書鈔中。

至宋人著作之輯本，四庫舘臣據永樂大典輯出者，有十一種。依四庫全書原次爲：胡瑗洪範口義二卷，毛晃禹貢錐指四卷，程大昌禹貢論五卷、後論一卷、山川地理圖二卷，史浩尙書講義二十卷，夏僎尙書詳解二十六卷，傅寅禹貢說斷四卷，楊簡五誥解四卷，袁燮絜齋家塾書鈔十二卷，黃倫尙書精義五十卷，錢時融堂書解二十卷，趙善湘洪範統一一卷。按：永樂大典以洪武韻目按字分編，每一字下往往將古書中凡用該字作書名之頭一字者全部錄入，而各書之一部分亦常分隸人名地名等各字之下。故據以輯出原書，其事較易，各書大略，已見四庫提要，茲不一一敍述。

四、尙書大傳及其他緯書

尙書大傳相傳出於伏生，漢志載「傳四十一篇」。卽此也。鄭康成序云：「其徒張生歐陽生等共撰尙書大傳」，諸史著錄於尙書家。然其書於經文之外，往往掇拾遺文，推衍旁義，類於緯書。清梁章鉅云：「其文或說尙書，或不說尙書，大抵如易乾鑿度、春秋繁露，與尙書本義在離合之間」（註八）四庫全書列爲尙書緯，附於經之末焉。惟其文辭爾雅深厚，古訓舊典往往而在，故說經之家多或取之。

又經之有緯，所以羽翼經義，闡其微言，述其宏旨者也。觀鄭君注經，時引緯說，又於注經之外，兼注緯書，豈非有見於此耶！

淸人於尙書大傳及尙書緯，輯者甚多。其輯大傳者，蓋以孫之騄「尙書大傳三卷、補遺一卷」爲最早。孫氏號晴川，仁和人，雍正間慶元縣敎諭。其時大傳久無刻本，流傳之本，譌缺顚倒，不可卒讀。晴川蒐採補綴，勒爲三卷，以合隋志之舊數。其殘缺之原文，不注出典，新增入者則注明所引之書，今收晴川八識中。

又盧見曾雅雨輯有「尚書大傳四卷、補遺一卷」，收雅雨堂叢書中。序稱得之吳中藏書家，未言爲鈔爲刻，四庫提要稱揚州四卷之本，即此也。陳壽祺恭甫指其譌漏不可勝擧，著「尚書大傳辨譌」以正之。

孔廣林叢伯輯有「尚書大傳注三卷」，爲鄭康成注本。其書卷一至二傳注，卷三略說，末附序目。引傳及注，具注出處，視孫、盧本稍善，故陳恭甫所輯，多所據焉。然譌舛亦復不少，如「遂踐奄」一條，應在大誥篇，此誤入成王政篇。又「拊革裝之以稿」，誤改爲「博拊鼓振以秉」，此續修四庫提要辨之詳矣（註九）。至其漏略者，更不勝枚擧。今有學津討源本，又通德遺書所見錄收之，作四卷。

盧文弨紹弓有「尚書大傳四卷、補遺一卷、考異一卷、續補遺一卷」，自序稱得孫之騄本，取與盧雅雨本相較，作考異若干條。又作續補遺一卷。續修四庫提要指其考異之訛者，「若在璿機玉衡條，載別本有鄭注云轉運者爲機持正者爲衡，乃鄭注尚書文；白魚入于舟中條，載別本有鄭注云燔魚以祭，變禮也，亦鄭注尚書文；四年營侯衞條，載別本有鄭注云建侯衞是封衞侯五十四字，乃毛詩豳風正義文；遂踐奄條，載詩正義引此云多方傳鄭有注云，奄國在淮夷之旁三十字，乃孔穎達引尚書，及鄭注尚書文。」其續補遺亦多所訛誤。原有嘉慶庚申愛日草堂刊本，今收青照堂叢書中。

董豐垣有「尚書大傳考纂三卷、補遺一卷、備考一卷、附錄一卷、源委一卷」，乾隆間槐古齋刊本，今未見。江叔海撰有提要，稱此編「雖雜採衆說，亦就孫之騄，盧見曾本參稽。卷首載其父總序，蓋豐垣之考纂，實承父學也。其中於唐傳，自遂人氏爲遂皇訖少昊摯之立也，謂以上數條，蓋因堯典而追述之，孫氏乃列三五傳冠諸唐傳前，則漢藝文志言孔子纂書，上斷于堯下訖于秦，固無庸先經立傳矣。……」（註一〇）。

陳壽祺則有「尙書大傳輯校三卷、敍錄一卷、辨譌一卷」。是編稽核群書，揭所據依而爲之案三卷。有嘉道間家刻本，並收左海全集中。卷一上敍錄，一下唐傳、虞傳，卷二虞夏傳、夏傳，卷三周傳（大誓、牧誓、洪範），卷四周傳（大誥至甫刑），卷五略說、佚文、辨譌（序作訂誤）。皇清經解續編卷三五四至三五六所收，止輯校三卷，卷一唐傳、虞夏傳、殷傳，卷二周傳，卷三略說。編次互有異同。

黃奭輯有「禹書大傳注一卷」，收黃氏佚書考中，前錄鄭序及八十三篇目錄，其文多從玉海、書鈔、困學紀聞、御覽等類書，及史記三家注，各經注疏等摘出。

樊廷緒有「尙書大傳四卷、補遺一卷」，乃就盧雅雨本核以董本略加詮次而成，其補遺則掇拾於孫本者。偶有考訂，則加按字以別之。有嘉慶五年刊本。

袁鈞輯有「尙書大傳注三卷」，袁堯年校補，收鄭氏佚書中。其書據雅雨堂本及盧抱經本參校而補其譌漏。每條皆注出處，間附考證。校補之語則多據陳恭甫本增刪，皆頗爲不苟。其互移易者，如陳本以堯爲天子條入虞夏傳，此入唐傳。陳本以維元祀巡守至七始天統也，入虞夏傳，此入虞傳。陳本以微子殿殷傳，此以微子入周傳，次金縢之後。陳本以高宗諒闇條入周傳，屬毋逸篇，此入殷傳，屬說命篇。至若陳本以維五祀定鍾石至遷虞而事夏也，傳文淆亂，爲之更定，以洪範五行傳次洪範後，此皆不錄。凡此皆異於陳本者。書刊於光緒甲申，先於皮錫瑞作疏證十二年，惜皮氏未之見也。

此外，王謨輯有「尚書大傳二卷」，收漢魏叢書中；任兆麟輯有「尚書大傳一卷」，在述記中；王仁俊輯有「尚書大傳佚文一卷、補遺一卷」，在經籍佚文中。

尚書大傳之輯佚，自孫晴川以下，凡十餘家，可採者，已略備於諸輯本中，故光緒間，王湘綺及皮鹿門二氏，皆捨輯佚，轉而從事於注疏。王湘綺有「尚書大傳補注七卷」，書成於光緒十二年，有尊經書院刊本、靈鶼閣叢書本，及王湘綺全集本。皮鹿門有「尚書大傳疏證七卷」，成於光緒二十二年，有師伏堂叢書本。皮氏於經學，勝似湘綺，其說雖多抑鄭而伸伏，然其考據詳核，固爲讀大傳者所必資矣。

洪範五行傳本尚書大傳之一，漢志載劉向五行傳記十一卷、許商五行傳記一篇，蓋劉、許二氏皆有所記也。劉書隋唐志猶著錄，宋志僅著錄一卷，不標著者，蓋其書已佚。

清人單輯此書者，有黃奭「洪範五行傳一卷」，見黃氏逸書考。王謨「洪範五行傳二卷」，見漢魏遺書鈔。洪頤煊「尚書洪範五行傳論五卷」，見傳經堂詩集、臨海詩錄。至袁鈞「尚書五行傳注一卷」，則爲康成注本，袁堯年又就輯本校補，見鄭氏佚書。

輯尚書緯者，有黃奭「尚書緯一卷」，見黃氏佚書考。喬松年「尚書緯二卷」，見山右叢書。趙在翰「尚書緯一卷、補遺一卷」，有嘉慶小積石山房刊（七緯第三冊）。又殷元正原輯，陸明睿增訂「尚書緯一卷」，收緯書中。

尚書中候者，正義書緯云：孔子得黃帝玄孫帝魁之書，迄秦穆公，凡三千二百四十篇，定可以爲法者百二十篇，以百二篇爲尚書，十八篇爲中候。鄭康成曾爲作注，其書久佚，清人輯之者，有孔廣林「尚書中候鄭注五卷」，見學津討源，又「尚書中候注六卷」，見通德遺書所見錄。馬國翰「尚書中候三卷」（鄭玄注），見玉函山房輯佚書。王謨「尚書中候一卷」（鄭玄注），見漢魏遺書鈔。黃奭「尚書中候一卷」，見黃氏佚書考。袁鈞「尚書中候注一卷」（鄭玄注），見鄭氏佚書。王仁俊「尚書中候鄭注一卷」（鄭玄注），又「尚書中候馬注一卷」（馬融注），見玉函山房輯佚書續編。皮錫瑞「尚書中候鄭注五卷」，見皮鹿門所著書。又喬松年及劉學寵均有「尚書中候」不分卷，說郛卷五有「尚書中候一卷」。此外，喬松年尚輯有「中候握河紀」、「中候應我」、「中候考河命」、「中候洛予命」、「中候洛師謀」、「中候摘洛貳」、「中候儀明」、「中候敕省圖」、「中候稷起」、「中候準讖哲」、「中候合符后」、「中候運衡」、「中候契握」、「中候苗興」。

輯考靈曜者，有馬國翰「尚書緯考靈曜一卷」（鄭玄注）、黃奭「尚書考靈曜一卷」、王仁俊「尚書緯考靈曜一卷」（鄭玄注），及趙在翰「尚書考靈曜一卷、補遺一卷」。又說郛卷五有「尚書考靈曜一卷」，劉學寵有「尚書考靈曜」不分卷。

輯璇璣玲者，有馬國翰「尚書緯璇璣玲一卷」（鄭玄注）、黃奭「尚書璇璣玲一卷」、趙在翰「尚書璇璣玲一卷、補遺一卷」、劉學寵「尚書璇璣玲」、殷元正輯、陸明睿增訂「尚書璇璣玲一卷」，又說郛卷二及喬松年皆有「尚書璇璣玲」不分卷。

輯運期授者，有馬國翰「尚書緯運期授一卷」（鄭玄注）、黃奭「尚書運期授一卷」、趙在翰「尚書運期授一卷」，喬松年「尚書運期授」不分卷。

輯刑德放者，有馬國翰「尚書緯刑德放一卷」，黃奭「尚書刑德放一卷」，王仁俊「尚書緯刑德放一卷」（鄭玄注）、及趙在翰「尚書刑德放一卷、補遺一卷」、殷元正輯、陸明睿增訂「尚書刑德放一卷、補遺一卷」、殷元正輯、陸明睿增訂「尚書刑德放一卷」、喬松年「尚書刑德放」不分卷。

輯帝命驗者，有馬國翰「尚書緯帝命驗一卷」、黃奭「尚書帝命驗一卷」、王仁俊「尚書帝命驗宋注一卷」（魏宋均撰），及趙在翰「尚書帝命驗一卷」。又說郛卷五有「尚書帝命期一卷」、劉學寵有「尚書帝命期」不分卷、喬松年有「尚書帝驗期」不分卷。

以上馬輯本見玉函山房輯佚書，黃輯本見黃氏佚書考，王輯本見玉函山房輯佚書續編，趙輯本見小積石山房刊七緯第三册，劉輯本見青照堂叢書次編第二函，喬輯本見喬勤恪公全集及山右叢書初編。

第二節 校勘

清儒實事求是之精神，於文字校勘及聲韻研究之學發露無餘。盧紹弓群書拾補，阮芸台十三經校勘記，素爲士林所重。而段茂堂今古文尚書撰異，意在正晉唐之妄改，存周漢之駁文，並詳古今文字之異同，其嘉惠於來學者亦鉅。至周松靄音略，丁韻漁異字同聲考，趙啓仁尚書異讀考，李慶百隸古定釋文等，皆考求文字、聲音，以定其義者也，厥功亦偉矣。

一、經文之校勘

㈠段玉裁（一七三五—一八一五）：段氏字若膺，號懋堂（或作茂堂），金壇人，乾隆二十五年舉人。嘗師事東原，於周秦兩漢書無所不讀，尤長於小學，著有說文解字注等，事蹟具清史卷四八〇（註一一）。

氏以諸經惟尙書離厄最甚，古文幾亡。而賈逵分別古今，劉陶是正文字，其書皆不存。乃廣蒐補闕，略於義說，詳於文字，以正晉唐之忘改，存周漢之駁文，故其功於校勘者爲多。

綜其全書大要如下：1.正天寶、開寶今文之竄亂：如堯典「帝曰棄」下云：「凡經典棄字、唐石經皆作弃，此因其字中有「世」字，故避諱從古文作弃。不必從也。」2.謂唐以來有集古篆繕寫之尙書，號壁中本，是僞中之僞，如郭忠恕之古文尙書釋文等是也。如堯典「期三百有六旬有六日」，下云：「作稘者，壁中故書，作期者，孔子國以今字讀之，易稘爲期也。宋次道家之古文尙書作「朞」，則好事者皮傅期字古文爲之而已矣。」3.不可據說文以改經字，謂：「尙書有古孔說，今歐陽夏侯說，而其奇文異畫往往見於說文解字，而馬、鄭、王、僞孔書中無之。竊謂此正如周禮一書出於山巖屋壁，經劉歆、杜子春、鄭衆、賈逵之讀而後行。鄭君康成注中凡言『某，故事作某』者，今周禮多已改從杜鄭所讀爲之字，而不從山巖屋壁故書之字。康成所云『二三君子其所變異灼然如晦之見明』是也。今之言尙書者，必欲用說文解字改馬、鄭、王、僞孔相傳之本，是鷦鵬已翔乎寥郭之宇，而羅者猶視乎藪澤也。」同理，亦不得以經傳諸子所稱尙書以改經文。故編中凡經字用古文，而詳列字句之同異於下。如「光被四表」下云：「古文尙書作光，今文尙書作橫。」舉周頌鄭箋所引「光被四表」，漢書王莽傳「橫被四表」，王褒傳「橫被無窮」，後漢書馮異傳「橫被四表」，班固西都賦「橫被六合」等爲證。而其說之同異，則僅偶一論及而已。段氏爲東原高第，精於小學，故所言殊多精到，如「疇咨」下云：「凡字書以形爲主，就字形而得其本義；凡經傳古文，以聲爲主，就同聲而得其假借，尙書壁中作「𢑚」者，此周時古文之假借也，漢人經傳作「疇」者，此漢時用字之假借也。凡治經不得以本字易其假借字。」又「讓于稷契」下，云說文作偰，「蓋壁中尙書正作偰也。九部卨字下曰：讀與偰同，可知漢人通用偰，人所共曉，不知何時遺去人傍，借用書契……」，又「在璿璣玉衡」下云：「在，察也者，在之言司也，司伺古今字，在與司古音同在第一之咍部，在讀如士，故假爲伺也。」茲不煩舉。

周信之鄭堂讀書記九云：「自有此書而今文古文之異同，昭昭然黑白分矣。故孫淵如師撰今古文注疏，於字之異同，一本是書，不假他求也。」又云：「茂堂之書，亦僅分別今古文字，而不及注義。」李式侯越縵堂讀書記云：「閱段氏古文尙書撰異，其意實矯江氏聲、王氏鳴盛之專主說文諸書改定經文，而尤與江氏爲難，然謂梅氏所傳之古文三十一篇，字字爲孔子國眞本，夫亦孰從而信之？苦爲分別，多設遊詞，所謂甚難而實非者，徐謝山詆其爲僞古文訟寃，有以也。惟其博證廣搜，旁加音詁，義據精深，多有功於經學，故爲治尙書者所不可廢耳。」又曰：「此書訓詁紛綸，可謂經學之窟，惟必分析今文古文，鑿鑿言之，且謂漢魏以前，歐陽夏侯尙書無今文之稱，孔安國所傳尙書亦用今字，說文所載尙書古文、馬、鄭、王本皆無之，俱近於任臆而談，意過其通，反爲蔽也。」（註一二）皮鹿門經學通論云：「於今古文分別具析，惟多說文字，尟解經義，且意在袒古文，而不信伏生之今文（自注云：如金縢詆今文之說），亦未盡善。」（註一三）江叔海更申前二說，謂此書評江氏、惠氏之失，其說良是，「惟袒護古文，至斥今文皆不如古文，故於洪範『思曰睿』今文作『容』，則謂古文睿字畢竟勝於今文。於金縢，則謂今文周公薨後之說最爲荒謬，甚且以梅賾所傳之古文三十一篇，字字爲孔安國眞本，是皆意過其通。」（註一四）案：此書成後，曾出示錢辛楣，錢氏稱其博學明辨，惟於此書所謂史漢所引尙書皆系今文，曾加辨正，與段若膺論尙書云：「漢書儒林傳謂司馬遷從安國問故，遷書載堯典、禹貢、洪範、微子、金縢，多古文說也。地理志吳山，古文以爲汧山，大壹，古文以爲終南，是漢書有古文說也。……」（註一五）此與以上諸家所評，皆稱允當，梁任公以爲此書及程綿莊晚書訂疑出，閻毛之案，始算定讞，則其辨僞之功，亦不可沒。縱其中偶有疏失，亦不足掩其大醇，故陳東塾嘗欲據此書合以江、王、孫三家，删合爲一書，蓋有取焉。其書成於乾隆五十六年。今有經韻樓本及皇清經解本。

㈡李調元：日本山井鼎所著七經孟子考，中有尙書古字考一册，大抵採之金石隸篆各書之關於尙書者，分篇摘錄，並錄其今文於下。李氏又據各書互相校訂，以補各字書之未備，成尙書古字辨異一卷。

其書依尙書篇第，先列山井鼎尙書古字考於上，其辨異者，則以「謹案」別之。如云：「矦（族），字彙从矢，又作矦，金石韻府古尙書文亦爲爾，今从失，誤。」又：「咔，當作叶，與協同，後或作叶，此篇偶誤。」此言其誤者也。又云：「亝，古齊字」，「㞢，古文之字」，此言古文者也，又云：「㒷，當作𢘁，思本字」，「埜（岐），當作𡋜，古尚書文爲爾，字彙亦收載之」，此改正其誤者也。至云：「𣅀，續字彙載之，古文春字」，「弍，說文云：古文三，从弋，字彙不載，此言其所出者也。至於：「𠘧，古尚書文作札、即，續字彙作𠘧，是也。」此則言其異者也。其於所不知者，亦不强解，如云：「𠃌（司）無所考。」蓋其愼也。

按：說文以小篆爲主，至隸楷以下，形多轉變，時有異同，故山井鼎所考，多據說文以正俗字。李氏復博採諸書，再加校讎，所採以字彙、續字彙、韻府、正字通等爲多。或溯其古體，或指其出處，或較其異同，或辨其正誤，或言其通假。至其爲俗字所溷者，尤一一指陳之，雖未必當於古本原貌，亦可爲考文者之一助。又虞之作𠂈，始之作乨，參之作厽，見於敦煌唐寫本尚書殘卷者，此書未及採入，此則囿於文獻，固難求其全備也。書成於乾隆年間，今收函海中。

氏另有鄭氏古文尙書證訛，乃校訂王伯厚輯本之訛，蓋主於高密一家之學，已見第四章。

㈢趙佑：傳略已見第一章。其所著尚書異讀考六卷，自序稱漢人授受，師有異讀，故多異議，宋儒爭辨，其異益滋。夫不識古人之異同，無以溫故而知新。因就尚書注疏、釋文、諸家講義，摘其與蔡傳相出入者，考而折衷之。

全書六卷：卷一虞書、卷二夏書、卷三商書、卷四至卷六周書。凡諸家有異讀者，皆詳考而折衷之。如平秩南訛，謂：「訛史記作爲，集解引安國曰：爲，化也。索隱曰：爲，依字讀，春言多作，夏言南爲，皆是耕作營爲勸農之事，孔安國强讀爲訛字，雖則訓化，解釋紆回。」並謂今字作訛者，疑孔傳當有「爲讀曰訛」四字，衞包依傳改經文爲訛，而並其傳語佚去之歟。「方命圮族」一條，謂疏引鄭王，以方爲放，謂放棄教命，漢書傳喜、朱傳傳並引書作放，可證。蔡傳則從孟子方命虐民注。「异哉」一條，謂釋文异，鄭音異，惜不詳其注，有謂卽古異字者，歎鯀才之殊衆也。「島夷皮服」一條，鄭云：「島夷，東方之民。」王肅云：「東北夷國名也。」而孔傳讀鳥爲島，蓋亦堯典南訛之例也。此改字爲訓也。至如康誥「爽惟民迪吉康」謂「孔，民迪連讀，鄭以迪爲下讀，今從之。」梓材「后式典集庶邦丕享」條，謂舊讀后式典句，集庶邦丕享句。」則言其句讀者也。

江叔海稱其考「南訛」一條，尚有未盡，又「若崩厥角」一條，明知孟子所引與今泰誓入武王口氣不合，猶強爲之迴護，蓋由信晚出古文太深之過也（註一六）。差失固屬難免，而其並列諸家異讀，便於讀者之採證，厥功亦偉矣。書成於乾隆四十五年，今收清獻堂全書中。

㈣李富孫（一七六四—一八四三）：富孫字既汸，浙江嘉興人。事蹟見清史列傳卷六十九。

書異文釋八卷，爲其所著七經異文釋之一，就經史傳注、諸子百氏所引，以及漢唐宋石經、宋元槧本，校其異同，辨其得失，折衷以求一是。馮登府稱其詳賅奧博，爲詁異義者者集其大成。

㈤李遇孫：遇孫字慶百，號金瀾，浙江嘉興人。嘉慶六年優貢生，官處州訓導。通諸經，潛心理學，與馮柳東（登府）善，與從兄引樹（超孫）、既汸（富孫）有「後三李」之目。事蹟具清史列傳卷六十九及清史稿卷四八八。

慶百著有尚書隸古定釋文八卷，謂漢孔安國以科斗文難知，取伏生今文次第之，爲隸古定；宋薛士龍因之成古文訓，金瀾又以隸古文難知，更引說文諸書疏通之，茲就薛氏以下所引，譌者是正，疑者則闕。

全書八卷：卷一通論，歷引孔安國尚書序以來諸家之言隸古者，證薛書之有本。卷二至卷七，依僞孔傳之篇第，舉其隸古字以釋之。末及百篇之序。卷八爲刊僞。附錄隸古定經文上下篇。全書悉依薛氏本加以注釋，皆先引說文，次汗簡、玉篇、集韻等書，間及經史碑碣及諸儒之說。古文爲衞包等所改者，亦舉其可知者言之。經文古字下，皆先注今之眞書，後附證據，以便省覽。若重見之字，則不重釋。其中如以兟爲堯、𥫔爲典、炗爲光、宺爲宅，皆从說文之古文；以𡰥爲夷、乩爲稽、孝爲孝，皆从汗簡，以爲爲象，亓爲其，[illegible]爲言，則从玉篇；以ナ爲有、䡈爲蠢，昰爲夏，則从集韻。至以龠爲命，禁爲祿，匚爲方，則云古文尚書如此。

薛氏古文訓，四庫提要嘗譏之，謂以古文筆畫改爲今體，奇形怪態，不可辨識。此編於其中字有古今、音近通假，或沿譌襲謬者，悉據古誼而疏證之，故馬宗霍中國經學史稱其欲兼審定、辨正、校讎三者之業。孫淵如序，稱孫强、郭忠恕、丁度等殆僅據梅賾隸古書入字書，遂稱古文尚書，非見孔壁眞古文也。然其書多本玉篇集韻等爲說，亦足以存晉代舊文及唐宋相傳之字體也。其書約成於嘉慶九年。有嘉慶甲子寧儉堂刊本（見販書偶記）及聚學軒叢書本第二集。

㈥吳東發：東發字芸文，浙江海鹽人。

續修四庫提要經部二二〇頁載其書經字考一卷，爲嘉慶刊本。多考經文文字之異同。續提要云：「是書說陟方乃死，謂方放古通，放又通仿。陟言治化上昇，放言治化周遍。若如蔡傳以陟方爲升遐，爲徂落，則不當復云乃死。其引鐘鼎石刻以見古字同異，如分北三苗，謂北本背字，引石鼓文作𠔁，二人相背之象。厥子民養，引晉姜鼎，民作[illegible]，象目有所蔽，周養鼎銘，養作[illegible]，孟子庠者養也，養羊義通用，故民養當讀若芒羊，猶莊子所云迷陽」。凡此之類，皆據古文字以發新解，為解經者別闢途徑，其識見足可稱道。

(七)戴祖啓：祖啓字敬咸，休寧人。事蹟具清史列傳卷六十七及國朝耆獻類徵卷四一㐅。所著尚書協議二卷，多證明文字異同。今未見。續修四庫提要云：「篇中審定經文，多以史記為主，如堯典僉曰益哉，謂五帝本紀作皆曰益可，馬鄭王本並作禹曰益哉，今不從此，又見史記之愈于三家本，而可證唐正義本也。又咨伯汝作秩宗，謂本紀作嗟伯夷以汝為秩宗，舜命九官皆稱名，無獨稱伯夷為伯之理，此與周禮鄭衆注所引，明脫一夷字，史記作嗟伯夷最為確證。然亦有不從史記者，金縢公乃為詩以貽王，名之曰鴟鴞，則謂歸報之說，史記誤也。」故稱其「具有折衷，非漫無決擇者可比矣」（註一七）。

二、注疏之校勘

群經注疏之刻，始於宋太祖，自端拱元年起，迄淳化五年止，七年之間，凡刻易、書、詩、春秋、左傳等五經正義於國子監，旋又刻周禮、儀禮、公羊、穀梁及孝經、爾雅、論語七經義疏於杭州，然皆單刻義疏，不附於經注之下。其書今傳於世者甚少，惟晚清以來，傳刻影印，化身尚多。如近年台北鼎文書局從東瀛藏本影印流傳者卽其一也。合經文注文及義疏而刻於一本者，始於南宋初年浙東茶鹽司，初刻周易、尚書、周禮三種。紹興中，三山黃唐來主是司，繼刻毛詩、禮記二種，卽世所謂黃唐本是也，又因其半頁八行，故亦謂之八行本。亦卽九經三傳沿革例所稱之越中舊本註疏也。其後蜀中亦有刻本，今已罕見流傳。而流行最廣，影響最大者，則有建刻音釋注疏本，即世所謂十行本者，約刻於南宋晚年。其板歷元至明，迭經修補，故稱三朝本。又以明時板存南京國子監，故又稱南監本。嘉靖間李元陽刻十三經注疏，即祖此本。其後明北監本，出於李元陽本，汲古閣本及乾隆武英殿本，又出北監本。更後，阮芸台復據十行本重刻，故十三經注疏，自明以還諸刻，皆此十行本之雲礽也。明嘉靖間，閩中御史李元陽，據十行本重雕，世稱閩中本，以其半頁九行，故又稱九行本（註一八）。

宋本久已罕傳，明刻本所校亦往往不同，清以來，加以校正者，計有沈椒園、盧抱經、阮芸台等。

㈠沈廷芳（一七一二——一七七二）：廷芳字椒園，仁和人。乾隆元年召試博學鴻詞，授翰林院編修，官至山東按察使。少從方望溪遊，其詩學則出於查慎行，著有理學淵源十卷、十三經正字八十卷、讀經義考四十卷等。事蹟具清史卷四九〇（註一九）。

尚書注疏正字五卷，爲其十三經注疏正字之一。是編校正尚書注疏，以監本、重修監本、陸氏閩本、毛氏汲古閣本參互考正，而音義釋文，則以徐氏通志堂本爲準。每條標其本句，而疏其訛於下。凡字一本誤者，曰某本誤，如正義序：「欲其昭法誡」，下云：「法，監本誤去」。並誤者曰某字誤某，如「少昊節音義顓音專」，下云：「專誤傳」。誤而無可考曰當某字誤，如「案左傳上有三墳五典」，下云：「上，當止字誤」。可商，曰疑某字誤，如「言序述尚書起記」，下云：記，疑訖字誤」。不可知，曰某字疑，或脫或衍或誤而不能定，則概曰疑，如「疏以典者常也」，下云：「以疑衍字」。其於正俗或體，經籍異文，亦必詳載，如「閑同閒」、「隩，爾雅作奧」、「迊，釋文作迎本字」之類是也。

總目稱是書所舉，或漏或拘，雖未能無毫髮之憾，然參稽衆本、考驗六書，訂刊版之誤，祛經生之疑，固有功於注疏。考阮文達作尚書注疏校勘記、引據之書達十八種，而此書不在其列，殆當時不爲學者所重視也。又自阮氏校勘記刊行後，海內風從，然此編所校，亦多南昌府學刻本未正，而校勘記未出者，如堯典克明節疏「風俗大和即是太平之事也」，風俗，仍誤人俗，則此書猶當爲言校勘者所宜參考也。今收四庫全書及四庫珍本初集中。

(二)盧文弨（一七一七—一七九五）：文弨字紹弓，一字擎鼎，晚號抱經，餘姚人，遷居杭州。父存心，爲勞餘山史弟子，母爲馮山公景女。幼承庭訓，又染外家餘緒，長爲桑弢甫調元壻，遂師焉，故其學具本源。乾隆戊午（三年）舉順天鄉試，授內閣中書，壬申（十七年），成進士，授翰林院編修，直南書房，累遷侍讀學士，典廣東鄉試，督湖南學政，以條陳學政事不當，左遷，乞養歸。歷主江浙書院講習，以經術教士，士望歸之，學風爲之一變。其學服膺宋儒，潛心漢學，博採衆說而折衷於義理，又精校讎之學，所校逸周書、孟子音義、荀子、呂氏春秋、韓詩外傳、賈誼新書、春秋繁露、方言、獨斷、經典釋文諸書，又爲群書拾補三十八種以行世。自著尚有儀禮注疏詳校、鍾山札記、龍城札記、盧抱經文集等。詳見清史卷四八〇（註二〇）。

抱經校書甚多，嘗擇四部群書之最切要者，爲群書拾補刊布之，尚書注疏校正一卷，爲其經部之一。所校一據宋本爲主，而古本、釋文本分卷之式並詳著焉。」

尚書注疏，宋本分二十卷。未有正義以前，古本分十三卷，釋文卷數雖同，而亦不盡合，故此分別爲古本篇題、宋本篇題，而以釋文本篇題之式附焉。所校者，據宋本正義爲主，書內文字是者大書，凡毛本譌字及小有異同者，注於其下以備參考，如堯典「宅嵎峓」疏，謂峓，毛本作鐵。「典寶十八」，寶，毛本誤作實。皆注於當字之下，若宋本有脫文，則據他書以補之。如大禹謨「惟精惟一」，傳：「文，經緯天地」，緯字據古本補。皆如經典釋文之例，摘字而注之。

考唐人之義疏，原本單行，不與經注合，自宋以後，附疏於經注，而所附之經注非必孔賈諸人所據之本也，則齟齬益多矣。若必求其同，而彼此互改，則必益失其眞，有改之不盡者矣。紹弓歷主浙江各書院講習，以宋本校之，使學者諟正積非，蓄疑渙釋，其功偉矣。惟校書如掃葉拂塵，前人已嘆其艱，故其後阮芸台、劉承幹所校，均有創獲。光緒十六年，徐友蘭亦嘗撰爲識語，辨正若干條：如堯典傳：「迎四時曰朞」，迎字下，盧校云：「古、宋、釋文及疏內皆不作匝，五經算術引作帀，是」。識語云：「迎卽匝，唐玄宗書道德經匝作近。」又盧校以楊子法言之字當做「揚」，然唐人多不分。」識語云：「子雲本傳卽自敍謂受氏由晉之楊縣，應仲遠謂卽楊侯國，楊德祖道子雲，云家云宗，是子雲自書，漢魏人所書都是楊也。宋以後乃有从手之說。」亦頗可補正此書。書刊於乾隆五十二年，今收抱經堂叢書、紹興先正遺書、叢書集成初編、國學基本叢書中。

㈢阮元：芸台嘗奉詔校勘石經，先成儀禮石經校勘記，後巡撫浙江，乃作十三經校勘記，同時分纂者七人，而以尚書屬德清徐新田（養原）。以唐宋石經及宋元板本詳加校勘，並親定其是非。成尚書校勘記二十卷，附釋文校勘記二卷。

是書前有自序，考隋唐以來尚書今古文之流傳甚詳。謂變古文爲今文，實自范寧始，孔氏正義亦用古文，今疏內不數見者，蓋經後人竄改。衞包之改古從今，乃改陸孔而從范顧。又郭忠恕所上之古文及薛季宣據以作訓者，固爲贋本無疑，即宋齊舊本及徐李等音所有古字，亦必穿鑿之徒所爲者。所據以校勘者，有：唐石經、宋臨安石經、古本（見於山井鼎七經孟子考文者）、岳氏相臺本、葛氏永懷堂本、宋板（見於七經孟子考文）、宋十行本、閩本（嘉靖李元陽刻）、明監本、毛本、釋文、六經正誤（宋毛居正撰）、尚書纂傳（元王天與撰）、石經考文提要（清彭元瑞撰）、九經誤字（顧亭林撰）、七經孟子考文、十三經正字（嘉善浦鏜撰）、群書拾補等，旁及蔡氏集傳、段氏古文撰異。如盤庚序疏：「有從河有亳地遷於洹水之南」，校云：閩本同，宋本「河有」作「河南」，是也；明監本、毛本作「河自」，亦誤。舜典「五十載」下疏：「鄭云讀此經云」，校云：上云字，宋板、十行、閩、監俱作「元」，「讀」，宋板誤作「續」。康誥「元惡大憝」，校曰：憝，唐宋兩石經、古岳、葛本、宋板、十行、閩、監本俱作「憝」，不誤。凡此之類，皆一一勘正之。全書二十卷，末附尚書釋文校勘記上下卷，所據者除上列諸本外，用葉本、馬本者甚多。

此書博綜群籍，羅列同異，考辨論斷，多可依據。惟經旨淵深，卷帙繁重，抵牾仍所難免。王石臞曾手校之，題識迨偏，然所記多證經文，未及注疏，今亦無由見之（註二一）。同治中，汪文台撰十三經校勘記識語，其中尚書識語十八條，如校勘記於舜典「述十二月之音氣也」。下云：「宋本無述字」，識語云：「案周禮注：『律述氣者也』，述字出此，宋板非。」甘誓「弗用命戮于社」下識語云：「毛本、荀本同，蔡氏書傳弗作不。」凡此，可補此編之不足。近人劉承幹又撰校勘記二卷，云：阮氏校定注疏時，未知單疏本海內尚存，亦未見兩宋刻，譌誤良多。故據單疏本重加校定，今收入嘉業堂叢書中。然宋單疏本尚書正義，近世所僅見者惟日本帝國圖書寮藏本，昭和四年（卽民國十八年）始影印問世。劉氏校勘記成於民國三年，則其所見之單疏本爲傳鈔者無疑。今國內亦有據圖書寮藏本影印之單疏正義問世，學者可以覆勘也。書成於嘉慶十一年。今十三經注疏所附校勘記，乃經盧宣旬摘錄，非全本也。有嘉慶二十年南昌府學開雕本，道光六年重訂本，光緒三年江西書局刋本，光緒十三年上海脈望仙館石印本、光緒十八年寶慶務本書局刋本、民國十五年刋本及台北藝文影印本等。

又乾隆四年，齊召南次風，嘗奉勅校勘注疏，既校訂尚書二十卷，又奉命兩加審定，輯其可疑者若干條，成尚書注疏考證一卷。其書多評二孔注疏得失，非專言校勘者，今所不取，特附識於此。

附：音讀之考證

書有今古文之分，各家傳本文字亦不一致，後世難以定其是非。丁晏漁（名顯，山陽人）嘗比勘諸家引經之字義紛歧者，如「平章百姓」一平字，史記作便，大傳作辨，傳述不一，然而義實相同，聲俱相近，沿傳日久，恐以僞亂眞，至於妄釋經傳。因考段氏之撰異，參顧亭林、江愼修、戴東原、張芸心諸說，以及方密之通雅、錢辛楣養新錄等，將聲之相近者，悉心考校，廣爲徵引，以明其同聲假借之原，成尚書異字同聲考二卷。

韻漁之學，本長於聲韻。其書乃就二十八篇中，摘其異字同聲之經文，說其致異之由。如堯典「

欽明文思安安」，謂思本作塞，北人無入聲，堯都冀州，讀塞爲思，遂易作思；安與晏俱喉影母字，平去轉聲，古安晏通用。「宅嵎夷」史記作「居郁夷」，謂「嵎與郁俱喉喻母字，同類轉聲」。「方鳩僝功」，方，說文引作「旁」，謂「古無輕脣音，非母字俱讀滂母。漢儒方字俱讀如旁。」皋陶謨「允迪厥德」，史記作「信道其得」，謂「迪與道俱舌端母字，一聲之轉」。「乃言底可績」，史記作「致可績」，謂「古無舌上舌頭之分，知徹今與照穿同，古則與端透同」。禹貢「逆河」，謂「逆與迎俱齶疑母字，一聲之轉」。此外，洪範「曰蒙」，鄭王本皆作「雺」，謂蒙雺俱明母字，皆頗精當。至如皋陶謨「萬邦黎獻」，古文作「黎儀」，大誥「民獻有十夫」，大傳作「民儀」，獻與儀異字者，謂「獻係喉曉母字，儀係齶疑母字，迥不侔也，然清淮間，疑儀（韻書疑母）與移夷（韻書喻母）同音，一似同在喻母者，口授者囿于土音，讀疑似移，因讀獻爲儀，平去呼吸轉聲也。」此則以方言證古音矣。

乾嘉以降，古音之學大昌，錢辛楣古無輕脣音、古無舌上音之說，皆發千古未揭之密，此書頗藉以疏通異文通假之理，可謂善學者矣。惟文侯之命：「旅弓一，旅矢百」，儀隴胡先生以伯晨鼎有「旅弓旅矢」之文，與此同，云：「旅弓即黸弓，經學家謂經中旅字，當从玄作玈，據銘，知古但作旅也。」（註二二）其作黸（亦有作盧），作玈者，蓋盧、旅（玈字从玄，旅省聲）古音同屬來母，五部，亦異字同聲通叚也。此則可補本書之闕。至謂「男舌頭音泥母字，任半舌音日母字，南音泥音相混，男之作任，似相同而實不相同也。」不知日母古讀實如泥母，故章太炎有「娘日古歸泥」之說也。又「奈」本屬泥母，此書誤爲來母，蓋偶失檢耳，然大體皆醇，固有補於解經也。此編爲其十三經諸子引書異字同聲考之一，成於同治十年，今史語所藏有光緒間刋本。

【附　註】

註　一：見梁著中國近三百年學術史第二六一頁（中華書局本）。

註　二：蔣元卿校讎學史云：「校讎事業究竟起自何時呢？最確定的答覆，當以商頌譜爲是」，見商務人人文庫本第二〇頁。又章太炎國故論衡云：「校莫審於商頌，大夫正考父校商之名頌十二篇於周太師，以那爲首。」

註　三：段玉裁經義雜記序云：「校書何放乎？放於孔子。」俞樾札迻序云：「校讎之法，出於孔子」。

註　四：見尚書孔傳參正序例。

註　五：見尚書釋義敍論。

註　六：又見國朝耆獻類徵卷一九六、碑傳輯補卷十四、漢學師承記卷四。

註　七：見卷廿七呂刑「宮人疑赦」下，復興書局皇清經解第四七四七頁。

註　八：見退庵隨筆卷十四，文海近代中國史料叢刋本第七三三六頁。

註　九：見續修四庫提要經部第一五七頁。

註一〇：見前書第一六〇頁。

註一一：又見清儒學案卷九十一、清史稿卷四八七、清史列傳卷六十八、碑傳集補卷三十九、國朝先正事略卷三十五、國朝漢學師承記卷五、清代學者象傳卷三。清代樸學大師列傳第十一，段玉裁年譜（民國劉盼遂編）、段懋堂年譜（羅繼祖編）。

註一二：見該書第一〇七頁。

註一三：見該書第一册第一〇三頁。

註一四：見續修四庫全書提要第二〇七頁。

註一五：見潛研堂文集卷三十三第三二二頁。

註一六：見續修四庫提要經部二九八頁。

註一七：見該書經部第三〇〇頁。

註一八：參屈翼鵬學傭論學集二一五頁，「十三經注疏板刻述略」一文。

註一九：又見清儒學案卷四十六、清史列傳卷七十一、國朝耆獻類徵（初編）卷一七七、碑傳集卷八十四、國朝先正事略卷四十一、國朝學案小識卷十四、文獻徵存錄卷五、國朝詩人徵略卷二十七、國朝書畫家筆錄卷一、國朝書人輯略卷四、鶴徵後錄卷一、山東提刑按察使司按察使沈公行狀（汪中述學別錄卷一）。

註二〇：又見清儒學案卷七十二、清史稿卷四八七、清史列傳卷六十八、國朝耆獻類徵卷一二七、碑傳集卷四十八、國朝先正事略卷四、國朝詩人徵卷三十四、清代徵獻類編第二九九頁、清代鼎甲錄第一五〇頁、盧抱經年譜（柳詒徵編）、翰林院侍讀學士抱經先生盧公墓誌（翁方綱復初齋文集卷十四）、翰林院侍讀學士盧公墓誌（段玉裁經韻樓集卷八）、翰林院侍讀學士盧先生行狀（臧庸拜經堂文集卷一）。

註二二一：見盧江劉秉璋撰十三經注疏校勘記識語序。

註二二二：見所著金文釋例第二九三頁，民國六十三年九月台北文史哲出版社初版。

第九章　結　論

綜合以上之研究，可得如下之結論：

一、清初諸家多就宋人之書而益以漢唐名物訓詁，由後人視之，爲漢宋兼宗之學，並啓漢學之一派。乾嘉之際，考據盛行，說書者率宗馬鄭，是爲經古文學復興時期。道光以降，陽湖派繼起，學宗西漢，主以大義說經，經今文學由是復興，是乃漢學之分支。尋其發展之軌跡，先是由宋而東漢，繼又由東漢而西漢，節節復古，此梁任公所謂清代經學以復古爲解放者也。又當漢學昌盛之際，桐城派諸君仍主宋學，道咸以後，博通之士亦有兼採宋學以補漢學之失者，雖與清初諸家之取漢學以補宋學者稍別，而其漢宋兼宗之旨則無異也。

二、蔡傳通行既久，清帝復好朱子之學，故以此書立於學官。習之者，或但摘其大要，疏衍其義，以便初學；或旁採他說訂補，使歸於至當；或惟舉其訛謬，正其缺失。要之，有清三百年間，此書仍爲場屋所重，而有關之著述，亦相續不絕也。

三、閻毛古文尚書之爭辨，爲清代經學之最大公案，閻氏所列一百二十八證，鐵案如山，且後學繼起，辨析益明。毛氏一派，雖極力辨護，亦終不能翻其覆，古文之僞，遂成定讞，此亦清代經學辨僞之最大成就。惟晚出古文二十五篇，率掇拾逸經成文，僞中有眞，極具輯佚價値，又書中言心言性、論學論政諸語，其旨皆不悖於倫理，且爲宋以來立敎之根本。至僞孔傳者，本出於魏晉間，焦里堂暨陳蘭甫等嘗論置其僞託之人，而以魏晉人傳注視之，亦足與何晏杜預等書並存，固有其流傳之價值也。

四、清代漢書之興，顧閻二君，功不可沒，而專採漢訓者則始於惠定宇，其徒江艮庭，蒐採益備；王西莊又專取鄭君，戴東原則兼採爾雅及賈馬鄭注。至孫淵如，於馬鄭之外，又兼取史記及歐陽夏侯之說，其書成於江王二氏之後，別擇亦精，堪爲清代尙書之新疏。王伯申則本其家學，推其訓詁之本，或溯其假借之原。而何願船、俞曲園等，皆各有創獲。乾嘉兩朝，此學獨盛，直至清季而流風未沬。

五、道光以降，陽湖諸子皆申伏抑鄭，以西漢經說爲據，魏默深至以馬鄭所本之古文爲臆造而無師授，根本否定古文之存在，此爲清代經學之第二大公案，至今尙未解決。其輯歐陽夏侯之說者，則以陳樸園爲最備；至於箋註諸家，又以王湘綺、皮鹿門爲較翔，而王葵園於今文三家之說，亦分別精當，皆有功於今文之學也。

六、皮鹿門謂清代經師能紹承漢學者二事，此於尙書一經，亦見之甚明：如戴東原與段若膺，惠定宇與江艮庭、王西莊之師弟相傳；莊方耕傳外孫劉申受、宋于庭，陳左海傳子樸園，皆所謂「傳家法」者也。如王西莊之專主鄭義，孫淵如之兼明古今，陳樸園、皮鹿門之專主今文，此所謂「守顓門」者也。

七、漢宋兼宗一派，起於清初；乾嘉漢學鼎盛之期，沈果堂、汪雙池亦能兼取宋學。道光以降，若黃薇香、陳蘭甫，皆其著者。而光緒間，簡竹居著尙書集注述疏，於漢宋諸家之說，採擇精要，詮釋宏富，不僅爲此派箋注之翹楚，亦堪稱清代注疏之佳篇也。

八、書序爲孔子所作，唐以前並無異詞，迄有宋朱子始疑之，蔡傳因之。又戴東原謂序爲伏生所無，王西莊亦謂序乃得自屋壁，崔茂才則斷言序決非孔子所作。惟陳左海謂序在伏生二十九篇中，王葵園亦謂今文自有序。清儒於書序著成專書者數家，馬臥廬謂書序非周秦故書，亦非安國舊籍，鄭東父謂序在伏生二十九篇之中，亦出於壁間，王子裳及李奐基則斷言序非孔子所作。綜考其說，謂非孔子所作，且今古文皆有序之說較爲近實。

說釋單篇者，以禹貢爲最多，得九十餘部；洪範次之，得十餘部，其餘各篇僅十餘部而已，蓋清人喜以考證言地理之故也。

九、清人整理舊學之最大貢獻，除辨僞、新疏之外，則爲校勘與輯佚。輯佚方面，輯古文尚書及桑欽、杜林、衞宏、賈逵、馬融、鄭玄、王肅之作者，共十五種；輯今文尚書及歐陽、大小夏侯之作者，共五種；輯百二篇及范寧、徐邈、李顒、顧彪、劉焯、劉炫、裴秀之作者，共十三種；輯宋人之作者，共十一種。又輯尚書大傳者，共十餘家，輯尚書緯者，共六十餘種。然則，尚書經緯古注之散佚者，已徵輯殆遍矣。

至於校勘方面，其校定經文者，除顧亭林九經誤字，浦鏜十三經正字等外，有段茂堂等數家，而以段書分辨今古文異同最爲明晰。校定注疏者，有沈椒園等三家，而以阮氏校勘記所據較博，最爲士林所推重。至丁韻漁以音韻之理，說明今古文異字同聲同義之故，亦有助於經籍之校勘也。

此外，尚有幾點感想，請附述於此：

一、清代尚書著述，數量可觀，即今所見者，亦達一百九十種，雖踳駁時見，要之，經一番努力即有一番貢獻。光緒間，抉經心室主人嘗取清人之說，排比件繫於各篇經文之下，極便參考。惟其印行與南菁書院經解同時，且於陽湖莊氏以下各書皆未錄之，今似亦可仿其例以續成之，使讀者檢一句而衆說俱備，尋一說而原書可識，既省翻檢之勞，彌見採獲之便，亦至盛之事也。又清人之文集筆記中，說經者甚夥，佳處時見，倘加以分類彙纂，刊印問世，其嘉惠於士林者亦匪淺也。

二、清儒尚書校注之善者，多推江王段孫四家。道光間，定海黃式三曾刪錄四家爲一書，惜其抉擇未精，間有自相矛盾之處；其後陳蘭甫亦嘗議取四家之精要合爲一書而未果行，今有意爲新疏者，似可循其義例，益以時賢之論，合爲一書，則必有可觀之成就。

三、清儒於尚書之古義古訓，幾已尋摭殆備，後之學者，若以鐘鼎甲骨之新材料加以比對，如孫仲容之尚書駢枝、于省吾之雙劍誃尚書新證，皆不乏確然可信者，足證此爲可行之道，此則屈翼鵬先生已論之矣。又清儒之經說，至爲廣泛，後之學者，勢須另闢途徑，如考各篇之著成時代、研究文法、虛字等，皆頗爲新穎而有裨於學術，至今之學者每喜爲狹窄而深入之研究，此於尚書一經，當亦不能例外也。

四、清代學者之可貴，在於精一而有恆，每有專治一學，至投畢生精力於其中者，如閻潛邱之於疏證，自二十歲起，沉潛三十餘年，至老不休；王西莊之於後案，草創於乾隆十年，至四十四年始成，歷時三十五載；孫淵如之於今古文注疏，創於乾隆五十九年，至嘉慶二十年始告迄功，亦歷二十餘載，此種治學之專業精神，實堪爲吾人所效法也。風簷展讀，古道殷殷照人，後生末學，盍興乎來。

引用及參考書目

書名	作者	板本：名稱	出版時	出版地	出版者	刊別
一、經部						
經典釋文三十卷	陸德明	四部叢刊本	民25.	上海	商務印書舘（簡稱商務）	影印
尚書注疏二十卷	孔穎達	十三經注疏本	民54.6.	台北	藝文印書舘（簡稱藝文）	影印
書經集傳六卷	蔡沈		民63.2	台北	大方出版社	影印
尚書表注二卷	金履祥	通志堂經解本	民58.10.	台北	大通書局	影印
尚書注十二卷	金履祥	十萬卷樓叢書本	民	台北	藝文	影印
尚書集傳纂疏六卷	陳櫟	通志堂經解本	民58.10.	台北	大通書局	影印
尚書輯錄纂注六卷	董鼎	通志堂經解本	民58.10.	台北	大通書局	影印
尚書管見二卷	王充耘	通志堂經解本	民58.10.	台北	大通書局	影印
書義主義六卷	王充耘	叢書集成初編本	民24.	上海	商務	影印

尚書纂傳四十六卷	王天與	通志堂經解本	民58.10.	台北	大通書局	影印
書纂言四卷	吳　澄	通志堂經解本	民58.10.	台北	大通書局	影印
書蔡傳旁通六卷	陳師凱	通志堂經解本	民58.10.	台北	大通書局	影印
書傳會選六卷	劉三吾等	明趙府味經堂刋本	明			刋
書傳大全十卷	胡　廣等	明內府刋本	明			刋
尚書日記十六卷	王　樵	四庫全書珍本三集	民61.	台北	商務	影印
尚書砭蔡篇一卷	袁　仁	藝海珠塵本	民	台北	藝文	影印
尚書疑義一卷	馬明衡	四庫全書本	清乾隆			寫
尚書辨解十卷	郝　敬	湖北叢書本	民	台北	藝文	影印
尚書考異五卷	梅　鷟	平津舘叢書本	民	台北	藝文	影印
尚書近指六卷	孫奇逢	畿輔叢書本	光緒5.	定州	王氏謙德堂	刋
尚書埤傳十七卷	朱鶴齡	四庫全書珍本三集	民61.	台北	商務	影印
禹貢長箋十二卷	朱鶴齡	四庫全書珍本三集	民61.	〃	〃	〃
禹貢正義三卷	曹爾成		乾隆間		採芝堂	刋
日講書經解義十三卷	庫庫納	四庫全書珍本五集	民64.	台北	商務	影印
書經稗疏四卷	王夫之	船山遺書本	同治1.	金陵	曾國荃	刋
尚書引義六卷	王夫之	船山遺書本	同治4.	金陵	曾國荃	刋

書名	著者	版本	年代	地點	出版者	方式
古文尚書考一卷	陸隴其	陸子全書本	光緒16.		宗培	刊
書經衷論四卷	張　英	四庫全書本				
尚書口義六卷	劉懷志		乾隆8.	東郡	寶善堂	刊
尚書注疏正字五卷	沈廷芳	四庫全書珍本初集	民國	上海	商務	影印
尚書古文辨一卷	朱彝尊	學海類編本	民56.	台北	藝文	影印
洪範正論五卷	胡　渭	四庫全書珍本三集	民	台北	商務	影印
禹貢錐指二十卷	胡　渭	皇清經解本	民	台北	復興書局（簡稱復興）	影印
尚書解義二卷	李光地	榕村全書本	道光9.		李維迪	刊
洪範說二卷	李光地	榕村全書本	道光9.		李維迪	刊
尚書彙纂二卷	陸士楷	舊鈔本				
尚書彙纂集要六卷	倪景樸	舊鈔本				
書經說約六卷	金相玉	舊鈔本				
尚書注疏考證一卷	齊召南	皇清經解本	民61.11.	台北	復興	影印
尚書釋天六卷	盛百二		乾隆39.		任城書院	刊
尚書古文疏證八卷	閻若璩		乾隆42.		眷西堂	刊
古文尚書冤詞八卷	毛奇齡	西河合集本	乾隆35.		陸體元	修補

書名	著者	版本	年代	地點	出版者	方式
尚書廣聽錄五卷	毛奇齡	西河合集本	乾隆35.		陸體元	修補
舜典補亡一卷	毛奇齡	藝海珠塵本	民	台北	藝文	影印
禹貢會箋十二卷	徐文靖	徐位山六種本	光緒	當塗	徐氏	刋
尚書遵五卷	高又光	舊鈔本				
欽定書經傳說彙纂二十一卷 首二卷書序一卷	王頊齡	四庫全書珍本八集	民	台北	商務	影印
禹貢譜二卷	王澍		康熙46.			刋
尚書古義一卷	惠棟	照代叢書本	光緒間	吳江	沈氏世楷堂	刋
古文尚書考二卷	惠棟		乾隆57.		讀經樓	刋
尚書古字辨異二卷	李調元	函海本	民	台北	宏業書局	影印
鄭氏古文尚書證訛十一卷	李調元	函海本	民	台北	宏業書局	影印
尚書小疏一卷	沈彤	果堂全集本（四庫珍本三集）	民61.	台北	商務	影印
尚書通典略二卷	楊方達		乾隆18.	武進	復初堂	刋
書經詮義十二卷首二卷	汪紱	雙池叢書本	同治光緒間			刋
尚書注疏校正一卷	盧文弨	叢書集成初編本	民24.	上海	商務	影印
尚書義考二卷	戴震	舊鈔本				

書名	作者	版本	時間	地點	出版	方式
尚書考辨四卷	宋鑒		乾隆			刊
尚書古文證疑四卷	孫喬年		嘉慶15.		天心閣	刊
尚書義證一卷	武億	皇清經解續編本	民61.11.	台北	復興	影印
尚書質疑二卷	趙佑	清獻堂全書本	乾隆52.			刊
尚書異讀考六卷	趙佑	清獻堂全書本	乾隆52.			刊
尚書集注音疏十三卷	江聲	皇清經解本	民61.11.	台北	復興	影印
晚書訂疑三卷	程廷祚	聚學軒叢書本	光緒間	貴池	劉世珩	刊
古文尚書辨二卷	王鳴盛	清照堂叢書本	道光15.	朝邑	劉際清	刊
尚書後案三十一卷	王鳴盛		乾隆45.	東吳	王氏	刊
古文尚書寃詞補正一卷	周春	原稿本				
十三經音略一卷	周春	粵雅堂叢書本	民60.	台北	藝文	影印
章水經流考一卷	李崇禮	遜敏堂叢書本	道光			刊
尚書古今文撰異三十二卷	段玉裁	皇清經解本	民61.11.	台北	復興	影印
經義雜記	段玉裁	皇清經解本	民61.11.	台北	復興	影印
尚書集解二十九卷	賀淇	原稿本				
尚書地理今釋一卷	蔣廷錫	借月山房彙鈔本	民57.	台北	藝文	影印
書序一卷	任兆麟		乾隆53.		映雪草堂	刊

尚書隸古定釋文八卷	李遇孫	聚學軒叢書本	光緒間	貴池	劉世珩	刋
尚書既見三卷	莊存與	味經齋遺書本	光緒 8.	陽湖	莊氏	刋
尚書說一卷	莊存與	味經齋遺書本	光緒 8.	陽湖	莊氏	刋
禹貢三江考三卷	程瑤田	皇清經解本	民 61. 11.	台北	復興	影印
古文尚書辨僞二卷	崔　述	崔東壁遺書本	民 52. 6.	台北	世界	初版
古文尚書條辨五卷	梁上國	舊鈔本				
尚書今古文注疏三十卷	孫星衍		民 56.	台北	商務	台一版
古文尚書馬鄭注十卷						
附篇目表一卷佚文二卷	孫星衍	岱南閣叢書本	民 57.	台北	藝文	影印
尚書篇第一卷首一卷						
附書經補篇一卷	李榮陛	厚岡全集本	嘉慶 7.		亘古齋	刋
尚書考六卷	李榮陛	厚岡全集本	嘉慶 7.		亘古齋	刋
禹貢山川考二卷	李榮陛	豫章叢書本	民	台北	藝文	影印
黑水考證四卷	李榮陛	豫章叢書本	民	台北	藝文	影印
大雲山房十二章圖說一卷	惲　敬	咫進齋叢書本	民	台北	藝文	影印
召誥日名考一卷	李　銳		光緒		思賢精舍	刋
經義述聞	王引之		民 60. 3.	台北	廣文	影印

書名	作者	版本	年代	地點	出版者	
書古訓三卷	阮　元	原刊本	道光21.			刊
尚書注疏校勘記二十卷	阮　元	皇清經解本	民61.11.	台北	復興	影印
書義叢鈔殘卷	焦　循	手稿本				
尚書補疏二卷	焦　循	皇清經解本	民61.11.	台北	復興	影印
禹貢鄭注釋二卷	焦　循	皇清經解續編本	民61.11.	台北	復興	影印
禹貢今釋二卷	芮日松	安徽叢書本	民21.			影印
禹貢地理古注考一卷	孫馮翼	問經堂叢書本	民	台北	藝文	影印
禹貢讀二卷	蔡世紱		道光10.			刊
洪範五行傳三卷	陳壽祺	左海全集本	嘉道間			刊
尚書序錄一卷	胡秉虔	滂喜齋叢書本	民57.	台北	藝文	影印
書古微十二卷	魏　源	皇清經解續編本	民61.11.	台北	復興	影印
禹貢說二卷	魏　源		同治6.	廣州		刊
尚書譜一卷	宋翔鳳	皇清經解續編本	民61.11.	台北	復興	影印
尚書略說二卷	宋翔鳳	皇清經解續編本	民61.11.	台北	復興	影印
尚書今古文集解三十卷						
附校勘記一卷	劉逢祿		民62.	台北	商務	影印
書序述聞一卷	劉逢祿	皇清經解續編本	民61.11.	台北	復興	影印

書名	著者	版本	出版	
泰誓答問一卷	龔自珍	滂喜齋叢書本	民　台北　藝文	影印
禹貢古今注通釋六卷	侯　楨		咸豐1.　古杼秋舘	刊
尚書伸孔篇一卷	焦廷琥	廣雅書局叢書本	民9.　番禺　徐紹棨	重刊
介菴書說一卷	雷學淇	幾輔叢書本	光緒5.　定州　王氏謙德堂	刊
讀書偶識一卷	鄒漢勛	皇清經解續編本	民　台北　復興	影印
尚書今古文考證七卷	莊述祖	珍藝宧遺書本	嘉道間　脊令舫	刊
尚書古注便讀四卷	朱駿聲		民24.　成都　華西大學	排印
書序略考一卷	馬邦擧	傳鈔本		
尚書歐陽夏侯遺說考一卷	陳喬樅	陳氏八種本	嘉慶同治間	刊
今文尚書經說考三十二卷 首一卷敍錄一卷	陳喬樅	陳氏八種本	嘉慶同治間	刊
尚書啓幪五卷	黃式三	儆居遺書本	光緒14.	
古文尚書私議三卷	張崇蘭		光緒23.	重刊
虞書命義和章解一卷	曾　釗	嶺南遺書本	民　台北　藝文	影印
書傳補商十七卷	戴鈞衡	清刊本		
書經恒解六卷附書序辨正一卷	劉　沅	槐軒全書本	民11.	刊
尚書餘論一卷	丁　晏	頤志齋叢書本	道咸間　六藝堂	刊

書蔡傳附釋一卷	丁　晏	廣雅叢書本	民9.　番禺　徐紹棨　重印
禹貢集釋三卷	丁　晏	頤志齋叢書本	道咸間　六藝堂　刋
禹貢蔡傳正誤一卷	丁　晏	頤志齋叢書本	道咸間　六藝堂　刋
禹貢錐指正誤一卷	丁　晏	頤志齋叢書本	道咸間　六藝堂　刋
尚書通義殘二卷	邵懿辰	刻鵠齋叢書本	光緒23.—26.　刋
尚書後案駁正二卷	王　劼		咸豐11.　巴縣　晚晴樓　刋
禹貢章句四卷	譚　澐	味義根齋全集本	光緒　刋
禹貢鄭氏略例一卷	何秋濤	皇清經解續編本	民61.11.　台北　復興　影印
書傳補義三卷	方宗誠	柏堂遺書本	光緒2.　桐城　刋
禹貢正詮四卷	姚彥渠		光緒11.　刋
尚書異字同聲考二卷	丁　顯		光緒　刋
尚書平議四卷	俞　樾	春在堂全書本	民57.　台北　中國文獻出版社　影印
達齋書說一卷	俞　樾	春在堂全書本	民57.　台北　中國文獻出版社　影印
生霸死霸考一卷	俞　樾	春在堂全書本	民57.　台北　中國文獻出版社　影印
茶香室經說	俞　樾	筆記續編本	民58.9.　台北　廣文　初版
書經旁訓音義不分卷	張氏校訂		同治3.　匠門書屋　刋
尚書顧命解一卷	孫希旦		同治　刋

尚書逸湯誓考六卷	徐時棟	煙嶼樓集本	同光間			刋
尚書箋三十卷	王闓運	王湘綺先生全集本	民12.	長沙		刋
禹貢水道考異十卷	方　埈		光緒17.		務本書局	刋
書經篇誼正蒙四卷首一卷	馬徵慶	馬鍾山遺書本	民8.~12.		馬林	排印
禹貢班義述三卷	成蓉鏡	皇清經解續編本	民61.11.	台北	復興	影印
書經集傳異同商六卷	佚　名	原鈔本				
尚書故三卷	吳汝綸	桐城吳先生遺書本	民53.	台北	藝文	影印
桐城吳氏尚書讀本不分卷	吳汝綸	光緒間清鈔底本				
洪範原數一卷	呂調陽	觀象廬叢書本	光緒14.			刋
清儒書經彙解五十二卷	抉經心室主人		民61.	台北	鼎文書局	影印
古文尚書正辭三十三卷	吳光耀		光緒19.			刋
尚書誼略二十八卷	姚永樸	集虛草堂叢書本	光緒	合肥	李氏	刋
尚書集注述疏三十五卷	簡朝亮		民61.	台北	鼎文書局	影印
尚書孔傳參正三十六卷	王先謙		光緒30.	長沙	虛受堂	刋
書經通論一卷	皮錫瑞	人人文庫本	民58.	台北	商務	影印
古文尚書冤詞平議二卷	皮錫瑞	師伏堂叢書本	光緒23.		師伏堂	刋

書名	著者	版本	時間	地點	出版者	刊印
今文尚書考證三十卷	皮錫瑞		光緒		師伏堂	刊
論書大序大傳一卷	鄭　杲	集虛草堂叢書本	光緒間	合肥	李氏	刊
抱潤軒讀尚書記不分卷	馬其昶	稿本				
尚書古文辨惑二十二卷目錄二卷	張諧之		光緒30.		潛修精舍	刊
禹貢說一卷	倪文尉	皇清經解續編本	民61.11.	台北	復興	影印
禹貢易知編十二卷	李愼儒		光緒25.			刊
欽定書經圖說五十卷	孫家鼐		民57.	台北	文海出版	影印
尚書駢枝不分卷	孫詒讓		民	北平	燕京大學	排印
立政臆解一卷	劉光蕡	煙霞草堂遺書本	民	蘇洲	王典章	刊
禹貢本義一卷	楊守敬		光緒32.			刊
禹貢九江三江考	榮錫勳		清			刊
經學源流考十七卷	甘鵬雲		民	台北	維新書局	影印
經學教科書	劉師培	劉申叔遺書本	民59.10.	台北	京華書局	再版
中國經學史	本田成之		民64.1.	台北	古亭書屋	影印
經學歷史	皮錫瑞		民55.9.	台北	藝文	
經學通論	皮錫瑞	人人文庫本	民58.9.	台北	商務	台一版
中國經學史	馬宗霍		民61.12.	台北	商務	台四版

尚書新證　于省悟　民　台北　藝文　影印
尚書釋義　屈萬里　民61.4.　台北　華岡出版部　增訂版
尚書駁詁四卷　楊筠如　民23.　北强學社　排印
閻毛古文尚書公案　戴君仁　民52.3.　台北　中華叢書委員會　初版
王肅之經學　李振興　民69.6.　台北　嘉新文化基金會　初版
金文釋例　胡自逢　民63.9.　台北　文史哲出版社　初版

二、史部

史記一百三十卷　司馬遷　民　台北　藝文　影印
漢書一百二十卷　班固　民　台北　藝文　影印
後漢書一百二十卷　范曄　民　台北　藝文　影印
北史一百卷　李延壽　民　台北　藝文　影印
唐書二百卷　劉昫　民　台北　藝文　影印
新唐書二百二十五卷　歐陽修　民　台北　藝文　影印
宋史四百九十六卷　脫脫　民　台北　藝文　影印
元史二百十卷　宋濂　民　台北　藝文　影印
明史三百三十二卷　張廷玉　民　台北　藝文　影印
清史　清史編纂委員會　民52.8.　台北　國防研究院　再版

書名	著者	出版年	地點	出版者	版次
清代通史	蕭一山	民52.4.	台北	商務	台初版
清史列傳八十卷	中華書局	民51.	台北	中華	影印
清人別集千種碑傳文引得及碑傳主年里譜	陳乃乾	民54.	台北	續修四庫全書編纂處	排印
三十三種清代傳記綜合引得	燕大圖書館	民62.1.	台北	鼎文	初版
清代文集編目分類索引	王有三	民56.4.	台北	國風	再版
歷代名人年譜總錄	王寶先	民54.1.	台中	東海大學	初版
清代樸學大師列傳	支偉成	民59.	台北	藝文	影印
近代名人小傳	費行簡	民	台北	文海	影印
顏習齋年譜	李塨	民67.3.	台北	商務	初版
崔東壁東譜	姚紹華	民63.	台北	文海	影印
王西莊年譜	黃文相	民63.	台北	文海	影印
王湘綺年譜	王代功　王湘綺全集本	光緒32.	長沙	劉氏	刋
先府君事略	焦廷琥　焦氏叢書附	光緒2.	衡陽	魏氏	刋
經義考三百卷	朱彝尊　四部備要本	民59.9.	台北	中華	台二版
四庫全書總目二百卷	紀昀	民58.3.	台北	藝文	三版
增訂四庫簡明目錄標注	邵懿辰	民56.5.	台北	世界	再版

四庫提要辨證二十四卷　余嘉錫　民58.3.　台北　藝文　三版

四庫全書總目提要補正六十卷　胡玉縉　民56.9.　台北　中國辭典館復館籌備處　影印

越縵堂讀書記　李慈銘　民50.9.　台北　世界　初版

鄭堂讀書記七十一卷　周中孚　民54.4.　台北　世界　再版

販書偶記（四庫書目續編）　孫耀卿　民50.10.　台北　世界　初版

清朝續文獻通考　劉錦藻　民48.　台北　新興　影印

直齋書錄解題　陳振孫　書目續編本　民57.4.　台北　廣文　影印

千頃堂書目　黃虞稷　書目叢編本　民56.9.　台北　廣文　影印

開有益齋讀書志六卷　朱緒曾　書目三編本　民58.2.　台北　廣文　影印

儀顧堂題跋　陸心源　書目續編本　民57.4.　台北　廣文　影印

孫氏祠堂書目七卷　孫星衍　書目三編本　民58.2.　台北　廣文　影印

拾經樓紬書錄三卷　葉啓勳　書目叢編本　民56.8.　台北　廣文　影印

台州經籍志四十卷　項元勳　書目叢編本　民56.8.　台北　廣文　影印

大清畿輔書徵四十一卷　徐世昌　書目三編本　民58.2.　台北　廣文　影印

藝風樓藏書續記八卷　繆荃孫　書目叢編本　民56.9.　台北　廣文　影印

郘亭知見傳本書目十六卷　莫友芝　書目五編本　民61.7.　台北　廣文　影印

書名	著者	版本	出版年月	地	出版者	版次
江蘇省立國學圖書館圖書總目四十四卷補編十二卷	國學圖書館	書目四編本	民59.8.	台北	廣文	影印
漢書藝文志拾補	姚振宗		民26.3.	上海	開明	
漢書藝文志講疏	顧實		民59.	台北	廣文	影印
重修清史藝文志	彭國棟		民57.6.	台北	商務	初版
續修四庫全書提要	東方文化事業委員會		民61.3.	台北	商務	初版
補遼金元藝文志	倪燦	二十五史補編本	民26.3.	上海	開明書店	初版
補元史藝文志	錢大昕	二十五史補編本	民26.3.			初版
山東通志	孫葆田		民58.1.	台北	華文	初版
巴縣志二十三卷附文徵四卷	向楚		民56.10.	台北	學生	影印
濰縣志	劉東侯		民57.2.	台北	學生	影印
中國近三百年學術史	梁啓超		民63.5.	台北	中華	台六版
中國近三百年學術史	錢穆		民61.10.	台北	商務	台五版
校讎學史	蔣元卿	萬有文庫薈要本	民54.5.	台北	商務	台一版

三、子部

書名	著者	版本	出版年月	地	出版者	版次
論衡三十卷	王充	新編諸子集成本	民61.10.	台北	世界	新一版
朱子語類一百四十卷	黎靖德		民62.12.	台北	正中	台三版

書名	著者	版本	年代	地點	出版者	方式
說郛一百二十卷	陶宗儀		民16.	上海	商務	排印
原鈔本顧亭林日知錄三十二卷	顧炎武		民63.	台南	平平出版社	排印
嘯亭雜錄十卷	昭槤		宣統1.	台北	中國圖書公司 刊 新興書局	影印
愚庵小集十五卷	朱鶴齡		民29.	北平	燕大圖書館	排印
孫夏峰全集	孫奇逢	畿輔叢書本	光緒5.	定州	王氏謙德堂	刊
毛西河先生全集	毛奇齡		乾隆35.	蕭山	陸凝瑞堂	刊
潛邱劄記	閻若璩	四庫全書珍本四集	民57.	台北	商務	影印
群書拾補	盧文弨	國學基本叢書本	民56.3.	台北	商務	台一版
援鶉堂筆記	姚範	筆記四編本	民60.8.	台北	廣文	初版
退菴隨筆二十卷	梁章鉅	中國近代史料叢刊本	民	台北	文海	影印
癸巳類稿	俞正燮		民54.4.	台北	世界	再版
蕙櫋雜誌	嚴元照	筆記續編本	民58.9.	台北	廣文	初版
吾亦廬稿	崔應榴	皇清經解本	民	台北	復興	影印
茶餘客話二十二卷	阮葵生		民52.4.	台北	世界	初版
斆藝齋文存	鄒漢勛	鄒叔子貴書本	民	台北	藝文	影印
玉函山房輯佚書	馬國翰輯		民		文海	影印

漢魏遺書鈔　王謨輯　嘉慶3.　金溪　王氏　刊

高密遺書　黃奭輯　光緒19.　刊

黃氏逸書考　黃奭輯　民14.　王鑒　修補本

宋元學案　黃宗羲　國學基本叢書本　民57.　台北　商務　台一版

明儒學案　黃宗羲　國學基本叢書本　民57.　台北　商務　台一版

清儒學案　徐世昌　民56.10.　台北　國防研究院　台初版

清儒學案小識　唐鑑　人人文庫本　民58.12.　台一版

漢學師承記八卷　江藩　民56.11.　台北　廣文　初版

宋學淵源記二卷　江藩　民56.11.　台北　廣文　初版

漢學商兌四卷　方東樹　民52.元　台北　廣文　初版

崔東壁遺書　崔述　民52.6.　台北　世界　初版

茶香室叢鈔　俞樾　筆記續編本　民　台北　廣文　初版

札迻　俞樾　民64.5.　台北　世界　台三版

東塾讀書記二十一卷　陳澧　民59.10.　台北　中華　台三版

桐城吳先生全書　吳汝綸　民53.　台北　藝文　影印

水東全集　王照　民國　台北　藝文　影印

章氏遺書　章學誠　民62.　台北　漢聲　影印

觀堂集林	王國維		民53.	台北	世界	影印
劉申叔遺書	劉師培		民59.10.	台北	京華	再版
學傭論學集	屈萬里		民	台北	開明	初版
六十年來之國學	程發軔		民61.	台北	正中	初版
歷史與思想	余英時		民56.9.	台北	聯經出版社	初版

四、集部

定宇集	陳櫟	四庫全書珍本第二集		台北	商務	影印
堯峯文鈔五十卷	汪琬	四部叢刊初編縮印文		台北	商務	影印
初學集一百十卷	錢謙益	四部叢刊初編縮本	民54.	台北	商務	影印
方望溪先生文集十八卷	方苞	四部備要本	民	台北	中華	
曝書亭集八十卷	朱彝尊	四部叢刊初編縮印本	民54.	台北	商務	影印
穆堂初稿五十卷	李紱		道光11.	珊城	阜祺堂	重刊
解春集文鈔十二卷	馮景	抱經堂叢書本	民	台北	藝文	影印
結埼亭集三十八卷	全祖望	四部叢刊初編縮印本	民54.	台北	商務	影印
東潛文稿二卷	趙一清		民	上海	中國書店	影印
沈果堂集十二卷	沈彤	四庫全書珍本四集	民	台北	商務	影印
寶綸堂文鈔八卷	齊召南		嘉慶			刊

戴東原集十二卷　戴　震　國學基本叢書本　民57.　台北　商務　台一版
青溪集十二卷　程廷祚　民25.　北平　北京大學　影印
道古堂文集四十六卷　杭世駿　乾隆間　刊
潛研堂文集五十卷　錢大昕　四部叢書刊本　民25.　上海　商務　影印
新城伯子文集八卷　胡賡善　嘉慶　刊
孫淵如先生全集　孫星衍　民57.　台北　商務　台一版
晚學集　桂　馥　嘉慶1　刊
韞山堂文集八卷　管世銘　光緒20.　讀雪山房　重刊
珍藝宧文鈔七卷　莊述祖　嘉道間　脊令舫　刊
校禮堂文集三十六卷　凌廷堪　嘉慶18.　刊
龔自珍全集　龔自珍　王佩諍校本　民　台北　中華　排印
左海文集十卷　陳壽祺　左海全集本　嘉道間　刊
大雲山房文稿初集四卷　惲　敬　國學基本叢書本　民57.　台北　商務　影印
養素堂文集三十五卷　張　澍　道光　棗華書屋　刊
雕菰樓集二十四卷　焦　循　道光4.　文學山房　刊
拜經堂文集五卷　臧　庸　民19.　影印
因寄軒文初集十卷　管　同　光緒5.　重刊

月齋文集八卷	張　穆	咸豐8.	刋
悔過齋文集六卷	顧廣譽	光緒3.　朱氏	刋
衞儀軒文集十二卷	方東樹	同治	刋
東塾集六卷	陳　澧	光緒18.　菊坡精舍	刋
校經室文集六卷	孫葆田	民5.　南林　劉氏求恕齋	刋
茹荼軒文集十一卷	張錫恭	民12.　華亭　封氏簣進齋	刋
高明文集	高仲華	民67.　台北　黎明	初版

五、單篇論文

僞古文尙書案之反控與再鞫	張蔭麟	燕京學報五期
九族制與爾雅釋親	芮逸夫	史語所集刋廿二期
方中履及其古今釋疑—跋影印所謂「黃宗羲授書隨筆」	余英時	書目季刊六卷三—四期
第一個蒐集證據證明僞古文尙書的人—梅鷟	戴君仁	新時代一卷二期
對閻若璩古文尙書疏證道統的反考證	劉善哉	學園五卷四期
對閻若璩古文尙書疏證的反證考據—旅獒	劉善哉	學園五卷九期
評閻若璩證壁中書出景帝初的無據	王德保	學園六卷四期
關於古文尙書孔安國公案	胡秋原	中華雜誌七卷九期
閻若璩「尙書古文疏證」駁議	王德保	中華雜誌七卷九、十、十二期

尚書僞孔傳辨

羅錦堂　大陸雜誌十七卷十二期

清代尚書學 / 古國順著 -- 初版 -- 臺北市：
文史哲, 民 99.11 印刷
頁;　公分（文史哲學集成；60）
參考書目：頁
ISBN 978-957-547-268-9 (平裝)

621.11

文史哲學集成　60

清代尚書學

著　者：古　國　順
出版者：文史哲出版社
http:// www.lapen.com.tw
e-mail:lapen@ms74.hinet.net
登記證字號：行政院新聞局版臺業字五三三七號
發行人：彭　正　雄
發行所：文史哲出版社
印刷者：文史哲出版社
臺北市羅斯福路一段七十二巷四號
郵政劃撥帳號：一六一八〇一七五
電話886-2-23511028・傳真886-2-23965656

實價新臺幣四八〇元

中華民國七十年（1981）七月初版
中華民國九十九年（2010）十月 BOD 初版一刷

ISBN 978-957-547-268-9　00060